U0647682

丛书编委会

浙江省普通高校“十三五”新形态教材

高等学校学前教育专业艺术素养系列教材·音乐

Music Literacy
ORFF MUSIC
EVENT DESIGN

音乐艺术素养

奥尔夫音乐活动设计

李烁 / 编著

·杭州·

图书在版编目（CIP）数据

音乐艺术素养.奥尔夫音乐活动设计 / 李烁编著
.— 杭州：浙江大学出版社，2023.5
ISBN 978-7-308-22216-7

Ⅰ.①音… Ⅱ.①李… Ⅲ.①声乐艺术—学前教育—教材②学前儿童—音乐教育—教材 Ⅳ.①G613.5

中国版本图书馆CIP数据核字(2022)第005803号

音乐艺术素养 奥尔夫音乐活动设计

YINYUE YISHU SUYANG AOERFU YINYUE HUODONG SHEJI

李烁　编著

责任编辑　朱　辉
责任校对　葛　娟
封面设计　春天书装
出版发行　浙江大学出版社
（杭州市天目山路148号　邮政编码310007）
（网址：http：//www.zjupress.com）
排　　版　杭州晨特广告有限公司
印　　刷　杭州高腾印务有限公司
开　　本　787mm×1092mm　1/16
印　　张　18
字　　数　396千
版 印 次　2023年5月第1版　2023年5月第1次印刷
书　　号　ISBN 978-7-308-22216-7
定　　价　65.00元

浙江大学出版社市场运营中心联系方式：0571-88925591；http：//zjdxcbs.tmall.com

序　一

以亲近儿童的径向，迎接童年美好生活

由浙江师范大学杭州幼儿师范学院儿童艺术教育系（以下简称“儿艺系”）教师领衔编写的高等学校首套儿童艺术教育系列教材历经10余年的使用与教学实践总结，目前以“儿童艺术教育新形态教材”的新面貌陆续与学教者见面。历经10余年的探索、打磨、蝶变，其意义已超越了教材本身。我在这里作为亲历者、见证者谈谈几代艺术老师做这些事的心路历程与研究初心。

一、系列教材为何“姓幼”

“一切为儿童”是中国近现代幼教事业开创者陈鹤琴先生为六一儿童节的题词，它是浙江师范大学杭州幼儿师范学院（前身为浙江幼儿师范学校，以下简称“幼师”）的校训，故学院所有标志性事物都以“儿童”或“童”命名，儿童艺术教育系与其教学楼（童艺楼）、系列教材也不例外。因而教材面向0—12岁特别是0—8岁的儿童（国外规范称谓为早期儿童，国内习惯称儿童）为理所当然。教材“姓幼”的另一渊源是在幼师多年的发展中艺术类教师长期形成的幼师文化。如美术教研组的余礼海（后成为副校长）、张友陶老师带领老师们长期深入幼儿园，既帮助幼儿园进行班级环境创设、玩学材料制作，又以幼儿园生活为题材进行儿童艺术创作，形成了独特的绘本、连环画、水彩画、沥粉画、剪切画、纸雕等多种形态的作品。这些多年累积的作品成为20世纪80年代省编幼儿园教材的重要素材。这一过程也培育出了几代英才，如张昭济（著名绘本画家）校长、李全华教授。李全华教授在儿童画、绘本、童书装帧等方面有深厚的造诣，作品多次入选全国美术作品展览并获国内外大奖。他也是幼师培养的第一位教授，担任儿童艺术教育系首任主任，使儿童美术群体开枝散叶，进而形成了今天学院的动画系与玩具系。在音舞方面，音乐教师陆家庆老师以幼师学生、幼儿园教师为主体组建了西子合唱团，演唱曲目以校园歌曲、儿童歌曲、民歌为主，在杭州、浙江乃至全国具有较大影响。陈康荣副教授带领儿童舞蹈创编团队创作的舞蹈《绿之萌》获全国第一届大学生艺术展演活动艺术表演类舞蹈一等奖（普通组）。自2008年以来，学院正式设置综合性“儿童剧”课程。这是一种新形态的

课程,从剧本创作到舞美、道具设计,从导演到每个群演角色,均要求全班参与、全方位投入,课程时间一年,在毕业典礼、六一儿童节时展演,极大地推动了儿童综合艺术教育的开展。从艺术的社会教育角度看,儿艺系的老师们长期深入社区、文化宫开展儿童艺术教育。学钢琴对于幼儿、小学生来说是一件枯燥的事,但幼师的老师们在长期的实践中形成了培养琴童的一套实践路径,同样誉满杭城。可以看到,过去几代幼师人对儿童艺术教育的长期探索主要停留在个人经验性、师徒传承性、知识缄默性、认知内隐性的层面,需要以教材的方式将个人知识、小群体知识公共化,将缄默、内隐的知识显性化。现在儿艺系主任于淳副教授接过了这一重任。

二、系列教材为何要持续“姓幼”

与自然美、社会美相比,艺术美是人类感受美、表现美和创造美的重要形式,也是人们表达自己对周围世界的认识和情感的独特方式。艺术教育特别是儿童艺术教育不能停留在传统艺术技能尤其是机械、教条的技能训练层级的传授上,而是要上升为艺术素养教育,帮助学生激发艺术潜能、培养艺术兴趣、引发艺术感知、激活艺术表现、滋养艺术情趣、培育艺术品性。儿童艺术教育团队就是在这一素养培育的总目标下不断前行,持续改进教材和课堂教学模式的。

“音乐艺术素养”系列中的钢琴、声乐教材(分别为基础、拓展、提高三册),内容选材都以儿童音乐作品素材为主,同时增加了儿童歌曲“弹弹唱唱”模块;教学目标更加强调培养学生在弹奏、演唱基础上的音乐欣赏、音乐表现、音乐创造能力,通过嵌入相关数字资源(如创作背景、作曲家介绍、体裁风格、思政要素等)进行辅助,提高学生的音乐艺术素养,突出教材的学前专业特点。学生在实践环节中不但能提升音乐表现力和艺术气质,更能在聆听欣赏中感受音乐带来的情感启迪,同时通过均衡对称的三段体结构在均衡典雅、自然通透中感受人与自然的关系,在潜移默化中形成优雅的生活态度。教材努力成为学生打开音乐艺术视野、提高音乐综合素养的帮手。

《音乐艺术素养 奥尔夫音乐活动设计》从儿童的音乐经验出发,综合了身体律动、儿歌、游戏和打击乐等音乐活动,突出儿童音乐学习的生活化、情景化和游戏化;同时结合奥尔夫的音乐教育理念和本土的音乐元素,从音乐文化和儿童发展视角强调在音乐活动设计过程中如何让儿童更好地感受音乐、欣赏音乐、学习音乐和表达音乐。教材不仅致力于提高儿童对音乐美的感受及合作表现,也注重激发儿童的音乐潜能、培养儿童的学习品质。

《音乐艺术素养 儿童音乐创编》是一本以培养儿童创新精神为目标,依据儿童音乐教育的基本特点,结合学前儿童音乐教育而设计的音乐理论课教材。教材注重实际运用与理论解析相结合,选择、编写适合学前教育学生学习的谱例,使学生在课堂上能即时视唱和现场弹奏乐谱;加强音乐课程间的横向联系及渗透,将传统音乐专业的作曲、和声、音乐作品分析、合唱编配等基础理论课程综合起来,吸取其中的精华和实用内容,融会贯通;提出了儿童微型音乐剧概念,阐述儿童微型音乐剧创编的基本原理和在实践中的运

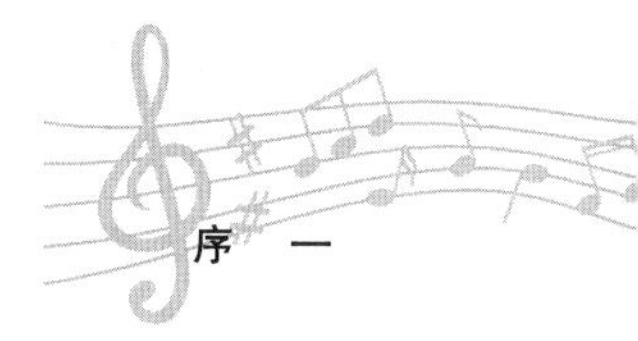

用，突出儿童性和创新性。

“舞蹈艺术素养”系列包括形体训练、现代舞、民族民间舞、儿童舞蹈编创等内容，围绕舞蹈基础、形体、基本原理、编创的基本方法和基本技能，遵循舞蹈习得的逻辑性和系统性，注重融儿童舞蹈创编、表演、教学、研究于一体的综合能力与实践能力的培养，配以数字化资源，以新形态、全媒体、立体化形式呈现。教材内容与儿童舞蹈教育内容紧密结合，使学生在熟悉儿童舞蹈素材和作品范例的基础上，学习编创儿童舞蹈的多种形式，如律动、歌表演、集体舞、音乐游戏、表演舞等；使学生习得学习舞蹈的能力与方法，树立热爱儿童舞蹈教育的专业思想，增强开展儿童舞蹈教育活动的信心和能力，融知识、能力、情感态度、价值观于一体。

《美术艺术素养 手工造型》的内容以单元形式呈现，每个单元由小模块组成，既有传统手工制作内容，又拓展了幼儿园目前最新的手工制作内容，并结合儿童教育理念开发了适合儿童的手工制作体系。教材的教学目标更强调制作和创编的结合，提高儿童的手工制作素养，突出教材的学前教育专业特点。

《美术艺术素养 创意版画》是结合《幼儿园教育指导纲要（试行）》中的艺术教育目标所编写的一本创新型版画教材。版画艺术不同于其他画种的技法特点，对儿童的绘画和手工能力发展都大有裨益。教材主要在传统版画艺术中提取符合学前教育专业特点、适合学生学习掌握的版画技法，并通过工具材料的更替和创新，使创意版画技法学习更具趣味性和实用性，更适合进行幼儿园儿童创意版画活动的设计和开展。

《儿童剧理论与实务》旨在使学生了解儿童剧的基本元素、创编儿童剧的基本原理以及儿童剧表演的基本技巧，在反复实践、不断循环中提高学生的创编能力与表现能力。教材力图体现儿童艺术的生态性、整合性、实践性，既实现各艺术之间的生态整合，又实现艺术技能与审美情趣、学前儿童教育性的深度融合，最终为师范生进入幼儿园亲近儿童、让儿童表达心感受、建立表演区角提供理念、表演与排演的艺术支持。

上述教材是为培养儿童艺术园中的园丁所用，目的是让师范生能够更好地培育幼儿的艺术种子。我们坚信每个儿童心里都有一颗美的种子。儿童艺术教育的关键在于充分创造条件和机会，在大自然和社会文化生活中萌发儿童对美的感受和体验，丰富其想象力和创造力，引导儿童用心灵去感受和发现美，让儿童用自己的方式去表现和创造美。我们希冀未来的教师能对儿童的艺术表现给予充分的理解和尊重，而不是以自己的审美标准去评判儿童，更不以追求结果的“完美”而对儿童进行千篇一律的艺术训练。

三、系列教材为何要深度“姓幼”

当代幼儿教师的专业养成，除了呼应时代对教师艺术素养的要求外，也关涉到对艺术本质、艺术起源、艺术审美、艺术体验的理解，即儿童艺术教育教材“姓幼”也触及对艺术基本理论问题的观照。具体需要回应三个核心命题。

（一）艺术源于生活，人类童年是生活的深层源头，人类的生命艺术世界就此展开

20世纪30年代杜威应哈佛大学邀请做了十讲的“艺术哲学”讲座，形成《艺术即经验》这一名著。在该书中杜威阐释说:“雅典的希腊人在思考艺术时,会形成艺术是再造或模仿行动的思想。许多人反对这一想法。但是,这一理论的流行证明了美的艺术与日常生活紧密联系,如果艺术与生活兴趣相距遥远的话,那么,任何人都不会产生这种想法。这一学说并非表示艺术是对象的精确复制,而是说艺术反映了与社会生活的主要制度联系在一起的情感与思想。”①杜威还说:“艺术由生命过程本身预示。当内在的机体压力与外在的材料结合时,鸟就筑巢,狸就筑坝。内在的压力得到实现,外在的材料变为一个满意的状态。”②就当下来说,“艺术源于生活”是大部分人都可以接受的观念,但“童年生活是艺术的深层源头”就没那么容易被接受,因为人们很少有艺术起源于人类童年的意识,更不会建立人类童年与个体童年间的内在关联。当代儿童发展科学研究表明,个体童年生活的代际密码照亮了人类童年深邃、宽广、丰厚、绵延的美的历程。音乐认知神经科学发现所谓“莫扎特效应”是因为莫扎特钢琴曲的旋律小回旋与胎儿羊水波幅同频 共振。在《本能的缪斯》中布约克沃尔德认为:“胎儿从子宫中获悉的母亲声音从根本上是一种音乐母语……胎儿从母亲的音调、节奏、音速的变化中‘读出’母亲的交流方式、情感、情绪的变化……胎儿对母亲的说话、唱歌、欢笑的音乐性日趋熟悉……如同神圣的献词引导其进入人类的大家庭,获得一种交流的能力,这种能力是缪斯式的,一种生存性的力量。”③人类这种体验境界的提升既需要个体生活意义的不断丰盈,更需要基于人类的本能、潜意识、集体潜意识的原发性艺术审美追寻。按照冯友兰先生关于人生境界的自然、功利、道德、天地四层级划分,人类童年生活境界是一种“天—地—人”的境界,只有回到人类童年我们才能真切感受到大地之子、宇宙之子,才能在“天—地—人”的悟觉下存有赤子胸襟。唯有如此,我们才能在古典与现代、民间与流行、民族与世界、童年与成年的艺术对立与紧张关系中实现调和与反转,被传统的“成人中心”的艺术世界遮蔽了的人类童年的艺术世界才可能向我们敞开。一个立体的、有时间维度的、人类发展生命态的艺术世界就此向我们展开。

(二)艺术基于经验,儿童经验是人类经验的最初样态,人类经验的延续需要儿童经验的代际赓续

在《艺术即经验》中杜威阐释了经验之于艺术的本体性价值:“在每一个完整的经验中,由于有动态的组织,所以有形式。我将这种组织称为动态的,是因为它要花时间来完成,是因为它是一个生长过程:有开端,有发展,有完成。……经验过程就像是呼吸一样,是一个取入与给出的节奏性运动。”④杜威承认儿童经验的初级性、不完备性,但更认识到儿童经验获得的潜在性。教育对于人类经验生长的深切责任及存在的问题是:“传统教育认为学校环境只要有课桌、黑板和小小的学校场地就足够了。教师不必深切地熟悉

①杜威.艺术即经验.高建平,译.北京:商务印书馆,2009:8.

②杜威.艺术即经验.高建平,译.北京:商务印书馆,2009:25.

③沃尔德.本能的缪斯:激活潜在的艺术灵性.王毅,孙小鸿,李明生,译.上海:上海人民出版社,1997:15-17.

④杜威.艺术即经验.高建平,译.北京:商务印书馆,2009:65.

当地社会的自然、历史、职业等方面的情况，以便用来作为教育的资源。”[①]杜威进一步揭秘教育对两种经验的误用：“一个人对于人和物相接触所获得的狭隘的经验，以及从知识传播中所获得的广泛的种族经验，这二者之间的关系，也可以表示近与远之间所要求的平衡。在大量知识需要传播的条件下，教育上常有淹没学生个人的生动经验（虽然这种经验是狭隘的）的危险。充满活力的教师能够传播知识，激励学生通过感官知觉和肌肉活动的狭窄的门户，进入更完满、更有意义的人生，而单纯的教书匠却止步不前，无所作为。真正的传播知识，包含着思想的传导；如果传播知识不能使儿童和他的种族之间发生共同的思想和目的，那么，所谓传播知识不过是徒有虚名而已。”[②]传统教育误读两种经验的实质是对个体经验与人类经验、特殊亲历经验与间接共同经验的混淆与僭越。在某种意义上，个体审美的先验就是人类童年的经验累积，就此康德关于审美判断力的两个二律背反“非概念但有普遍性；非功利但有愉悦感”就迎刃而解了。故此黑格尔认为，自然美有概念的确定性，而艺术美之高于自然美在于，艺术美是心灵产生和再生的美，是心灵的再现活动，“艺术美是心灵的独立自由与自为……美是绝对精神的感性显现”[③]。绝对精神就个体发展而言是先验的，但人类的发展却是经验累积的理性形态，艺术的美就是要把经验的理性形态——个体审美对象化为艺术活动的感性显现。艺术的美一定是能打动审美者、震撼审美者心灵、激发创造者的自由自觉生命力的。儿童的精神世界有其自己的体验和表达方式，未受世俗的功利感染和世故的油滑沾染，能满足“功利性经验消失，审美愉悦随之而来”这一审美约束，因而有更为独到的审美境界。儿童艺术教育就是要保护这一自然、多样的审美生态，使人类的审美经验代际赓续。

（三）消除两种艺术经验割裂的路径在于儿童艺术教育的经验还原，艺术经验还原不仅激发儿童的艺术感知，更滋养其整全的艺术生命

杜威在认识到儿童经验与其种族经验的割裂时，提出了“经验交互作用”与“经验连续性”的教育策略。经验之间的交互作用强调经验的客观条件和内部条件的同等重要性，强调即刻交互作用对当下经验的快速反应和现场领悟。传统教育的弊端在于强调对经验的外部条件的重视，而对经验的内部条件几乎不予注意，因而在教育中应识别和理解儿童的现有经验，察觉并判断其潜在的能力倾向，符合儿童生长的方向，形成经验交互关系。就经验连续性而言，杜威认为，教育成为在经验中、由于经验、为着经验的一种连续过程，通过实践这种跨越时空的连续性反思获得经验意义，实现从原始经验到反省提炼经验、从一个经验到完整经验的转变。[④]杜威的经验连接策略如何在艺术教育中落地呢？幼师的王秀萍教授用10余年的时间进行系统探索，深刻影响了儿童艺术教育团队。

王秀萍认为儿童艺术教育涉及处于张力两端的两种经验：当下艺术经验与儿童本体

①杜威.我们怎样思维·经验与教育.2版.姜文闵，译.北京：人民教育出版社，2005：259.

②杜威.我们怎样思维·经验与教育.2版.姜文闵，译.北京：人民教育出版社，2005：236.

③黑格尔.美学：第一卷.朱光潜，译.北京：商务印书馆，1979：38-39.

④杜威.经验与自然.傅统先，译.南京：江苏教育出版社，2005：12-13.

（含本能）亲历性经验。当下艺术经验是由艺术作品承载、具有历史累积、抽象属性的成人艺术智慧结晶，并固化为教科书与教学、训练体系。儿童本体亲历性经验是儿童与生俱来的本能天性与胎儿、婴幼儿早期经历形成的，体现在游戏与操作不同的行为表现中。在艺术教育中，美术宜发挥儿童的操作天性，音乐、戏剧、故事、童话等宜融入假扮游戏、集体游戏等活动中。经验还原的儿童艺术教育是基于艺术经验还原为儿童本体经验的方式，实现由儿童本体经验提升到儿童艺术经验、新形态艺术经验层面的艺术教育方式。艺术教育经验的还原历经静态与动态两个步骤。静态还原又称知识形态还原，是把以抽象艺术符号呈现的艺术作品还原为儿童喜闻乐见的假扮游戏情境。如音乐作品还原需先赋予音乐作品中的片段以角色或情节冲突情境，再赋予音乐作品中的乐句递进以角色行为变化情境，最终把一首用抽象音乐听觉符号表达的音乐作品还原为儿童可玩的角色、情节、场景三要素齐全的假扮游戏（此步骤在教学设计环节完成）。动态还原又称教学方式还原，是把成人化的死板教学方式还原为游戏情境中的角色互动方式。在教学中教师不以教师身份出现，往往以游戏中的角色身份或以小动物妈妈身份出现，音乐教学过程即游戏情节推进角色互动过程（此步骤在教学实施环节完成）。儿童在角色假扮过程中，对角色行为越来越熟练、准确，接近准确的角色行为即形成当下的艺术经验。[①]艺术教育经验还原的实质是将形式化、现代化、成熟化、成人化的艺术表现形态，还原、回归到不同年龄儿童可接受、可显现的形态，并建立内在的经验关联，形成经验连续体，让人类艺术经验的连续与进化自然地嵌入个体经验连续体中，不断滋养儿童整全的艺术生命，实现艺术的代际传承与创新。

儿童艺术教育是一项不断挖掘个体潜能，激发艺术潜质，感受美好人生，体悟生命真谛，悦纳内心体验，表达自由自觉，丰满生活内涵，提升生存境界的人生愉悦事业。作为学前教育工作者，需遵从艺术审美的内心呼唤，引导学生遵循自身心性所向，不断修炼自己，向内省思，向外显现，不断丰富内心，扩展美好的心灵空间，提高审美情趣，跃迁人生境界。幼儿教师的美育理想应是书写美丽人生，铸就幸福童年。

秦金亮

教育部高等学校教育学类教学指导委员会委员

教育部高等学校幼儿园教师培养教学指导委员会副主任委员

中国学前教育研究会副理事长

浙江师范大学杭州幼儿师范学院原院长

浙江师范大学杭州幼儿师范学院国际儿童研究院院长

①王秀萍.经验还原幼儿园音乐教学.合肥：安徽文艺出版社，2011：12-18.

序　二

他山之石:NBPTS幼儿教师艺术领域教学标准的综合取向

一、学前教育专业的艺术课程亟须改革

2020年,中共中央办公厅、国务院办公厅印发《关于全面加强和改进新时代学校美育工作的意见》(以下简称《意见》)。《意见》的总体指导思想是:“以习近平新时代中国特色社会主义思想为指导,全面贯彻党的教育方针,坚持社会主义办学方向,以立德树人为根本,以社会主义核心价值观为引领,以提高学生审美和人文素养为目标,弘扬中华美育精神,以美育人、以美化人、以美培元,把美育纳入各级各类学校人才培养全过程,贯穿学校教育各学段,培养德智体美劳全面发展的社会主义建设者和接班人。”为了“把美育纳入各级各类学校人才培养全过程”,《意见》要求“完善课程设置”,指出“学校美育课程以艺术课程为主体,主要包括音乐、美术、书法、舞蹈、戏剧、戏曲、影视等课程”,明确提出要在“学前教育阶段开展适合幼儿身心特点的艺术游戏活动”。显然,能否开展适宜幼儿身心发展特点的艺术活动,完全取决于幼儿园教师是否具有契合幼儿学习与发展方式的艺术教育素养。

应该说,我国幼儿园教师的培养有着重视艺术素养的传统。在我国传统的幼儿园教师培养模式中——特别是新中国成立后形成的幼儿师范学校课程体系中——音乐、舞蹈及绘画等艺术课程占有相当重的分量,以至于相当长的时期内,不少学校学前教育专业建立的标识就是具备艺术训练场所和设施设备;幼儿园教师职前培养模式对艺术课程的强化,进一步延伸到职后,不少幼儿园在招考新教师时也将艺术技能的考核放在关键的位置。毫无疑问,艺术在学前教育中有其独特的甚至无可替代的地位,重视艺术素养的传统也确实培养了大量多才多艺、艺术修养深厚的优秀幼儿园教师。但显然,幼儿园教师的艺术素养只是其综合素养的一部分,艺术素养只有建立在教师对幼儿学习与发展的理解和支持之上,才能为促进幼儿身心和谐发展、奠定其德智体美劳全面发展的基础服务,真正实现艺术教育“以美育人、以美化人、以美培元”的目标。

可见,在幼儿园教师培养中如何合理设置艺术课程,尤其是如何建构各类艺术课程

的内容，迫切需要研究。那种照搬一般艺术院校相关课程设置和课程内容的“拿来主义”做法固然不可取，但考虑学前教育专业特殊性而简单删减艺术院校相关课程的“剪刀主义”做法也并不高明。或许，美国国家专业教学标准委员会制定的全科型幼儿教师教学标准中的综合取向艺术素养要求，可为我们学前教育专业艺术课程的实施提供借鉴。

美国国家专业教学标准委员会（National Board for Professional Teaching Standards，简称NBPTS）是成立于1987年、以开发优秀教师专业标准和建立优秀教师资格认证系统为目的的非营利、非政府的专业组织。NBPTS根据学生年龄（3—8岁的幼儿、7—12岁的儿童、11—18岁的青少年）和所教学科，将优秀教师分为两大类：一是担任某一年龄段某一学科教学的教师，如幼儿和儿童艺术教师（Art/Early and Middle Childhood）、幼儿和儿童音乐教师（Music/Early and Middle Childhood）等；另一类是承担某一年龄段多种学科教学的“全科型（Generalist）”教师，如全科型幼儿教师（Generalist/Early Childhood）等。其中，全科型幼儿教师较接近我国学前教育专业所培养的幼儿园教师。NBPTS优秀全科型幼儿教师教学标准先后修订多次，其艺术领域教学的综合取向始终明确。

二、NBPTS 2010年版优秀全科型幼儿教师专业标准中的艺术要求

NBPTS于2010年发布的优秀全科型幼儿教师专业标准[①]（Early Childhood Generalist Standards for Teachers of Students Ages 3—8），确定了优秀全科型幼儿教师的十项标准：运用儿童发展的知识来理解儿童；与家庭和社区的合作；促进平等、公平和欣赏多样性；了解幼儿教学科目的内容；评估儿童的发展和学习；管理发展和学习的环境；设计发展和学习；实施发展和学习的教学；反思幼儿教学；做专业精神的典范，促进专业发展。第四项标准“了解幼儿教学科目的内容”对优秀全科型幼儿教师所应掌握的科目领域做了规定，主要包括学术（语言艺术、数学、科学、社会研究）、艺术（视觉艺术、音乐和戏剧）、健康教育、体育和技术等内容领域；要求优秀全科型幼儿教师应对不同学科的知识、技能和实践有深刻的洞察力，懂得每一学科的知识是如何建构的，理解能将学科内容知识最好地传达给幼儿的教学方法，了解联系每一学科的基本事实、概念和过程的各种创意。其中对优秀全科型幼儿教师在艺术方面的专业标准规定如下。

（一）视觉艺术（Visual Arts）

要求优秀全科型幼儿教师能敏锐地理解幼儿运用艺术表达的符号和形式交流其思想和感情的方式。教师能运用适合发展及具有文化适宜性的方法促进儿童的视觉艺术意识和创作。教师在艺术方面的广博背景支持他们把视觉艺术作为幼儿课程中必不可少的一部分；他们熟悉视觉艺术方面的各种概念，包括色彩、结构、线条、对称性、光线和形状。他们也熟悉素描画、油画、雕塑和电影等不同的视觉媒介，知道世界文化中的艺术史。

具体要求包括：第一，优秀全科型幼儿教师知道创造性是儿童艺术表现的核心。第

①National Board for Professional Teaching Standards.Early Childhood Generalist Standards：for teachers of students ages 3—8.[2021-11-08].http://www.nbpts.org/userfiles/file/ECGen_PCDraft.pdf.

二，优秀全科型幼儿教师帮助儿童在日常生活中看艺术、谈艺术、创造艺术并发展一种视觉艺术的意识。第三，优秀全科型幼儿教师帮助儿童懂得各种有关视觉艺术的有效的审美方法和审美响应。第四，优秀全科型幼儿教师应用视觉艺术扩展儿童学习的其他方面。

（二）音乐和戏剧（Music and Drama）

优秀全科型幼儿教师要认识到表演艺术能够使儿童的情感得到表达，而这些情感表达方式是在生活的其他方面无法学会的。他们努力为儿童参与戏剧和音乐提供富有意义的、适合发展的机会。他们设计的活动能反映地方社区和教育场景中儿童的多样性，并让家庭参与到表演艺术活动中来。具体要求包括：第一，优秀全科型幼儿教师知道倾听是幼儿发展的基本音乐技能。第二，优秀全科型幼儿教师熟悉音乐的基本要素——韵律、节拍、音调、音质、力度和和声。第三，优秀全科型幼儿教师理解戏剧是一种过程，通过它个人可以以象征的形式表达思想、愿望和矛盾。第四，全科型幼儿教师知道表演故事是幼儿的一个特点。第五，优秀全科型幼儿教师运用儿童发展、不同的儿童个体以及儿童生活社区等方面的知识，来设计和选择戏剧活动。

三、NBPTS 2015年版优秀全科型幼儿教师专业教学标准中的艺术要求

NBPTS于2015年修订后颁布的第三版优秀全科型幼儿教师专业教学标准①，同样是在标准四"了解幼儿教学科目的内容"中对优秀全科型幼儿教师的艺术素养标准进行了规范。和2010年版相比，其综合性要求更加明显。要求：优秀幼儿教师可以将他们有关幼儿、教学内容和教学方式的知识毫不费力地整合在一起；他们需要对学科的基本思想有深入的了解，对幼儿推理内容的方式有敏感的认识，并意识到幼儿通常会遇到的困难；他们明白，在幼儿时期，促进幼儿在社会、认知、语言、身体、情感和道德伦理等领域的发展至关重要，教师有意将这些发展领域融入幼儿学科的教学和学习中；优秀幼儿教师知道每个内容领域中什么是重要的，为什么重要，以及如何与幼儿在学科领域内外的早期、后期理解联系在一起；优秀幼儿教师需要准备的科目仍然是五大类，即学术（语言艺术、数学、科学、社会研究）、艺术（视觉艺术、音乐和戏剧）、健康教育、体育和技术等领域。其中对艺术领域的教学标准如下。

（一）视觉艺术（Visual Arts）

优秀的幼儿教师能敏锐地理解幼儿如何使用艺术表达的符号和形式来传达他们的想法和感受。他们以能够发展且文化适宜的方式促进儿童对视觉艺术的认识和创造。教师具有广泛的艺术背景，这使他们能够使视觉艺术成为幼儿课程的一个组成部分。他们熟悉视觉艺术的统一概念，包括颜色、纹理、线条、对称性、光线和形状。他们还熟悉各种视觉媒体，包括素描、彩绘、雕塑和电影，并且了解世界各地文化中的一些艺术历史。

优秀的幼儿教师明白，创造力是幼儿艺术表现的核心。他们为每个幼儿提供了尝试

①National Board for Professional Teaching Standards.Early Childhood Generalist Standards：for teachers of students ages 3—8(Third Edition).[2021-11-08].https://www.nbpts.org/wp-content/uploads/2017/07/EC-GEN.pdf.

各种工具、过程和媒体的机会，他们能体会到孩子们在与他人分享自己创作的艺术作品时的喜悦和兴奋。教师与孩子们一起使用艺术材料、媒体和具体的道具作为讨论和思考引人注目的设计问题的催化剂。他们支持艺术调查，并为儿童提供机会，进行视觉艺术观察、反思、探索和创造。优秀的教师了解当孩子们探索视觉世界时，手—眼协调和身体—大脑发展的增强方式，并可以向同事和家人解释视觉艺术的许多好处。

优秀的幼儿教师能帮助孩子们观察艺术、谈论艺术、创造艺术，并在日常生活中培养他们的视觉艺术意识。优秀幼儿教师创造了一个环境，在这个环境中，无论是自然的还是虚拟的游戏，都是参与艺术活动的背景。教师帮助孩子分析和评价视觉艺术。例如，优秀的低龄儿童教师可能会让孩子们阅读一位插图画家的多本书，以理解颜色或线条的使用，而年龄更大一些的儿童的教师可能会让孩了们在多位插图画家之间比较风格。

优秀的幼儿教师帮助孩子们理解，针对视觉艺术有许多有效的审美方法和回应方式。有些孩子可能认为某件艺术品很吸引人，而其他人可能觉得无法欣赏。教师使用各种文化的例子来丰富儿童对美和审美表达的不同方法的理解。他们还帮助孩子欣赏周围世界的美，并开始塑造他们自己的审美环境。例如，可以鼓励儿童在整个社区选择并展示他们的作品。优秀的教师重视每个孩子对视觉艺术的欣赏，并将孩子的作品融入课堂。

优秀的幼儿教师利用视觉艺术拓展儿童学习的其他方面。他们寻求将视觉艺术内容和技能创造性地融入儿童日常活动和学习。例如，在数学方面，老师可能会让孩子们画图案。在社会研究中，孩子们可能会设计一面旗帜，或通过各种艺术媒介表现他们审美文化的一个方面。

(二)音乐和戏剧(Music and Drama)

优秀的幼儿教师认识到，表演艺术能够实现儿童在其他活动中无法实现的情感表达。他们努力为孩子们提供有意义和适合发展的机会，让他们参与戏剧和音乐活动。他们设计的活动反映了教育环境和当地社区中儿童的多样性，并让家庭参与表演艺术活动。

音乐是孩子们最早体验交流的方式之一——通过摇篮曲、韵律或简单的哼唱。优秀的幼儿教师知道，音乐通过歌曲、动作、交流、讲故事和表演将人们聚集在一起。他们为幼儿提供了多种机会，通过唱歌、跳舞、倾听以及使用乐器来探索音乐。幼儿教师利用音乐加强整个课程的学习和发展，并作为培养幼儿身体协调和意识、语言、阅读、记忆、空间推理、数字概念和计时等技能的媒介。优秀的教师在教授诸如计数、颜色、想法之间的关系和社交技能等概念时，也将音乐作为一种记忆工具。

优秀的幼儿教师知道，倾听是幼儿需要发展的一项基本音乐技能。因为不涉及表演，听音乐对孩子来说是一种轻松参与音乐活动的方式，而且听音乐有助于孩子学习声音和节奏的模式。教师经常为孩子们提供听音乐和欣赏音乐的机会，使他们可以扩充自己的音乐经验储备，增加谈论音乐的词汇。教师介绍各种节奏、旋律和音调，并帮助孩子

区分音高、节拍和音量的差异。他们选择的音乐代表了丰富而广泛的人类经验和音乐传统。优秀的幼儿教师还利用音乐加强孩子们对其他文化和语言的学习，帮助孩子欣赏各种音乐形式和风格。

优秀的幼儿教师熟悉音乐的基本要素：韵律、节奏、音调、音质、力度和和声。他们明白音乐是一项独特的人类事业，代表着文化、爱国主义和宗教价值观，对特定时间或地点的感觉，以及与音乐相关的广泛共享的情感和体验。教师努力将音乐元素融入课程和日常生活。熟悉幼儿的教师知道，通过听音乐、唱歌、演奏乐器和跟着音乐运动，幼儿可以培养健康的互动和表达方式。

优秀的幼儿教师提供时间、空间和材料，使幼儿能够探索声音和节奏。教师通过独奏和合奏表演为幼儿提供练习声乐和器乐的机会。大多数孩子通过创造性的游戏自发地表达身体语言，优秀的幼儿教师将这种表现用作向戏剧和表演艺术的过渡。他们鼓励孩子们在听音乐的同时创作音乐，随着音乐动起来。他们为孩子们提供机会，通过唱歌和演奏乐器来表达自己。教师帮助孩子们用各种非传统的声音即兴创作短歌和器乐作品，如撕纸或敲铅笔；身体声音，如拍手或打响指；电子声音，如键盘或合成器。

优秀的幼儿教师明白，戏剧是一个过程，幼儿通过这个过程以象征的形式表达想法、愿望和冲突。他们熟悉戏剧的基本元素，包括情节、主题、人物、语言、音乐或节奏，以及场景、服装和道具等视觉元素。

优秀的幼儿教师知道，表演故事是幼儿的特点，他们理解戏剧是儿童了解生活的主要方式之一。通过创造和再现情境，扮演不同的角色，探索不同的观点，与同伴互动，安排环境，指挥行动进程，以及解决问题，孩子们可以对他们的世界有所了解。教师明白，对于幼儿来说，戏剧主要是一种即兴表演的过程，在安全的环境中培养幼儿对陌生或具有挑战性的概念或经验进行身体、社会和情感方面的探索。优秀的教师通过鼓励幼儿思考他们探索的选择和所做的决定来增强戏剧游戏的学习潜力。

优秀的幼儿教师利用他们对儿童发展、儿童个体和儿童所在社区的知识，设计和选择戏剧活动。他们提供机会、想法和道具来扩展游戏、发展想象力和鼓励创造力。他们为儿童提供了利用戏剧过程扩展学科学习的机会。他们选择能够促进团队合作、性格塑造、同理心、自信心、语言发展、想象力、解决问题能力、记忆力、审美能力和乐趣的活动。他们鼓励孩子探索不同的角色、观点和动机，认真倾听并与同龄人进行交流互动，并根据想象力调整环境。熟悉幼儿的教师引导大一点的孩子培养识别和比较戏剧中相似的人物、场景和情景的能力。

总体来看，上述NBPTS不同版本的优秀全科型幼儿教师在艺术教学方面的标准呈以下综合取向的特点。其一，幼儿教师艺术教学科目主要包括视觉艺术（美术或绘画）、音乐和戏剧，我国学前教育专业课程中的舞蹈是音乐和戏剧的结合。其二，强调幼儿教师对艺术的基本概念、基础知识、研究工具等方面的理解和把握，如NBPTS要求优秀全科型幼儿教师熟悉音乐的基本要素，即韵律、节拍、音调、音质、力度和和声，熟悉视觉艺术的色彩、结构、线条、对称性、光线和形状等创意元素。其三，强调幼儿教师应理解、把握并能应用幼儿艺术发展的基本经验、基本知识，如NBPTS要求优秀全科型幼儿教师明确创造性是儿童艺术表现的核心。其四，强调幼儿教师对艺术的理解和把握，要求以增进幼儿的艺术经验为依据和目的。如NBPTS要求优秀全科型幼儿教师帮助幼儿在日常生活中看艺术、谈艺术、创造艺术并发展一种视觉艺术的意识，帮助幼儿懂得各种有关视觉艺术的有效的审美方法和回应方式，提供时间、空间和材料以使儿童能够探索声音和韵律。其五，强调幼儿教师对艺术的理解和把握要符合促进幼儿身心健康、快乐成长的核心目标，要将艺术课程和其他教育领域整合。

四、结语：幼儿园教师艺术素养培养的初步探索

浙江师范大学杭州幼儿师范学院学前教育专业从2003年开始探索音乐、舞蹈、美术等艺术课程如何同幼儿的发展紧密结合，解决学前教育专业艺术课“姓幼”的问题。学院艺术课程团队结合幼儿园保教活动的特点和幼儿全面发展的需要，对传统学前教育专业的美术、音乐、舞蹈等课程逐步做出调整，出版了“高等学校儿童艺术教育系列教材”，在业内产生了较好的影响。2019年，学院学前教育专业艺术团队研制编写的涵盖音乐、美术、舞蹈等各领域的“高等学校学前教育专业艺术素养系列教材”入选浙江省普通高校“十三五”新形态教材建设项目，这是学院艺术课程团队围绕学前教育专业综合艺术教育探索的最新成果。毋庸讳言，学院的艺术课程改革还没有完全达到类似NBPTS优秀全科型幼儿教师综合艺术素养标准的要求，但我们正朝这个方向迈开坚实的步伐。我相信，学院艺术团队的探索会给我国学前教育专业的综合艺术课程与教学改革提供有益的经验。

由于我对艺术和艺术教育缺乏研究，对这套“高等学校学前教育专业艺术素养系列教材”的具体内容本身不能妄加置喙，故，只能以上述对NBPTS幼儿教师艺术领域教学标准的简单介绍，作为对丛书主编希望我作序的回应。但我乐意推荐该系列教材，并切盼方家继续支持学院艺术团队的课程改革。

朱宗顺
浙江师范大学杭州幼儿师范学院（特殊教育学院）院长、教授、博士生导师
2021年11月8日

前言 PREFACE

党的二十大报告指出，推进文化自信自强，铸就社会主义文化新辉煌。全面建设社会主义现代化国家，必须坚持中国特色社会主义文化发展道路，增强文化自信，围绕举旗帜、聚民心、育新人、兴文化、展形象建设社会主义文化强国，发展面向现代化、面向世界、面向未来的，民族的科学的大众的社会主义文化，激发全民族文化创新创造活力，增强实现中华民族伟大复兴的精神力量。

音乐作为文化的一部分，通过音乐教育培养全面发展的人，是贯彻以美育人、树立文化自信的重要内容。20世纪80年代，国人放眼看世界，奥尔夫音乐教学法作为享誉世界的先进教学理念进入中国，对中国的音乐教育发展造成了深远的影响。

奥尔夫音乐活动设计是一门根据音乐学科的要求，从学生学习的角度出发，基于学生的经验，以培养学生综合音乐能力为目标，结合学科特点，突破传统的教学方式，通过活动让学生在音乐中探究、感知、表现和创造的音乐教学课程。

奥尔夫试图将古希腊的“完整艺术”概念——指音乐、动作和语言的交汇点——变得当代化，让人能够直观地理解这三个部分之间的内在联系，并围绕其建立一整套教学法。奥尔夫教学法利用最基础的原本性音乐材料，通过语言和唱歌、诗歌和音乐、音乐和律动、游戏和舞蹈——这些活动在儿童的世界中本质上是一体的、不可分割的，都受游戏本能的支配——来表达和创造。

《乐记》中写到：“故歌之为言也，长言之也。说之，故言之；言之不足，故长言之；长言之不足，故嗟叹之；嗟叹之不足，故不知手之舞之，足之蹈之也。”这描述了音乐的原本性和本质。

奥尔夫的音乐教育观念，是以音乐的原本性为源头，探索并革新音乐教育：主要不是致力于教会学生什么，而是启迪、发掘学生与生俱来的对音乐的本能感受和反应，通过游戏化、即兴地演奏音乐，通过自然地、音乐性地表达自己的感受、情感，通过语言、动作、表演和音乐的全面有机结合，通过提高学生的音乐素质，让学生学会音乐、掌握音乐。

本教材遵循奥尔夫教学的理念，设置音乐探索、歌唱、音乐游戏、音乐律动、打击乐和声势等内容，提供大量的音乐学习素材和音乐资源。与此同时，理论与实践结合，方法与设计结合，理解与创作结合，内容之间融会贯通。

本教材分为七章，除了以往大家都能看到的歌唱教学、打击乐教学和律动教学外，增添了奥尔夫儿童音乐的探索活动、奥尔夫儿童音乐的游戏活动和声势教学活动等内容。在编写设计上有以下特征：

1.编写的形式更加丰富，内容易于学生理解。

2.案例多元翔实，操作步骤清晰。

3.音乐素材多元，提供了丰富的音乐曲目便于学生自己创作设计。

4.注重培养学生的综合素养及创造能力。

5.体现新形态教材的优势，提供丰富的视听资源。

虽然近些年有关奥尔夫音乐教学的研究蓬勃发展，相关教材也是琳琅满目，但是以新形态教材形式编写的甚少。本教材作为一种尝试，很多视频直接来源于课堂教学的随堂拍摄，还存在很多不足，希望能抛砖引玉，得到同行专家提出的宝贵意见和建议，以便下次更好地完善。

目　录　CONTENTS

第一章　奥尔夫音乐教育理念及教学模式

音乐教育的目标是通过提高人们的音乐素养来造就更多具有完整人格的人。20世纪的音乐教育家们就是本着这样的精神与理念，各自主张不同的教学手段，形成了不同流派的音乐教育法。其中最受瞩目的不外乎是达尔克罗兹教学法、奥尔夫教学法、柯达依教学法及铃木教学法，它们也被称为20世纪四大音乐教学主流。

本章描述了奥尔夫音乐教育理念的基本框架。其中包含了奥尔夫的生平，奥尔夫音乐理念的形成，以及奥尔夫教学法发展的源与流，同时还描述了奥尔夫音乐教学法的特色与教学模式。

【学习目标】

1.知识目标：了解奥尔夫教学法的形式，奥尔夫的生平和他教育活动的关系。了解奥尔夫音乐教育的理念及特色。

2.能力目标：通过对奥尔夫音乐理念的学习，掌握学习、借鉴与研究奥尔夫教学法的原则和方法。通过了解奥尔夫教学的基本进程，提升音乐活动设计能力。

3.情感目标：萌发参与奥尔夫教学活动的兴趣。在集体交流、分享和共创中，感受奥尔夫教学法的乐趣，同时感受到奥尔夫教学活动对儿童的适宜性。

4.思政目标：挖掘中国的本土元素和传统音乐文化，对奥尔夫音乐教学理念进行本土化创造，使学生更加热爱本土文化，开展合作共创性的教学活动。

第一节　奥尔夫音乐教学法的形成

20世纪80年代，奥尔夫音乐教学法进入中国，打开了国内音乐教育放眼看世界的局面。40多年来有许多专家学者通过号召、讲学、示范推广传播奥尔夫音乐教学法。但是人们喜爱奥尔夫教学法并不只是因为专家们的影响，更在于奥尔夫教学法本身的特质及其带来的音乐效应。

一、卡尔·奥尔夫的生平

奥尔夫经常说自己首先是一位音乐教育家，再是一名作曲家。奥尔夫一生中每一个阶段的生活都是其音乐教学理念形成的重要积累。

1895年7月10日，奥尔夫生于巴伐利亚慕尼黑附近一个重视音乐的军人家庭，年幼时由其琴艺非凡的母亲启蒙钢琴教育。

1907年，奥尔夫转学到威特斯巴赫中学，从那时起得以拥有较多的时间从事音乐活动。在中学期间，奥尔夫兴趣广泛，尤爱戏剧与诗歌。

1909年，奥尔夫写下第一首钢琴改编曲，并从高中辍学。

1912—1914年，奥尔夫就读于慕尼黑音乐学院，那时慕尼黑是欧洲的音乐、歌剧及戏剧的文化中心，奥尔夫受到影响熏陶。

1916年，奥尔夫被任命为慕尼黑室内乐团的指导与指挥。

1917—1918年，奥尔夫服役于军队，因伤提早退役后任职于地方歌剧院，担任指挥与音乐指导。

1919年，奥尔夫辞去歌剧院职位，专心作曲并指挥慕尼黑巴赫合唱团。

1923年，奥尔夫结识舞蹈家君特，并从事创作及教学。

1924年，奥尔夫受当时回归自然理念及青年运动的影响，主张音乐应与舞蹈结合，故而和君特建立了君特学校，主要为该校舞蹈课程作曲。

1928年，凯特曼加入君特学校任教。

1928年，奥尔夫从非洲及印度尼西亚的民族传统乐器中获得灵感，请了一位乐器制造师，依照其指示造出第一架木琴。

1930年，奥尔夫运用固定音型发展音乐，并避开复杂的和声、半音阶及作曲方法，创作了一部名为《修道院里的歌声》舞台作品。

1930年，奥尔夫开始着手写学校音乐教材。

1931年，奥尔夫与凯特曼合作出版了第一册学校音乐教材，其中很多作品以直笛及敲击乐器来组合表现音乐。

1935—1936年，奥尔夫完成了《布兰诗歌》(*Carmina Burana*)，大获成功。

1936年，奥尔夫为柏林奥运会开幕式作千人儿童舞蹈表演的交响伴奏曲。从此之后受邀于德国各地讲演教学法，并且停止教学而专心作曲。

1938年，奥尔夫完成《月亮》(*Der Mond*)，1939年首演此作品。作品内容源自格林童话。

1942年，奥尔夫发表作品《聪明的姑娘》(*Die Kluge*)。作品内容来自于民间故事，是他最成功的作品之一。

1944—1945年，君特学校先被纳粹强行关闭，后毁于战火。

1948年，巴伐利亚无线电台力邀奥尔夫为电台儿童节目作曲，播放之后，许多人想尝试奥尔夫乐器。Studio49工厂生产奥尔夫乐器，后来成为奥尔夫教学的重要支助者。

1949年，奥尔夫较现代的作品《安蒂冈》(*Antigone*)首演。作品内容源自希腊悲剧，是一部集戏剧、舞蹈、音乐于一体的作品，体现了奥尔夫原始的创作风格。

1950年，第一册德文版《为儿童的音乐》(*Music fur Kinder*)正式出版，至1954年完成全部五册。

1950—1961年，奥尔夫任教于慕尼黑音乐学院作曲系，担任教授及系主任。

1960年开始,奥尔夫巡回各国讲授奥尔夫教学法。

1961年,奥尔夫前往萨尔兹堡的莫扎特音乐学院创办了奥尔夫教学法学习中心。

1972年,慕尼黑大学授予奥尔夫荣誉博士头衔及国家奖章。

1982年,奥尔夫逝世。

二、奥尔夫音乐教学法的形成

(一)童年的创造性成长

受家庭环境的影响,奥尔夫(其手绘漫画形象如图1-1)从小对音乐和戏剧有着浓厚的兴趣。他年幼时就在母亲指导下正式进行钢琴学习,最喜欢的是自己在钢琴上做探索,经常用钢琴的高音、低音和音量变化来为他讲的故事、儿歌、童谣做伴奏。儿时的奥尔夫聆听了大量的音乐,被各种风格的音乐所吸引,喜欢玩音乐游戏、表演游戏等。一次跟随父亲观看木偶剧团的演出后,他开始着迷于木偶戏的表演形式,自编故事,并且制作道具、服装、台词等,自己参与表演。

图1-1　手绘漫画形象

(二)少年艺术性的倾向

奥尔夫的少年时代是在祖父的剧场与藏书室中度过的。从华格纳的《漂泊的荷兰人》、查理德施特劳斯的《音诗》,到马勒的《大地之歌》,都给了他震撼和感动,同时也让他见识了精湛的管弦乐技法。作曲家中最吸引他的是贝多芬,他也钟爱莫扎特、舒伯特和布鲁克纳;文学家中席勒、歌德、莎士比亚都对他未来的戏剧方向影响匪浅。另外,诗人中海涅、荷尔德林、霍夫曼斯塔尔以及尼采等人的作品也令他心醉不已。

然而,对这些艺术充满强烈倾向的奥尔夫面对一般高中课程却感到折磨,徘徊彷徨于恪守家族传统与自主创作双重冲击下的他几近崩溃,后由于疾病从高中辍学。所幸在父母坚定的支持下，他终于在19岁时于慕尼黑音乐学院完成了学业。

(三)青年自发性的表现

奥尔夫创作风格从战后的1919年进入第二阶段。作为一位年轻人，奥尔夫很努力地学习舞蹈并且拜访舞蹈家，比如威格曼、邓肯等。这些舞蹈家们成熟而富有革新的舞蹈风格与舞蹈形式给予了他巨大的鼓舞，同时激起了他的兴趣，因为他看到了与这种现代舞相结合进行创作有如此丰富的可能性。奥尔夫并不是一味地去模仿现存的舞蹈形式，而是更多从民间音乐的传统中汲取创作的灵感，并且和舞者一起在舞台上演奏乐器，这是当时的创新之举。后来，在他为舞蹈进行音乐创作发展的过程中，演员们也自己拿着乐器进行表演。音乐不只是舞蹈的辅助和补充，对于舞蹈家们来说，音乐更成了一种手段或者工具，乃至一种激励的动因。对他们而言，音乐和舞蹈自然成为一个整体，并且有着相通之处。威格曼也向音乐教育家达尔克罗兹学习，与拉班共同推动现代舞蹈发展。她追求舞蹈的情感表现，以身体来感受音乐、表现音乐和创造音乐，并将音乐转换到有形的肢体上。威格曼追求非常自然地对艺术原本性进行表现，这对奥尔夫及其往后的教育理念有着深远的意义。

在奥尔夫这一阶段的创作历程中，他的音乐作品大多是为专业的舞蹈家和音乐家而写的，很少为儿童进行写作。因此，他的作品被认为是纯粹的艺术，而不是教育的语言。

(四)乐教革命的萌芽

1924年，奥尔夫和君特在慕尼黑共同成立了君特学校，训练演员们的音乐、体操和舞蹈。此时，奥尔夫才逐步参与到音乐教育中来。这也是奥尔夫倡导音乐教育与律动教育并行发展概念的由来。

奥尔夫和君特分工合作，君特将奥尔夫为舞者写的音乐运用在学校课程中。他们合作形成的教学方式是以人类最原始的乐器“鼓”来引导学生以固定拍、速度及节拍来积累音乐经验，再把音乐的经验反馈到乐器的演奏。奥尔夫称这样的训练方式是一种元素性学习，将音乐和舞蹈分解成为最简单的元素成分，同时要通过表演来掌握和表现这些元素成分。对于奥尔夫和君特来说非常重要的是，学生们从一开始就要用身体去体验拍子、节拍、速度、节奏，他们在舞蹈中通过乐器来表现这些元素，这一切都是在参与中、实践中进行的，而不是枯燥的、乏味的静止式学习。

图1-2 奥尔夫和凯特曼

其后十年间，陆续有优秀的音乐教师加入君特学校。1926年，凯特曼加入，成为奥尔夫在音乐训练上重要的帮手和同事。对于凯特曼来说，奥尔夫给予她的任务就是要把他的思想用他最新研制出的音条乐器演奏出来。(如图1-2)同时，凯特曼用这些乐器创作了一些作品。这些音条乐器作品非常切合奥尔夫的想法和元素性学习理念，所以，奥尔夫把这些音条乐器正式带入了他所作的乐曲中。他在舞台上所使用的乐器除了以往的鼓、铃鼓、响棒之外，还包括了木琴、钢片琴、钟琴等，这些乐器也就是后来为人们所熟悉的奥尔夫乐器。

奥尔夫与凯特曼合作为君特学校创作了教学及表演曲目，陆续出版了许多册的学校音乐教材。不过，这些教材基本上是为专业训练所写的，是用成年人的思维编著的，而不是为了儿童。当然，作品中所提出的基本作曲技巧，如使用奥尔夫乐器演奏旋律上的持续低音、节奏上的固定音型等，可以说为后来出版的《为儿童的音乐》中奥尔夫乐器的创造性发展打下了很好的基础。

由于器乐教学和舞蹈教学不断发展，其所需的音乐教材也不断走向成熟和完善。所有的舞蹈演员都要演奏奥尔夫乐器，所有的乐器演奏者也都要伴着动作进行演奏。君特和奥尔夫相信，器乐演奏和舞蹈教学相互作用能够使学生们逐步提高对音乐要素的敏感性，提高对节奏的反应速度。这种方式已经成功地在艺术敏锐感觉上建立起一种联系——这成为1950年出版的《为儿童的音乐》一书教育哲学的精华与灵魂所在——“没有动作就没有音乐；没有音乐就没有动作”，形成了音乐—律动—更有创意的音乐—更有创意的律动的循环(如图1-3)。这种理念反映了早期文化的音乐体验，在音乐体验中进行演奏的是舞者，而参与舞蹈表演的是演奏者。同时，舞蹈的创新又使乐器进一步创新发展。这也成为奥尔夫教学法重要的理念之一。

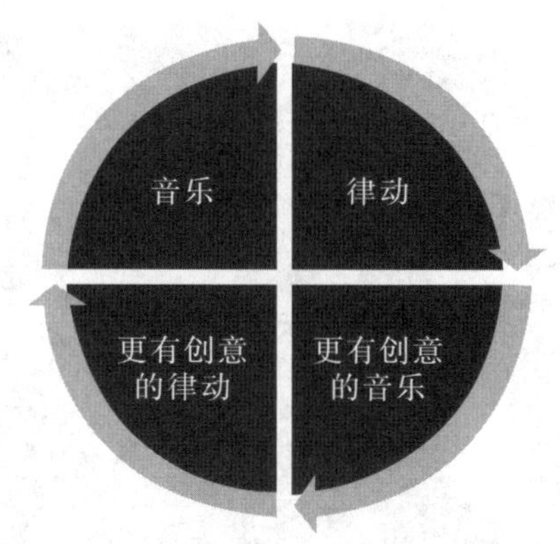

图1-3　音乐与律动的循环

(五)奥尔夫教学法走向世界

1936年,奥尔夫替柏林奥运会写的给儿童表演的作品大受欢迎。德国的很多大学和学院都邀请奥尔夫去展示他的音乐教学法,他的教材也同时得到迅速的普及。

1948年,巴伐利亚电台因听了1936年柏林奥运会奥尔夫作品的录音,邀请他制作一系列的儿童节目。当奥尔夫把注意力转向孩童的时候,他惊奇地发现:歌唱、念谣和说白没有得到运用和发展。然而,他认为,语言和歌曲一开始就应该在孩童时代自然地结合:

> 我已充分意识到,在幼儿阶段就应该进行节奏训练。在德国,教会年轻人把音乐和动作统一起来是非常辛苦的事情,但对于一个小孩子来说,这却是非常自然的事情。然而,"教材"是如此匮乏,这对我来说也是显而易见的;除了在君特学校初始之外,我们几乎没有考虑到语词或歌唱更为适合且恰当结合的地方。而此时,我们把对孩子们有益的且自然的起点放在童谣上,这是因为,童谣有着历史积淀的全部精华,更是非常适合于孩子们的歌曲。对这一事实的认同,给予了我开启崭新教学工作的关键钥匙。①

他所主张的以质朴率真的音乐引导学习者自发地、本能地创作的观点,在孩童身上得到了验证。他也提出了适用于世界各个民族的基础性音乐教学法。

1948年以后,奥尔夫的电台节目通过无线电传送到千家万户。这些电台节目激发了孩子们想要参与的欲望,他们对其所听到的乐曲产生想要用乐器演奏的种种冲动。此后,奥尔夫乐器制作中心成立,成为学校音乐教材强大的支持系统和后备力量。

1949年,奥地利莫扎特音乐学院力邀凯特曼至萨尔兹堡负责孩子们的音乐课。凯特曼和一位从君特学校毕业的舞蹈教师舒莱特纳克,共同为孩子的能力发展进行教学。他们合作并发展了奥尔夫开创的音乐与动作的教学法。这次是为了孩子们的教学法。

1953年,多伦多皇家音乐学院的阿诺德瓦尔特博士和东京穆沙西诺音乐学院院长夫库伊观看了孩子们的作品演出后,大加赞赏,并将这个新的音乐教学法引进到自己国

①玛格丽特默里改编的英文版《奥尔夫学校音乐教材》。

家，使得《奥尔夫学校音乐教材》《为儿童的音乐》得到国际化的推广与宣传。

1961年，奥尔夫学院在萨尔兹堡成立。

如今世界上已有30多个奥尔夫音乐教育协会，相关的教材及出版作品被翻译为至少18种语言。

第二节　奥尔夫音乐教学的理念

音乐是一门人文性质的学科和艺术，极富哲理性。因此，伟大的、杰出的音乐家，尤其是作曲家和音乐学家，往往也是伟大的、杰出的思想家。奥尔夫的名言——“走向世界的，不应该是我为了表明一种理念编写的学校音乐教材，而应是那个理念本身”，就说明了音乐的根在于它具有哲理的理念。

我们必须确立一种基本的原理，一种首要的和基础的指导原则，作为音乐教育中所有活动的理论根基，使我们能够真正地领悟音乐的语言和音乐的表现。

一、学习领域范畴

奥尔夫教学法在每个发展阶段中，永远会涌动并生出新奇的灵感，革故鼎新之风得到培植，独具匠心之作受到鼓舞。这是一种永不止步的教学法，动态的发展是理解奥尔夫教学法的要领。对于奥尔夫音乐教育的理念，不以传统的教学“目标”“内容”或“过程”“方法”等范畴来理解，而是要把它们纳入学习活动的不同领域，描述音乐教育对年轻一代的行为、态度的内在转化的贡献。

领域一：“拥抱音乐”（激发动机）

在现代嘈杂、浮躁的环境之中，我们的周围存在着令人生厌的嘈杂声音，人们躲避这些声音的同时也逐渐远离音乐。我们亟待确立能够在学生内心激发他们音乐兴趣的教育目标，建立让他们全身心地拥抱音乐的教育模式。这也是教育心理学的根本所在。促进音乐学习的最好办法，首先是最大限度地激发学生的学习动机。

领域二：“发现音乐”（探索奥妙）

兴趣、好奇、创造、发现——释放儿童的这些宝贵天性，理应成为音乐学习的终极追求。美好、奥妙、多彩、深远——音乐及其蕴含的品质，理应作为孩子们观察世界的窗口，成就孩子们创造世界的头脑和双手。

领域三：“体验音乐”（感受内涵）

体验音乐包括多方面的内容：全神贯注地聆听和感知音乐；兴致勃勃地辨别和对比音乐之中的各种关系；提高对音乐的记忆能力，促进感受性的发展，忘我地沉浸于音乐的天地之中。

领域四：“融入音乐“（发展技能）

歌唱训练和器乐演奏为其他领域的发展提供了必要的基本经验，学生在掌握一定表演技能的基础上，也会更积极地探索音乐的各个要素技能。这些提高为音乐的再创作提供了可能。

领域五:“理解音乐”(建构整体)

理解音乐要把握音乐的局部构成和整体的结构、音乐的内在规则,以及它们作用于人的感觉和理解的效果。

二、原本性音乐教育理念

原本性音乐教育理念可以说是奥尔夫音乐教学法最重要的理念之一。

首先,原本性音乐教育强调基础的音乐教育应该从最简单和最基本的形式开始。音乐学习的起点,不是现代复杂的审美创造,也不是简单地“简化”大师作品或者“改编”作品。原本性音乐需要个人亲自参与创作活动,音乐必须与律动、舞蹈及语言相结合。奥尔夫认为,音乐不是来自五线谱上音符的堆砌,而是源自参与音乐实践的动力,源自快乐的游戏和表演。就像中国古代《毛诗序》中的描述:“诗者,志之所之也,在心为志,发言为诗,情动于中而形于言,言之不足,故嗟叹之,嗟叹之不足,故咏歌之,咏歌之不足,不知手之舞之,足之蹈之也。”

其次,音乐是一种整体的体验,孩子们在其中接触和感受音乐的基本形式,形成音乐的初步感知和学习、创造、自发表现的动力,发现音乐、拥抱音乐、体验音乐、融入音乐、理解音乐。

最后,原本性音乐,不应只是元素的组成,单纯的音乐元素或者材料不是原本性音乐的本质所在。原本性音乐强调人的感受,让人处在一种心流的积极状态;强调人与音乐的互动,让人对于音乐赋予的力量做出有思想的反应。同时,力求使孩子在音乐中实现实践、情感和认知的平衡。不能认为实践的体验必然会自动转化为孩子的认知领悟,也就是说要强调实践、弱化认知;但同时也要考虑人类学与社会文化对学习的要求。因此,我们要把音乐对象的核心结构与之相应的人的动机、理解水平、心智发展联系起来,强调音乐参与者的原本性体验,在参与中构建音乐。由此也可以看出,原本性音乐教育理念与现代教育的观点是吻合的,是以学生为中心的,强调学生在玩中学、在做中学的生态式教育理念。

(一)集音乐、语言和动作于一体的音乐教育

奥尔夫认为奥尔夫教学法的音乐教育最明显的特征,可以简洁地归纳为古希腊音乐教育的理想:音乐、语言和动作的三位一体,互相联结。奥尔夫直观理解了三角形各个顶点之间的联系,并围绕着这种教育理想建立了一个整体(如图 1-4)。这也是奥尔夫音乐教育理念中的核心思想——“整体艺术”的教育理想。

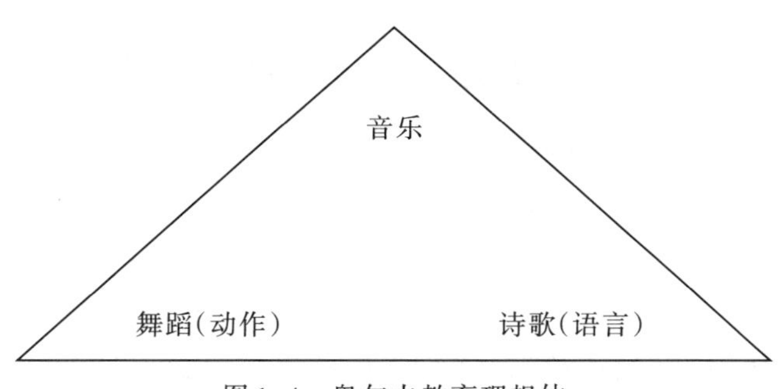

图1-4　奥尔夫教育理想体

在古希腊理想的文艺世界中,艺术女神缪斯的化身分别是司音乐的女神欧忒耳佩、司舞蹈的女神忒尔普西科瑞、司抒情诗的女神厄刺托和司英雄史诗的女神卡利俄佩。

在很多民族艺术文化中,歌唱、舞蹈、演奏也是浑然一体的。奥尔夫观察到,儿童的行为中也有这样的表现,音乐和舞蹈、言语和歌唱,经常即兴交替、交织。例如,手势动作代替语言,哼唱代替童谣。因此,奥尔夫在教学实践中寻求和挖掘这些表现行为和表现形式之间的联结点,从某个主题或者联结点切入延伸、融合其他元素,形成立体的音乐体验学习,可以更加完善学生的音乐表现。

在多种艺术的综合运用中,在不同艺术形式的表现媒介、学习材料、创作和合作表演过程中,音乐、舞蹈、语言、诗歌等之间的密切关系能够积极影响学生的学习动机,使学生对音乐的感受和感知体验更加深入。

(二)强调合作和创造的音乐教育

音乐教育可以有两种模式和内涵:一种是学习音乐,包含着音乐的知识和技能;另一种是把音乐作为一种教育媒介,在音乐活动和参与中达到音乐之外的教育目的。在基础音乐教育中,奥尔夫把社会性教育纳入教学中,通过音乐创作、歌唱、舞蹈、游戏等集体活动让学生懂得与别人合作,在这个合作学习过程中,学生懂得了互相倾听、互相包容和互相尊重。这不仅超出肤浅的集体表演形式,而且有教育心理学方面的考量,研究表明群体学习对学生的成就影响巨大。

当然,这种音乐教育不是简单地复制和演绎,需要学生拥抱音乐,对音乐的对象进行创造。在这个过程中,不仅有对音乐知识和技法的掌握,而且能使学生积极投入旋律、节奏、伴奏、变奏等创造活动,并且获得成功的喜悦。通过这样的手段,我们会发现,理解音乐不仅是指向音乐认知,更加高位的教育目标是培养完整的人和造就完整的人格。

从学习科学上来说,让学生创造属于自己的音乐,发明自己的音乐,激励创造性,积累音乐经验,形成音乐思维,指向音乐核心素养,这有助于学生的发展。教师必须努力发现学生的创造力,发展学生的音乐理念,客观地评价学生的音乐才能,提供给学生丰富的音乐材料和活动,激励学生发现并解决问题,发展音乐思维。通过创造性的音乐活动,在合作中形成学生的音乐能力和态度,促进学生创造力和理解力的共同发展。

第三节　奥尔夫音乐教学的特色

奥尔夫音乐教学的特色总体可以归纳为以下七点。

创造性教学：创造性教学是为了启发孩子的想象力，再经由指导及引导尝试的方式使孩子发挥创作的潜能。

渐进式教学：对于孩子而言，音乐的能力是可以被塑造的，不需要有丰富的音乐背景，只要通过不断练习，慢慢地尝试，体验音乐的奥秘，就可以循序渐进地走入音乐的世界。

本土化教学：强调乡土的重要性，使用最原本的乡土乐器，并融合新式的音乐教育，使学习没有隔阂，文化没有冲突。

完整性教学：由许多不同的方式组成，例如孩子最常接触到的音乐、律动、美术等艺术，都可以作为孩子们在发展音乐时的内容。

社会性教学：是为了让孩子了解在社会中分工合作的精神及其重要性，培养人际互动的关系，并且能在学习音乐的过程中彼此分享自己的经验及乐趣。

平衡性教学：在学习中能配合孩子的身体肌肉发展，达到运动强健体魄和智力平衡发展的目的。

专门性教学：专门设计出奥尔夫乐器，以打击乐器为主，音色美、可换键，使演奏更轻松容易，幼龄儿童学起来有成就感及满足感。

一、教学法则、目标和过程

(一)教学法则

随着奥尔夫教学法的普及与发展，全球多数地区运用奥尔夫教学法是通过四个阶段来组织音乐教学过程：模仿、探索、即兴演绎和创造(如图1-5)。这四个阶段为儿童发展音乐素养奠定了基础。它类似于布鲁姆教学目标分类法(如图1-6)，首先引入一个非常基本的技能组合，然后逐渐过渡到更复杂的活动。

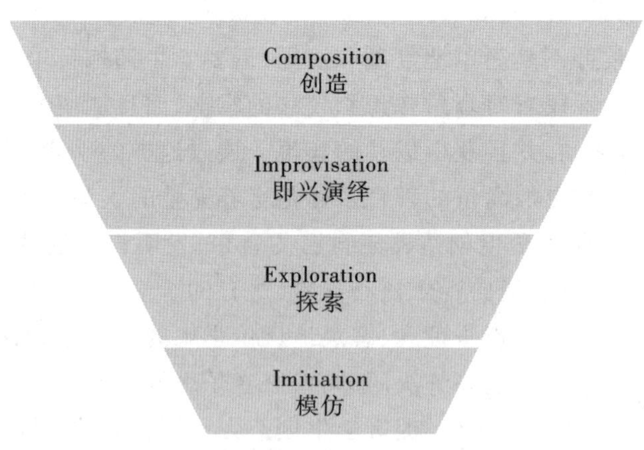

图1-5　奥尔夫教学法的阶梯

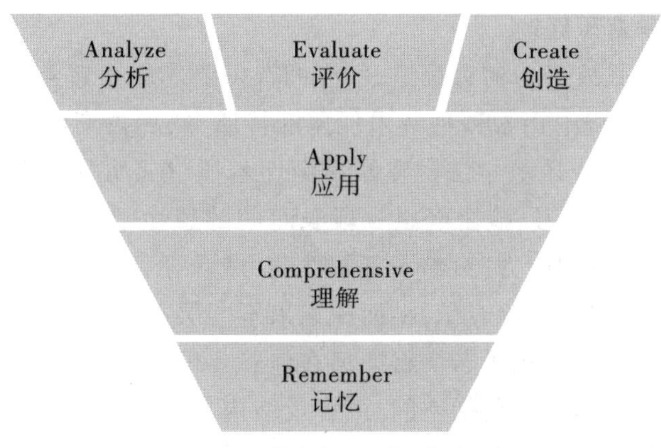

图1-6 布鲁姆教学目标分类

1.从模仿到创作

通过模仿建立学生的曲目库,包括音高、节奏、韵律、节奏和力度。学生们吸收基本的音乐材料作为他们的"工具箱",以便将来在更复杂的活动中使用。引导学生观察、模仿,让学生有充分的体验和创作。探索是学生开始理解甚至应用通过模仿学到的知识。他们能听到音高的变化,节奏的内容,韵律的变化,并探索他们能接触到的任何乐器或声音的音色。奥尔夫乐器库为勘探提供了几乎无限的可能性。即兴创作是学生通过探索和模仿,在理解的基础上,在音乐框架内运用一些可能的节奏、音高、节拍、结构等组合,在音乐领域中创造,即作曲。作曲是音乐制作的一个顶峰,因为作曲者还必须分析其正在使用的音乐材料,以便创作一首新的作品。

2.从个别到整体

团体课是奥尔夫教学体系中上课的主要形式。个人是团体创作、表演的一分子,尽管个人在创作自己声部时,有自己的想法、思考和探索,但是在团体中会有共同合作的时候,每个人都会为了团体的演出效果而做到音乐声部层次的和谐。

3.由简单到繁复

奥尔夫音乐教育的原本性理念就是从音乐元素出发,从最简单的元素起步。学生应用最原始和最简单的音乐要素来感觉,将音乐元素运用到歌唱、器乐合奏、打击乐上来,以基本的卡农、固定音型伴奏等形式慢慢发展,形成一首大型的音乐作品,特别体现出学生从简单到复杂的音乐创作发展中的综合能力。

4.由部分到完整

音乐的结构即曲式,如回旋曲式、三段式曲式等。结构也代表着音乐的发展,就像戏剧或者故事一样,由好几段不同情节组成。一位优秀的老师应会带领学生从最基本的能力入手,逐渐延展,形成完整能力的累积,由小的创作组成完整的作品。

(二)教学目标

美国教育家杜威倡导实验主义式的教育,主张过程重于结果,而奥尔夫音乐教学正是这样的一种教育,究其教学目标有以下几点。

1.帮助学生累积音乐经验

不管采用何种方式或经由何种渠道，所有的音乐要素最初都会以其原始简易的形态展现给学生，学生在实践中探索种种音乐现象的特质，然后再渐次推演至形式更复杂的音乐。国内研究奥尔夫音乐教学法的专家萧奕灿老师，在《明日世界》一书中曾提出，可以把感性与知性分开来学习，孩子经过一段长时间的感性学习（歌唱、语言、律动、合奏等）建立学习音乐的兴趣和能力，再给予其知性学习（音符、读谱、乐理、和声等）。而这里所提到的感性学习，即指去体验音乐，继而探索出不同层次的音乐现象与特质，再进一步吸收不同层次的音乐知识。孩子若懂得如何在体验音乐中探索，则其音乐能力的提升也将无止境。其经验探索的对象包括空间、声音及结构。

2.帮助学生发展其潜在的音乐性

奥尔夫认为，每一个人都有音乐性，这种音乐性不但可以引发人对音乐的兴趣与喜好，也能在体验音乐的过程中有更高层次的响应或更深入的探索，甚至最后培养出即兴创作的能力。而音乐性建立在表达音乐及理解音乐这两项基本能力上。

这样的教学目标，不免令人有过于笼统之感，但也因如此，教师教学的空间很大，有了不受限的自由，而学生也能在这样的空间中体验、探索学习。任何不留空间给学生体验、探索的音乐教学活动，都不算是奥尔夫教学法。下面是根据奥尔夫教学精神所延伸出来的音乐教学目标及幼儿阶段音乐学习目标（如表1-1）。

（1）小班教学目标

①音乐性向的培养

②音乐审美力的启发

③音乐基本能力的训练

④身心平衡发展的引导

（2）中班教学目标

①即兴创作的启发

②音效与音乐图形的结合

③动作合拍

④肢体与乐器音色的配合

⑤视觉与听觉的结合

（3）大班教学目标

①顽固伴奏训练

②听写预备练习

③配器的训练

④卡农

⑤戏剧角色的扮演

⑥音乐表现力

表 1-1　幼儿阶段音乐学习目标

年龄阶段		3—4 岁	4—6 岁
节奏	稳定的节拍	①用不移动动作合拍 ②用移动动作合拍 ③按二拍韵律进行身体摇摆	①用不移动动作与移动动作合拍 ②按二拍、三拍韵律对$\frac{6}{8}$、$\frac{3}{4}$进行身体摇摆 ③用不移动与移动动作合弱拍 ④合速度与拍子交替的音乐
	疏密节奏型	①语言节奏的朗诵与身体打击 ②音乐节奏的身体打击 ③节奏与节拍的分离	①休止符 ②与拍子重音重叠节奏型 ③与拍子重音交叉节奏型 ④先紧后松节奏型 ⑤紧凑与舒展节奏型
旋律	声音的高与低	①分辨八度距离的声音高与低 ②分辨八度内的声音高与低	①继续分辨八度距离的声音高与低 ②继续分辨八度内跨度较大的高低声音 ③分辨五度、四度、三度跨度的高低声音
	旋律的上行与下行		①分辨级进上行与下行旋律轮廓线 ②分辨上行与下行旋律轮廓线
	旋律的级进与跳进		①分辨级进旋律轮廓线与跳进 ②分辨跳进旋律轮廓线
音色	日常音色	①探索生活环境中的音色 ②探索自然现象中的音色 ③探索各种动物的音色 ④探索机器的音色	①进一步探索生活环境中的音色 ②进一步探索自然现象中的音色 ③进一步探索各种动物的音色 ④进一步探索机器的音色
	打击乐器音色	①玩木质打击乐 ②玩塑料质地打击乐 ③玩铁质打击乐 ④玩有固定音高打击乐	①分辨木质打击乐音色 ②分辨塑料质地打击乐音色 ③分辨铁质打击乐音色 ④分辨特殊音色打击乐音色
	人声	分辨说、唱、悄悄话与喊叫	①分辨童声与成人声 ②用嗓音模仿童声与成人声
	乐器音色		①中国乐器音色 ②外国乐器音色
速度	快与慢	①用不移动与移动动作合中速音乐 ②用不移动动作合快速音乐 ③用不移动动作合慢速音乐	①用移动动作合快速音乐 ②用移动动作合慢速音乐 ③在快速中完成二拍与三拍的身体摇摆 ④在慢速中完成二拍与三拍的身体摇摆 ⑤用移动动作合快慢速交替音乐
	渐快与渐慢		①用制作活动表达渐快 ②用制作活动表达渐慢渐快与渐慢 ③用制作活动表达渐快与渐慢的交替

续表

年龄阶段		3—4岁	4—6岁
织体	打击乐(包括身体打击与乐器打击)、舞蹈中的多层次		①分辨身体打击乐合作中的层次 ②分辨踢踏舞、铃圈舞中的层次 ③独立完成身体打击的多层次
	有伴奏与无伴奏比较		①分辨歌唱的有伴奏与无伴奏 ②歌唱与打击乐伴奏的合作 ③合作多层次的打击乐伴奏
	织体厚与薄的比较		①分辨钢琴伴奏与管弦乐伴奏的不同 ②分辨独奏与合奏 ③合作回旋曲的打击乐表演
	多声部歌唱		①分辨领唱与齐唱 ②合作二声部歌唱 ③合作三声部歌唱
力度	轻与重	①用身体动作表达轻与重 ②用打击乐器表达轻与重 ③分辨音乐中的轻与重 ④用说话嗓音表达轻与重	①进一步用身体动作表达轻与重 ②进一步用打击乐器表达轻与重 ③用歌唱嗓音表达轻与重
	渐强与渐弱		①用身体打击表达渐强与渐弱 ②用打击乐器表达渐强与渐弱 ③用嗓音表达渐强与渐弱
结构	模仿句	能模仿老师歌唱	用打击乐器表达模仿句
	重复句	能模仿老师歌唱	①用打击乐器表达重复句 ②为重复句编不同的歌词并自如歌唱 ③为器乐曲的重复句编同样的动作
	喊答句	能模仿老师歌唱	①用打击乐器表达喊答句 ②为喊答句编歌词并自如歌唱
	主副歌		①为主副歌编不同风格的动作 ②分辨主副歌歌曲中的主歌与副歌 ③为主副歌配不同风格的打击乐伴奏
	三段体、回旋体		①以重复动作的方式找出三段体中的重复段 ②为三段体音乐配伴奏 ③以重复动作的方式找出回旋体音乐中的重复段 ④即兴合作打击乐回旋曲
	引子		①分辨歌曲中的前奏 ②分辨乐曲中的引子 ③为歌曲配前奏 ④即兴创作打击乐合奏引子

续表

年龄阶段		3—4岁	4—6岁
风格	摇篮曲	能在抱着娃娃的情境中，在老师的鼓励下唱摇篮曲	①独立歌唱二拍摇摆的摇篮曲 ②独立歌唱三拍摇摆的摇篮曲 ③理解没有歌词的摇篮曲即抒情乐曲
	舞曲		①理解舞曲一般是活泼的乐曲 ②能跳二拍、三拍身体摇摆的几类典型舞曲 ③能把舞曲中一些典型的节奏型迁移到打击乐演奏中
	进行曲		①理解进行曲一般都是适合行进的 ②理解进行曲本身也有多种风格

(三)教学过程

奥尔夫教学法(Orff Schulwerk)也经常会用Orff Approach来表示，说明在奥尔夫音乐教学里，过程这个词很重要。奥尔夫教学法的关键在于对音乐的探索和体验。最初探索的音乐要素是极为简单的，几乎以原始的方式呈现。随着感受和体验，这些要素逐步被提炼、升华为更复杂的探索与体验。

1.声音的探索

音乐的第一属性是声音，属于物理属性。声音的探索是伴随着周围环境的声响开始的：动物的叫声、物体碰撞的声音、人声等。孩子们也会尝试多种音色和音质的敲打：坚硬的声音、柔和的声音、金属的声音、木质的声音、皮质的声音等。最初的乐器选择完全凭借自己的能力去发现和创造。嗓音造型也是孩子寻求探索的一种声音资源。

2.空间的探索

动作是奥尔夫教学法的基础，也是所有其他学习的基石。鼓励孩子们去探索动作的各种变化形式——轻、重、上、下、平滑，去探索、体验姿势和动作。从动作的外部刺激到内部刺激，再返回到更高水平的外部刺激。

3.曲式的探索

曲式的探索伴随着空间和声音探索同时进行。动作根据曲式结构来表达，逐步展现出引子、变奏、过渡句、尾声等，慢慢创造出一部粗略的作品。

4.创造的模仿

模仿是用来达到创造目标的一种有效的教学方式。也就是说创造不是“无中生有”，而是“有中生有”，是在理解前人的基础上，通过观察、模仿、体验，组合创造自己的作品。

5.个体到合奏

尽管孩子们必须要自己去探索空间、声音、曲式的音乐要素，但每个孩子都要为团体做出自己的贡献。因此，合作导向是奥尔夫教学的一个主要目标。若是没有集体的存在，音乐自然也不会存在，更别说发展。

二、教学手段与内容

（一）教学手段

教学中如果缺少了儿童自身的想法和意念，那就不能称为奥尔夫音乐教学。既然奥尔夫教学法这样强调“出于儿童自己的想法和创造”，那么它在教学上、技巧上便不能都由教师预先设计好，逐步记录下来，要求孩子们依照成人的模式与水准去表现、演奏，再创造，最后表演出来。它势必要寻求一种没有束缚、羁绊，同时简易可行的即兴方式，告诉孩子如何应用简易的模仿、反复、固定伴奏等去做即兴式的表演。

律动、歌唱（包括说白）、游戏、乐器合奏与即兴创作是奥尔夫音乐教学的主要手段（如图1-7）。通过这些方法引导学生体验、探索音乐，帮助学生发展出潜在的音乐性。

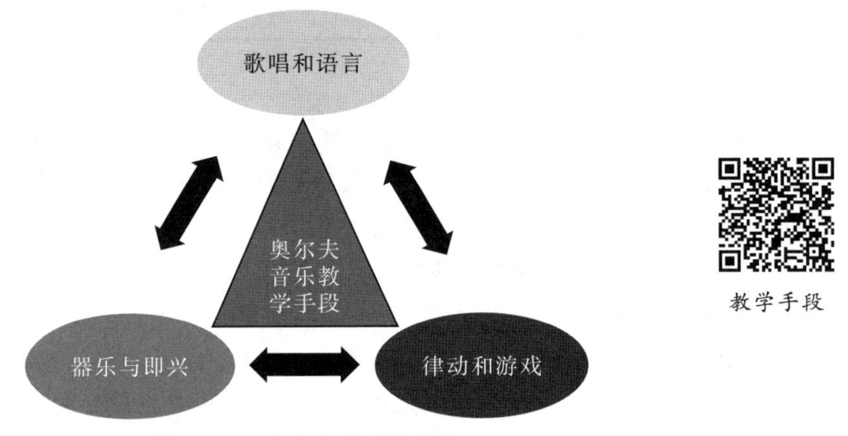

图1-7 奥尔夫音乐教学手段

即兴创作可以经由许多方式或渠道来进行，如唱歌、敲击、律动、木笛吹奏。在奥尔夫教学法中，即兴创作是探索音乐形式（曲式）的主要手段。因为曲式提供许多即兴创作的素材，从一个短短的动机、模式、问答句、乐句再到整首音乐。在整个即兴创作的过程中，学生接受挑战，获得成就与满足，对其有重要的意义。另外，即兴创作亦是帮助老师判定各个学生学习程度的好方法，当然，老师自己也要能即兴创作。尽量发挥学生的想象力，唤出其潜在的创造力，是奥尔夫教学法的特色之一。

（二）教学内容

奥尔夫认为生活中最原本的素材是教学中最符合孩子经验的内容，在孩子没有接触乐器之前，童谣、儿歌或者一些生活中的土风歌曲是最适合孩子学习的。这些自然而简单的素材是孩子音乐学习的早期食粮。奥尔夫和凯特曼为君特学校改编和创作的曲子也是音乐课堂的绝佳素材。

1.《为儿童的音乐》五卷

2.本土的儿歌、童谣及民歌

3.创作作品

4.古典音乐

奥尔夫树(如图1-8)描述了奥尔夫教学法最概括的教学内容,这棵树的树叶可以说是奥尔夫教学法所要教给学生的具体内容。

图1-8　奥尔夫树

5.音乐元素学习内容(如表1-2)

表1-2　儿童音乐元素学习内容

(一)音乐元素的学习维度	
节奏	(1)稳定的节拍 (2)疏密节奏型 (3)强拍与弱拍 (4)休止符
旋律	(1)声音的高与低 (2)旋律的上行与下行 (3)旋律的级进与跳进

续表

音色	(1)悄悄话、说话、唱、喊四种音色 (2)打击乐器的音色 (3)生活环境中的音色 (4)自然界的音色 (5)机器的音色 (6)钢琴、小提琴、吉他等乐器的音色
速度	(1)快与慢 (2)渐快与渐慢
织体	(1)声势、舞蹈中的多层次 (2)有伴奏与无伴奏的比较 (3)伴奏厚与薄的比较
力度	(1)轻与重 (2)渐强与渐弱
结构	(1)模仿句 (2)复句 (3)喊答句 (4)主副歌 (5)三段体、回旋体 (6)引子
风格	(1)摇篮曲 (2)舞曲 (3)进行曲
	(二)音乐表达的学习内容
节奏	(1)稳定的节拍——身体移动动作 (2)疏密节奏型——手的动作、身体移动动作、歌唱 (3)强拍与弱拍——身体移动动作、歌唱 (4)休止符——身体移动动作、歌唱
旋律	(1)声音的高与低——讲故事、身体动作、歌唱 (2)旋律的上行与下行——身体动作、歌唱 (3)旋律的级进与跳进——身体动作、歌唱
音色	(1)悄悄话、说话、唱、喊四种音色——说、歌唱 (2)打击乐器的音色——说、演奏打击乐、即兴创作 (3)生活环境中的音色——说、演奏打击乐、即兴创作 (4)自然界的音色——说、演奏打击乐、即兴创作 (5)机器的音色——说、演奏打击乐、即兴创作 (6)部分中国乐器与外国乐器的音色——说、身体动作、演奏打击乐
速度	(1)快与慢——身体动作、演奏打击乐、即兴创作 (2)渐快与渐慢——身体动作、演奏打击乐

续表

织体	(1)声势、舞蹈中的多层次——说、身体动作 (2)有伴奏与无伴奏的比较——身体动作、即兴创作 (3)伴奏厚与薄的比较——身体动作、即兴创作
力度	(1)轻与重——身体动作、歌唱、演奏打击乐、即兴创作 (2)渐强与渐弱——身体动作、歌唱、演奏打击乐、即兴创作

奥尔夫教学法如同一幅原始的点状图(如图1-9),我们每个人都可以通过自己不同的思考和创造发展属于自己的作品(如图1-10)。

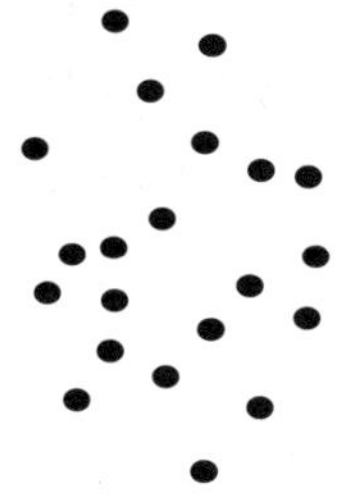

图1-9　点状图(1)

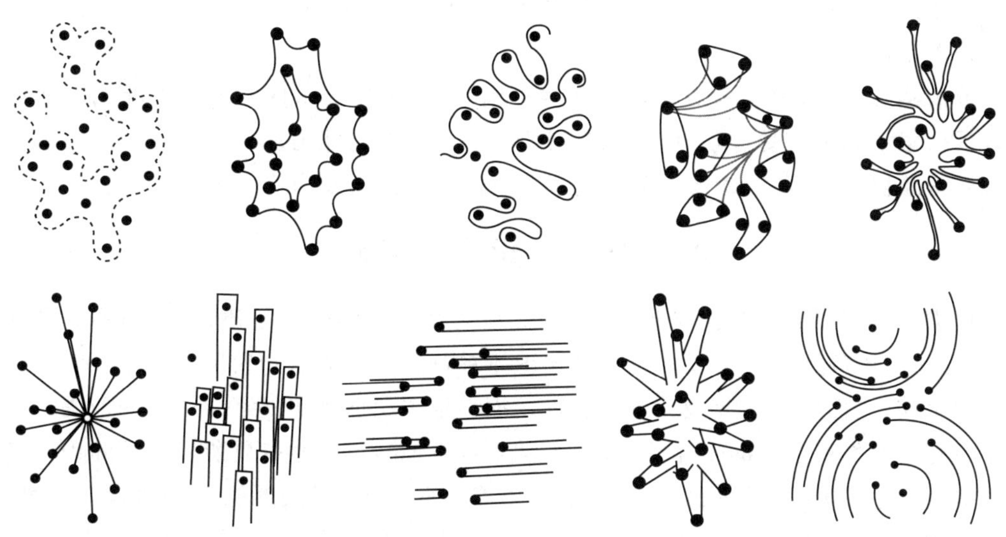

图1-10　点状图(2)

第二章　奥尔夫音乐探索活动

本章主要介绍奥尔夫音乐活动中的探索学习活动。奥尔夫音乐教学法是通过“探索—模仿—即兴—创造”的过程，引导儿童进行音乐体验学习的教学体系。本章需要了解探索活动的内涵和特征；知晓音乐探索学习的内容与学习方式；掌握奥尔夫音乐探索活动的学习案例，包含力度、音色、速度、节奏、拍子、曲调、曲式、和声等音乐元素的学习。同时，培养儿童的学习品质和探索精神。

【学习目标】

1.知识目标：了解奥尔夫音乐探索活动的内容和方式，知晓音乐元素的内容，理解探索活动的内涵及对儿童发展的重要价值。

2.能力目标：学习奥尔夫音乐探索活动的案例，并且能举一反三，根据音乐的要素进行音乐探索活动的设计。

3.情感目标：激发儿童对音乐元素的探索兴趣，热爱音乐探索及合作活动。通过一些音乐探索活动来感受音乐，培养儿童对音乐学习的参与能力。

4.思政目标：通过探索活动培养儿童解决问题的能力及合作精神。

第一节　探索式学习概述

探索式学习受到建构主义理论的启示，认为知识是学生自主建构的，而不是老师教授的，通过自己的探究与实践构建自身知识体系符合学生的认知发展规律。探索式学习是面向全体、全面发展、主动发展的过程，发挥学生主动性是实施素质教育的前提。探索式学习有利于发展学生的主体性，有利于学生自主地学习个性发展所需要的知识。奥尔夫原本性教育理念强调探索式学习，有利于培养学生的可持续发展能力，使学生学会学习，培养健康的社会情感，培养创造精神。而这些品质都是终身学习社会所必需的。

一、探索式学习的内涵

探索式学习是学生在主动参与的前提下，根据自己的猜想或假设，在科学理论指导下，运用科学的方法对问题进行研究，在研究过程中获得创新实践能力、思维发展，自主构建知识体系的一种学习方式。

从探索开始的学习，正如杜威的教育哲学观——教育即经验，教育即生活。他认为，学习当由学生的探索兴趣出发，教师安排合宜的学习情境与活动，鼓励学生天生的好奇与探索之心，并在日常生活各种活动之后，通过对话讨论与反省思考，帮助学生将活动转化为教育性的经验,从中建构意义与知识,并能以其经验、知识、探索思考能力来应对环境,适应乃至改进生活。奥尔夫的原本性教育理念也同样如此认为,学习者不应只是知识的接受者,而更应该是主动的探索者。

探索式学习主要分为两个维度:第一是思想维度,是将探索式学习作为一种能体现现代教育理念的学习指导思想;第二是操作维度,是将探索式学习看作一种在实践中反映学习活动开展过程的操作模式。这两个维度是相互紧密依存的。

音乐的探索学习包含力度、音色、速度、节奏、拍子、曲调、曲式、和声等音乐元素的学习。奥尔夫教学法强调由最原始、简单的节奏与音高元素入手,进行音乐教育,从本质上来说,是一种通过"探索—模仿—即兴—创造"的过程,引导儿童进行音乐体验学习的教学体系:由探索日常生活中的一些现象、物品、童谣、游戏及行动经验,获得音乐要素上的经验联结,引导儿童以探索、操作表现对音乐的理解和感觉,让儿童在做中学、从探索入手,渐进式地学习音乐。

二、探索式学习的特征与价值

(一)探索式学习的特征

探索式学习呈现以下三点特征。

1.自主性

探索式学习最本质的特点就是主观能动性。这是因为人类是无法完全、有效地掌握世界上所有知识的,而且知识还会随时代变化而发生一定变化。所以,对于不断发展变化的知识来讲,人类只能不断努力进行研究和探索。而在这一过程中需要具备独立思考能力,如果不具备这一能力就极易受到他人观点影响而难以取得成功,具体到音乐知识也是如此。音乐教师在自主性探索式学习时发挥了非常关键的引导作用,督促学生在这一环节深入思索与创新。

2.开放性

在探索式学习过程中,学生需要不断提升思考能力,在音乐课堂中充分表达自身对于音乐的看法和感悟,表达自身情感。每个人有不同观点,其切入点也各不相同,开放性表达很好地打破学生的思维定势,使学生在探索音乐的过程中有更多更新的发现和创新。可见,音乐创新能力同样也可以在开放性学习中得到培养。

3.体验性

由于探索式学习本质在于探索、讨论与学习,学生的音乐综合素养与能力可以借此获得一定程度的提升。在这一过程中,学生对音乐所产生的每一种不同体验和感受都是十分珍贵的经历,使学生思维能力得到有效提升,会对学生日后的学习和生活,甚至工作造成极大影响。

具体到音乐探索式学习,当儿童要决定如何根据一首歌曲进行打击乐伴奏、分角色表演、游戏的时候,他们通常会采用合作游戏和互动的方式来解决问题。然而并不是所有的问题都能通过探索和合作解决,这取决于探索问题、解决问题时良好的沟通能力和

人际关系。当需要解决的问题是孩子们感兴趣的,孩子们基于问题的探索式学习能力就会得到促进。好的探索问题有以下特征:

·有趣味并且与儿童的生活相关
·涉及真实或虚拟的材料及人物
·要求儿童修改、移动或改变材料
·引导出多种解决办法
·能够被儿童解决,并具有趣味性和挑战性
·有助于儿童相信自己具备解决问题的能力
·能鼓励儿童分析不同的观点
·在儿童的游戏中自发产生
·产生于开放的、有计划的、内容具体的活动中

(二)探索式学习的价值

从价值上来说,探索式学习注重培养学生的自主性和创造性思维,引导学生质疑、调查、探索。这种在实践中学习的探索式教学能够适应新课程的要求,是实施新课程的有效教学方式。

三、探索式学习的类型

(一)根据探索程度

探索式学习活动按照其探索程度,可分为定向探索和自由探索两种形式。定向探索是指在教师的指导下,学生完成探索的活动,探索的内容包括教师预设的具体教学事例或原有的概念;自由探索则是指学生通过自己的独立探索完成学习。

(二)根据创新结果

探索式学习活动按照其创新结果,可分为再现探索和再创探索两种类型。再现探索是基于具体物象,根据语言的描述进行的一种探索活动;再创探索是根据已有问题,学生进行想象类的创造探索。

第二节　音乐探索学习的方式与内容

一、音乐探索学习的方式

儿童的学习是多感觉的联合,提供给儿童的课程也应该是整合性的课程,探索性的艺术学习应该着力于将艺术与其他学科的学习建立起一系列的联系。教师整合两个或更多科目领域的学习时,不但效率更高,而且对发展儿童认识的深度也更好。探索性艺术学习的模式包括以下几种。

1.用艺术教学

在课程中将艺术与其他科目结合,比如与科学、体育、数学等课程结合。

2.教授艺术

帮助学生获得艺术方面的相关知识,比如探索音高、节拍,或者通过故事表现声音,

用声音展现故事发展，等等。

3.在艺术中教学

指导儿童学习艺术技能，学习专业的术语、运用工具及执行计划和评价方案。

4.通过艺术教学

运用富有创造性艺术的方法教授课程，通过对艺术的探索、学习，对儿童进行价值观的教育。

二、音乐探索学习的内容

(一)音乐元素：力度变化(弱/强)

1.体验

儿童在外界帮助下可以理解声音强弱的差别。让儿童体会将音响设备的音量调低和调高后会发生什么；尝试敲击物品、拍打身体，让他们描述体会，说说生活中哪些声音是强的或者弱的(如打雷声音强、雨滴声音弱)。

2.创造

通过制造声音，大多数儿童都能够表达他们对力度的理解。让儿童唱歌，模仿音响设备的强弱控制器，操作"调节盘"，"调高"或"调低"自己的音量。

(二)音乐元素：节奏(快/慢)

1.体验

通过观察自然界中的事物，使快和慢的概念具体化。观察生活中移动迅速和缓慢的动物。要求儿童通过快跑和慢走或操控滑板车来感受快和慢。让儿童绕圆圈移动，随着音乐改变移动的速度：先播放节奏慢的音乐，而后转为节奏快的音乐。

2.创造

让儿童到音乐区域活动，并利用所提供的道具创作或快或慢的歌曲。例如，儿童可以创作欢快的儿歌，伴以欢快的步法；还可以创作舒缓的歌曲，并用彩带、丝巾作为道具伴舞。

(三)音乐元素：音高(高/低)

1.体验

教师向儿童介绍音调高低的区别时，常将这种区别比喻为树上或者天空中的鸟和树下的大象，这为他们理解音调的高低提供了一种直观的方法。也可以用一架玩具木琴作为道具，高音时往上抛球，低音时往下拍球；或者高音时举起双手，低音时蹲下来。游戏开始时可采用差别显著的音高，让儿童独立进行这种音调高低的游戏，再通过选择音阶中音调相近的音符或在楼梯台阶爬高爬低等方法增加游戏的挑战性。

2.创造

通过音阶铃、音筒、摇铃或者木琴演奏音阶中的所有音符，要求儿童发出匹配的声音。通过操作这些乐器的高低音模仿歌曲《布谷鸟》的回声。

(四)音乐元素:音色

1.体验

对于儿童来说除了熟知的打击乐器之外,生活中也有很多物品可以用来敲打。例如塑料桶可以敲打模仿鼓的声音,塑料袋可以发出沙沙的声音模仿沙锤等。

2.创造

教师可以提供给儿童自己操作乐器的机会。不同的演奏方式可以有不同的声音效果。比如小镲,两片小镲互相碰撞是一种声音,也可以循环摩擦发出连贯的声音。在唱一首关于马儿的歌时让儿童探索马蹄声,这种声音可以通过敲击韵律棒或撞击两个空椰壳等材料进行模仿。(如图2-1)

图2-1

(五)音乐元素:和声和曲式(多部声音的混合)

1.体验

儿童对和声的理解最晚。在键盘上或者木琴上同时按响两个音符,可以让和声这一概念更加具体和形象。询问儿童这样演奏是否好听,判断这两个声音表示的是友好还是争吵。教师多提供合唱、四重唱等形式的演出给儿童观看,通过画画的方式或者用不同的图形代表不同乐段来展示歌曲的结构。

2.创造

教师可以唱一首简单的大调歌曲,比如《玛丽有只小羊羔》,让儿童探索哪两个音在一起敲当作伴奏比较好听,哪两件乐器在一起合奏更有表现力。儿童也可以根据自己的想法,创造结构AB、ABA等来创作歌曲。

第三节　音乐探索性活动案例

一、音色、音高探索

(一)音的高低

教师准备四个大小一样的瓶子,在瓶中装不同量的水,让儿童吹瓶口发出不同音高

的声音，观察瓶中水的多少和音高的关系。教师可以提供表现音高音低的线条，儿童根据线条往瓶子里装水，理解水越多音高越高、水越少音高越低。(如图2-2)

图2-2

(二)音高的排列

生活中很多物品可以用来解释音的高低。比如台阶和楼梯，往上走代表音高从低到高排列，往下走代表音高从高到低排列。教师给儿童准备乐高积木，儿童自己探索搭积木，用同一颜色的积木高低排列代表音高的旋律线条，并且根据旋律高低唱出来。如图2-3，①的音高排列为先下行级进再上行级进；②的音高排列为同音反复；③的音高排列为上行级进。

图 2-3

(三)生活中的音高探索

让儿童说一说,生活中是否听到过一些有高低的连续的声音。教师也可以提供一些例子,比如消防车高高低低的警报声,夏天知了的叫声,大雪天呼呼的风声,乒乓球落地后连续乒乒乓乓的声音,等等。让儿童探索身边的物品发出连续的声音。如图 2-4,让儿童把气球吹大后给球放气,听一听气球四处乱飞时发出的声音,并用身体模仿气球飞行时的样子及用嗓音模仿气球发出的声音。

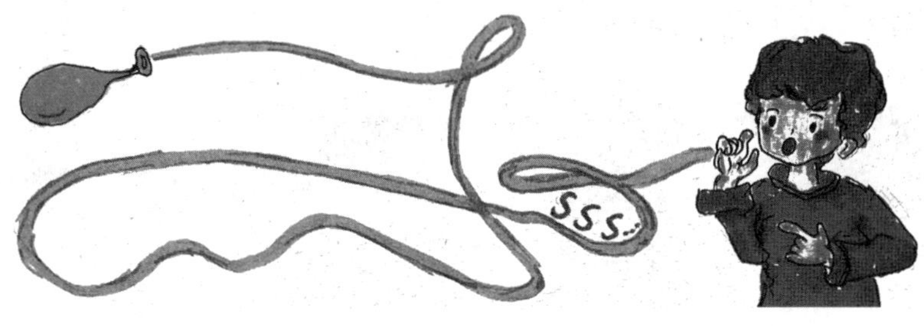

图 2-4

(四)乐器方位探索

听辨乐器的方位是最常见也是最容易实施的活动,可以在儿童熟悉并探索了乐器之后进行。教师给每位儿童发一件乐器(参与人数不宜太多),给其中一位孩子戴上眼罩,让他听出教师指定乐器的声音和方位。首先可以让持乐器的孩子围成圈站在原地不动,有节拍地敲击乐器,戴眼罩的孩子指出教师指定的乐器在哪个位置。如图 2-5,教师选择的乐器为小鼓、三角铁、钹、沙锤、木鱼和响棒,这些乐器的分类比较清楚,有皮质的、金属的、木质的,因此音色容易识别,可以作为乐器方位听辨探索的热身活动。也可以只演奏一种乐器(三角铁),其他乐器都不演奏,只需要听辨三角铁的方位即可,这样在难度上也降低了很多。

图 2-5

在听辨出一种乐器演奏的方位后，教师可以鼓励儿童继续做乐器方位听辨探索的挑战活动。教师选择一些乐器，让拿乐器的儿童按散点位站好，大家同时演奏乐器，让戴眼罩的孩子听辨出指定乐器的方位。如图 2-6，教师选择的乐器有小鼓、沙锤、钹、响棒、钢片琴和三角铁。在这组乐器中，辨别钢片琴的音色和三角铁的音色对儿童来说有一定的困难，要听出它们的方位有一定的挑战性。

图 2-6

在听辨乐器方位的探索中,寻声而走也是奥尔夫教学中常用的游戏。两个小朋友一组,一个小朋友边走边演奏乐器,另一个小朋友戴上眼罩,需要听着伙伴的乐器演奏声音跟着走。随着难度的增加,可以在活动中添加其他乐器的声音,需要儿童有专注的听辨能力。如图2-7,左边的图中,一位女孩拿三角铁敲击,男孩戴上眼罩听着三角铁的声音跟着走;右边的图中,老师可以根据活动的进行状况随机调整活动安排,或者增加一些挑战难度,增加一种乐器(响棒)的声音作为干扰,同时也需要儿童提高专注度。

图2-7

(五)音色探索

音色是指声音的感觉特性。教师需要给儿童探索和发现音色的机会和环境。在儿童探索发现更多音色后,可以做听辨探索音色和节奏指令的游戏。如图2-8,儿童在听到鼓的敲击声时各自走步,一旦听到响棒的声音马上两两牵手转圈。这个活动不仅能锻炼儿童对音乐的聆听能力,也能提高儿童的音乐反应能力。

图 2-8

同一种乐器也可以进行不同音色的探索。比如对于小鼓的敲击方式,可以敲击鼓皮中心,也可以敲击鼓边,还可以用手指在鼓面摩擦。教师可以利用不同的乐器发声方式,让儿童在听到不同的音色时,呈现不同的走路姿态:敲鼓皮可以大步走,敲鼓边可以踮起脚尖行走。如图 2-9,左边用鼓棒敲击鼓皮中心位置,声音低沉,儿童听到这样的音色后大踏步走路;右边用鼓棒敲击鼓边缘位置,声音清脆,儿童听到后需要踮起脚尖行走。

图 2-9

苏联著名作曲家普罗科菲耶夫为儿童写过一部交响乐《彼得与狼》,其中用长笛、双簧管、单簧管、大管、圆号、小提琴、定音鼓和大鼓所奏出的具有特性的短小旋律和音响,分别代表小鸟、鸭子、猫、爷爷、狼、少先队员彼得和猎人的射击声。曲中采用长笛的高音区表现小鸟的灵活好动;用双簧管生动地刻画出鸭子蹒跚的步态;用单簧管低音区的跳音演奏描绘小猫捕捉猎物时的机警神情；用大管浑厚、粗犷的声音来表现爷爷老态龙钟的神态，节奏和音调模拟了老人的唠叨；用三支圆号来体现狼阴森可怕的嚎叫；用小提琴奏出明快的音乐表现彼得机智勇敢的形象。（如图2-10）

彼得与狼

图2-10

欣赏完《彼得与狼》之后，让儿童把故事中的动物和人物与乐器进行连线。（如图2-11）

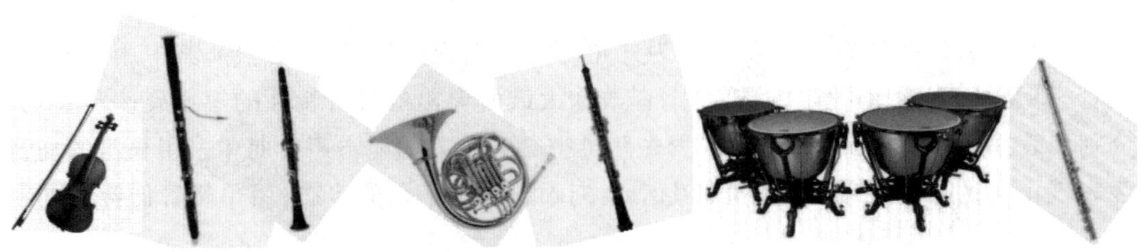

图2-11

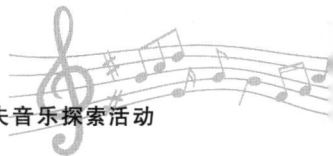

下面有几组乐器的合奏，听音乐，说一说各个声部的乐器是什么。

合奏一

1. 铁砂筒、响棒和邦哥鼓

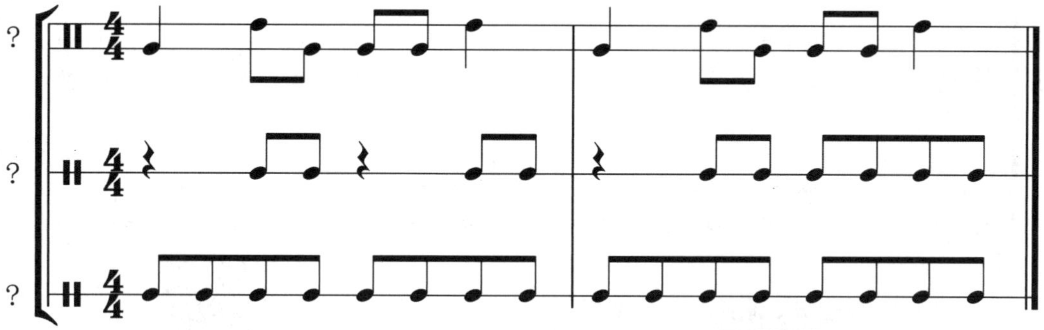

2. 镲、串铃、沙蛋、木鱼

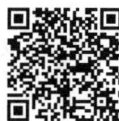

合奏二

3. 沙蛋、牛铃、刮弧、木鱼

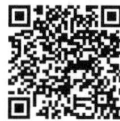

合奏三

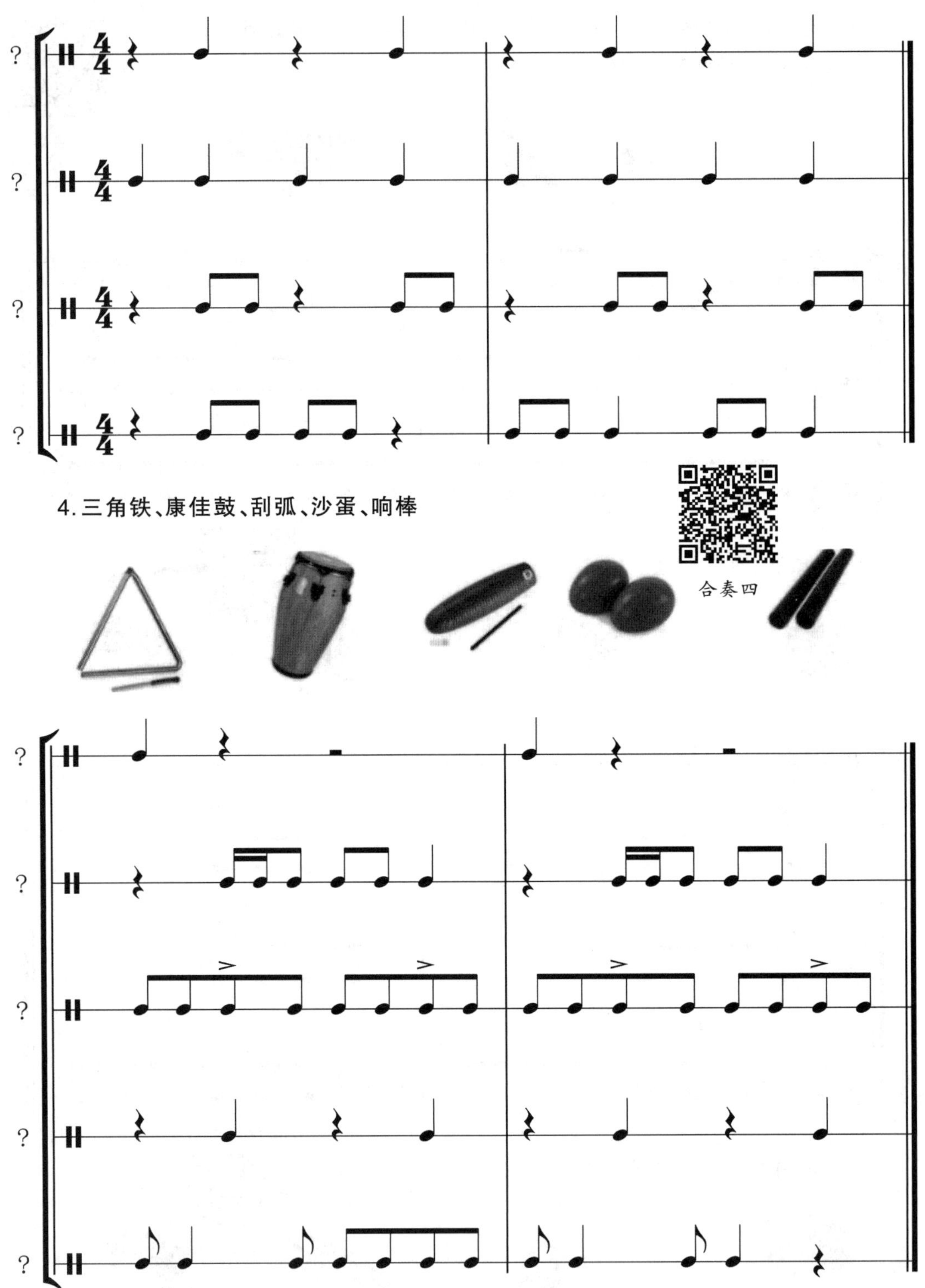
4.三角铁、康佳鼓、刮弧、沙蛋、响棒
合奏四

(六)音阶上行与下行

音阶的行进不论是在儿童歌唱教学还是乐器教学中都是很重要的内容,首先需要儿童感知到音阶的上行与下行。教师将中音或高音木琴竖立摆放,让儿童可以直观地看到金字塔形的木琴,木琴上木片越短敲出的音高越高,从上往下敲击木琴的琴片为音阶下行,反之是音阶上行。儿童可以根据木琴的演奏上下行做动作:音阶上行时,儿童站起来;音阶下行时,儿童蹲下去。(如图2-12)

图2-12

1.音阶上行

(1)听到音乐的上行音阶,每个人站起来或者举高手臂。

(2)当集体列队式的时候,听到音乐上行,最后的同学跑到队伍的最前面。

2.音阶下行

(1)听到音乐的下行音阶,每个人蹲下来。

(2)当集体列队式的时候,听到音乐下行,最前面的同学跑到队伍的最后面。

二、音长、强弱和配器的探索

(一)声音长短的探索

不同物体由于材质的不同,发出的声音有长有短,这也是声音属性中所谓的时值。在声音长短的探索活动中,我们不仅要向儿童展示传统的乐器演奏方式所发出的声音效果,也要鼓励儿童探索改变演奏方式,如让发长音的乐器发出短促的声音,反之亦然。比如,教师准备三角铁和刮弧两种乐器,用传统的敲击方式让儿童听哪个乐器发出的声音长、哪个声音短;让儿童动手操作三角铁和刮弧,尝试探索让刮弧发出长音,让三角铁发出短促的声音。教师用生活中的场景发出的声音展示长和短,比如走路、跑步和溜冰。儿童在探索声音长短的时候会被音量的大小干扰,因此,在用符号代替声音长短时,也要考虑音量的大小和音色。

让儿童根据自己熟悉的动物叫声进行模仿,判断哪种动物发出的叫声长,哪种动物的叫声短。如图2-13,探索公鸡、鸭、牛、羊、猪、狗、猫和狮子叫声的长短。

图2-13

继而,让儿童观察生活中的声音现象,并且尝试用乐器来再现生活中的声音。如图2-14,A图显示的是小朋友和小狗走路的声音,B图为擦玻璃的声音,C图为溜冰发出的声音,D图为大象和小象走路的声音,E图为大钟发出的声音。让儿童尝试探索,用下图中的乐器，摩擦小鼓鼓面，敲击小鼓、三角铁、大鼓和木鱼、钹和响棒，发出声音模仿上述音效。

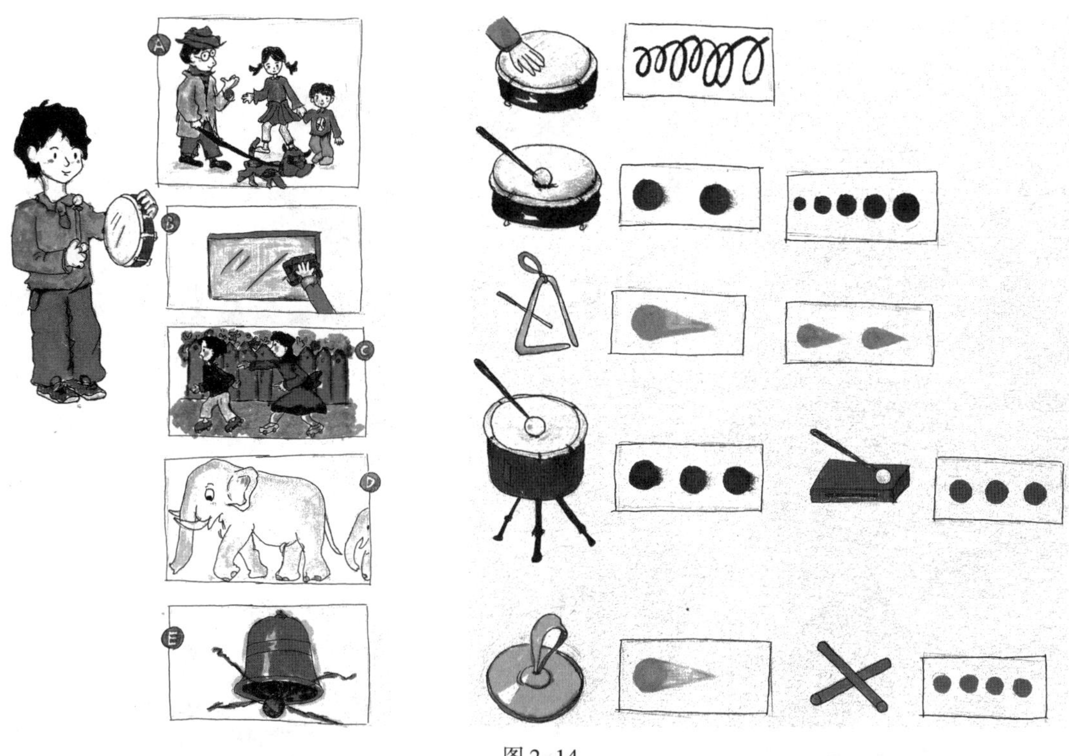

图 2-14

(二)节奏的探索

音乐的节奏是指音乐运动中音的长短和强弱的组合，音乐的节奏常被比喻为音乐家的骨架。节奏由四个要素组成，分别是节拍、速度、重音和音型。节拍是指强拍和弱拍有规律地反复进行。例如，2/2 拍，即强/弱；3/4 拍，即强/弱/弱。速度决定了一段音乐的快慢。重音是乐曲中强度较大的音。但重音并不一定对应节拍中的强拍，像切分节奏重音就在中间的音符。音型是指如何把一个拍子划分为更小的单位。例如，一拍既可以被均匀地分成两个八分音符，也可以被不均匀地分成一个四分之三拍的附点八分音符和一个四分之一拍的十六分音符，甚至还可以被均匀或不均匀地分成三个或更多个音符。

生活中有很多声音都是有节奏的，比如用四分音符节奏代表走路，用八分音符代表跑步，用后附点节奏表示马疾驰，等等。如图 2-15，以各种钟表的摇摆声音、指针走起来的声音、闹铃声音来表示不同的节奏。比如①布谷鸟钟的钟摆节奏为四分音符，②壁挂钟整点闹铃的节奏为二分音符，③小闹钟的指针速度为八分音符，④大本钟的整点报时节奏为全音符。这些钟表节奏的声音需要儿童用乐器探索模仿，比如 A 是钹，用鼓槌敲击模仿大本钟的声音；B 是木鱼，模仿小闹钟的声音；C 是小鼓，模仿布谷鸟钟的声音；D

是三角铁,模仿壁挂钟的声音。这样的想象、模仿和创造的探索活动,不仅能激发儿童的想象力,而且能促进儿童以生活经验为媒介进行音乐学习和提升创造力。

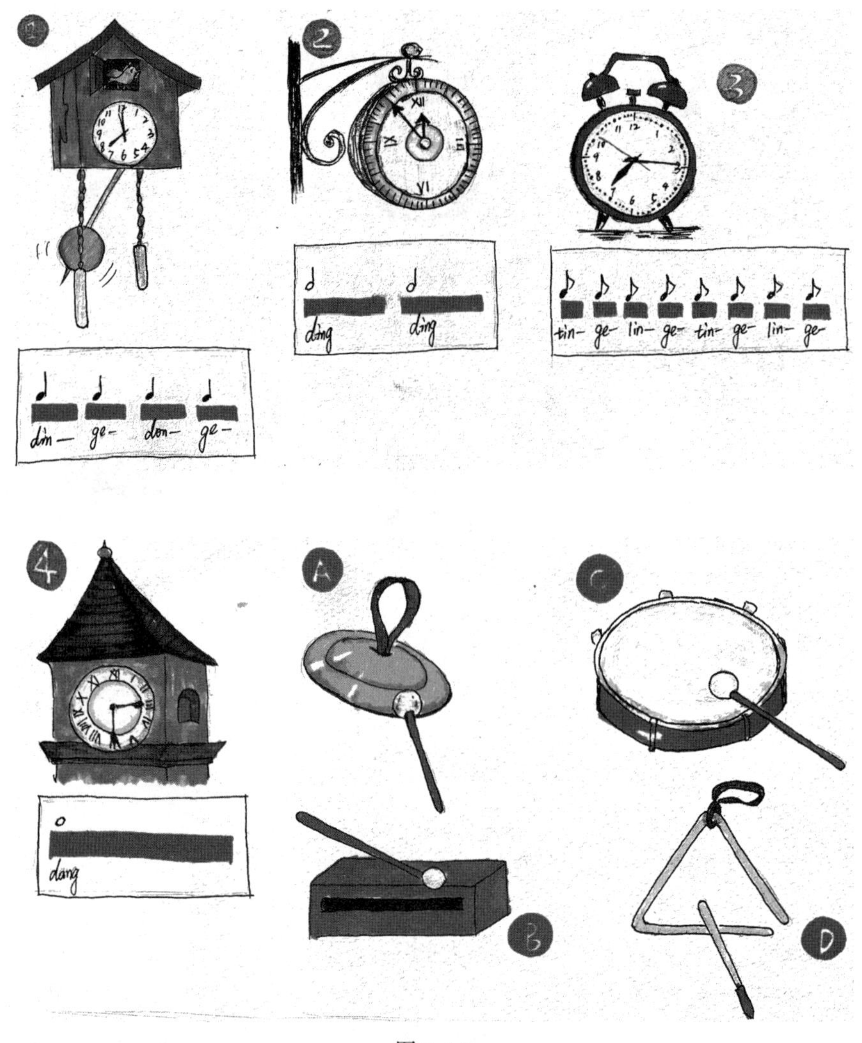

图 2-15

（三）速度和力度的探索

无论是生活中还是一些音乐作品中,除了有规则的速度频率外,还有一种声音现象是越来越快或者越来越慢,同时也有越来越响和越来越弱。就好比汽车的发动起步,到加速,再到渐慢下来,直至停止,这就包含着声音越来越快到越来越慢。如《加速度圆舞曲》的第1—8小节,速度由慢到快,同时力度也越来越强;第9、11、13、15小节的第一拍的力度也越来越强;B段中第13—15小节力度达到顶峰。

加速度圆舞曲

加速度圆舞曲

1=G $\frac{3}{4}$

约翰·施特劳斯曲

1 0 1 0 ‖: #1 2 1 2 1 2 | #1 2 1 2 1 2 | #2 3 2 3 2 3 |

#2 3 2 3 2 3 | 3 4 3 4 3 4 | 3 4 3 4 3 4 | #4 5 4 5 4 5 |

#4 5 4 5 4 5 | 1. 4 - - | 4 6· 2 | 3 - - | 3 5· 1 | 2 - - |

2 4· 7 | 1 - - | 1 7 0 6 0 :‖ 4 - - | 4 6· 2 | 3 - - |

3 1· 3 | 6 - - | 6 5· 7 | 1 - - | 1 5 0 5 0 ‖: B 5 4 4 |

3 2 2 | 7 2 2 | 0 7 6 | 6 5 5 | 4 3 3 | #2 3 3 |

0 1 1 | 1 7 7 | 7 3 3 | 3 7 7 | 0 6 6 | 0 6 7 |

1 2 #2 | 3 0 0 | 1. 3 5 0 5 0 :‖ 2. 0 1 0 1 0 | A #1 2 1 2 1 2 |

#1 2 1 2 1 2 | #2 3 2 3 2 3 | #2 3 2 3 2 3 | 3 4 3 4 3 4 |

3 4 3 4 3 4 | #4 5 4 5 4 5 | #4 5 4 5 4 5 | 4 - - | 4 6· 2 |

3 - - | 3 1· 3 | 6 - - | 6 5· 7 | 1 - - | 1 0 0 ‖

根据《加速度圆舞曲》的结构、速度和强弱特征看图2-16[①]，可以让儿童通过聆听音乐后说出哪里是越来越快，哪里是越来越强，并跟随音乐做身体动作的速度和力度的探索表达，也可借助道具和乐器进行表现。

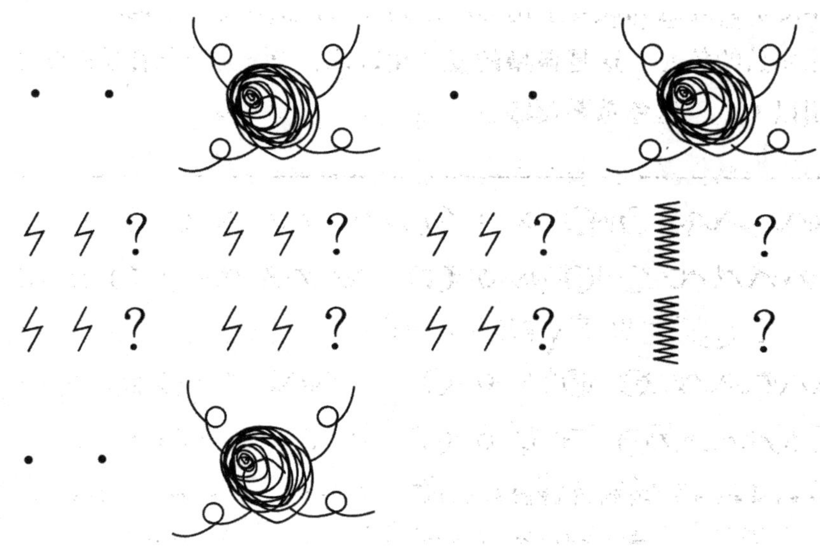

图2-16

（四）声音配器探索

配器是指给音乐的一段旋律纵向地从各个声部配上不同的节奏、音效和乐器等，使得音乐的效果更加丰富和饱满。儿童配器主要指根据生活现象、故事情境、情节来配上声音。

1.活动一：根据雷阵雨配器

根据图片中的天气现象——一场雷阵雨前后的情境配器。如图2-17，图①表示乌云密布，雨滴开始飘落下来；图②表示雨越来越大，风越来越急；图③表示雷电交加；图④表示雷雨过后，空气清新，太阳出来了。配器不仅有生活中的物品，也有乐器：吹空瓶子代表着风声，小木琴敲出小雨滴答的声音，手指轮击小鼓表示雨越下越大，甩动纸张和敲击钹表示雷电交加，轻轻敲击三角铁表示太阳出来了、天空放晴了。

①浙江省杭州市西湖区学前教育指导中心沈颖洁设计。

图 2-17

2.活动二：根据故事配器。

这个故事选自小桃子绘本系列中的《小桃子在赶路》，描述了小桃子在赶路过程中的经历，从噔噔噔地赶路，到爬过独木桥、过山坡、和大熊搏斗、滚下山坡，到最后跳进妈妈怀里。其中有一系列的象声词，可以让儿童用乐器来表现小桃子赶路的情节。

小桃子在赶路

图 2–18：

图 2–18

配器设计：按节奏念“噔噔噔，噔噔噔，噔噔噔，噔噔噔”，选择 2/4 拍节奏型 ♫ ♩ ，或者 3/4 拍的节奏型 ♩ ♩ ♩ 来表示。选择乐器小鼓来表示小桃子赶路的步子。

图 2–19：

图 2–19

配器设计：此处的小桃子爬行过独木桥，选择 2/4 拍节奏型 ♫ ♩ ，或者 3/4 拍的节奏型 ♩ ♩ ♩ 来表示。选择木质类打击乐器，如双响筒等来表示小桃子赶路的声音。

图 2-20：

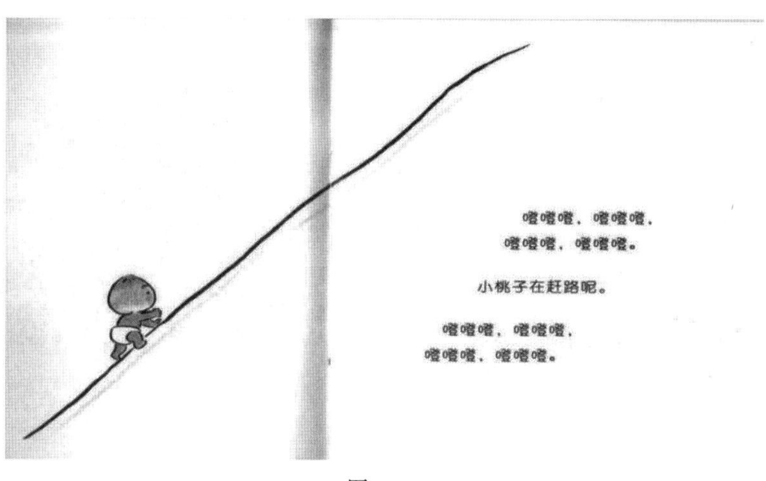

图 2-20

配器设计：此处的小桃子在爬坡，选择 2/4 拍节奏型 ♫ ♩，或者 3/4 拍的节奏型 ♩ ♩ ♩ 来表示。打击乐器选择小鼓，并且八个噔噔噔打击的音量要逐渐变强。

图 2-21：

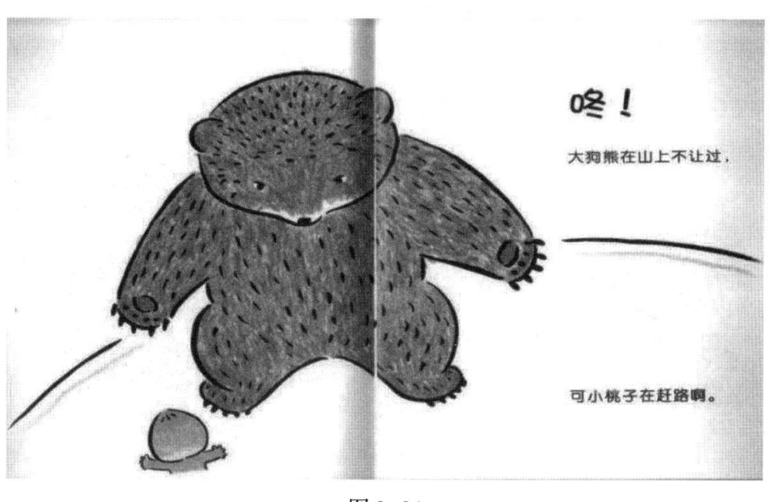

图 2-21

配器设计：此处的小桃子碰到了大狗熊，大狗熊拦住了它的去路。“咚！”可用大鼓来表示，而且音量为强。

图 2-22：

图 2-22

配器设计：此处小桃子打狗熊，选择用棒棒糖鼓表示“咚”的声音。无固定节奏，可选择速度从慢到快。

图 2-23：

图 2-23

配器设计：选择大鼓来表示声音“咚”，模仿小桃子把大狗熊推倒。

图 2-24：

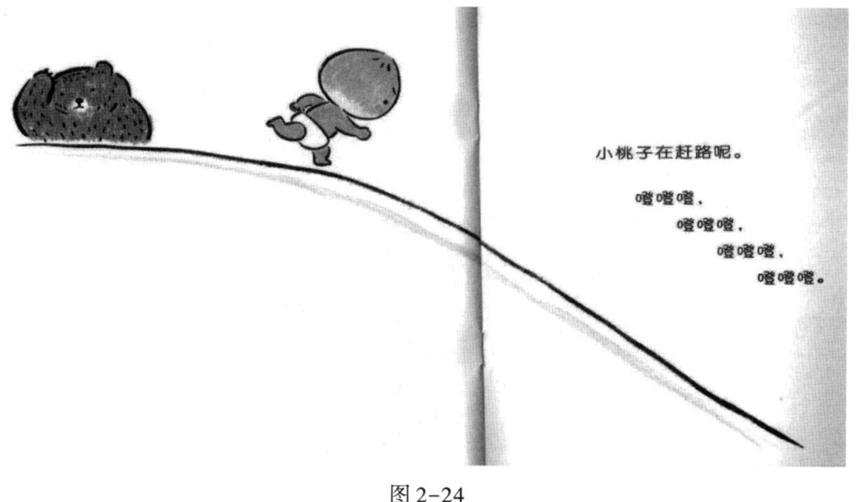

图 2-24

配器设计：同图 2-18。

图 2-25：

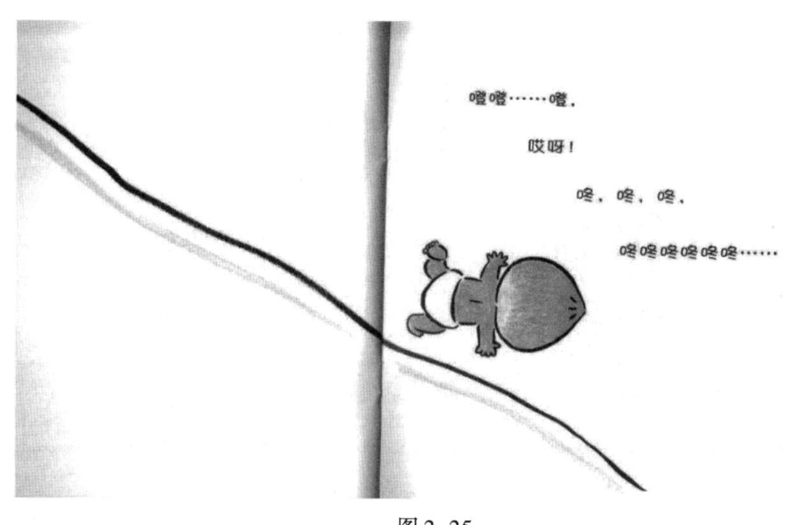

图 2-25

配器设计：小桃子在赶路的过程中摔倒了。用小鼓模仿“噔噔”之后以一个特殊音效来表示小桃子摔倒，然后用棒棒糖鼓以不固定节奏型表示小桃子从山坡上滚下来。

图 2-26：

图 2-26

配器设计：小桃子从山坡上滚了下来，最后头着地，“咕咚”用双响筒来表现。

图 2-27：

图 2-27

配器设计：此处的小桃子越跑越快，用小鼓表示速度越来越快。

图 2-28：

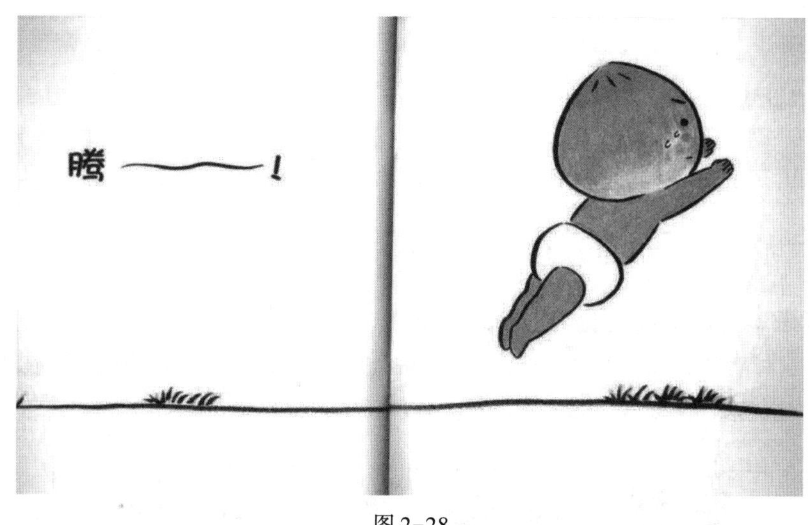

图 2-28

配器设计：这里的小桃子一跃而起，用碰铃等金属打击乐器表现。

图 2-29：

图 2-29

配器设计：小桃子投进妈妈的怀抱，这时所有乐器一起敲击。

（五）曲式探索

曲式就是乐曲的结构形式。音乐旋律在发展过程中会形成各种段落，根据这些段落形成的规律性而找出的具有共性的格式便是曲式。如同文学作品中的章，音乐作品中也有乐章。乐章由段落分明的几个部分组成，形成一定的结构形式，常见的有一段体、二部曲式、三部曲式、回旋曲式等。由两个各有四小节（或八小节）的乐句组成的"乐段"（称为"方整性的乐段"）在器乐曲中最为常见，其特点是平衡、对称感强。

在儿童的曲式探索中,可以提供如下一些探索手段。

1.对比

音乐的进行、冲突和情绪的改变都来自于对比——强与弱、乐器音色、快与慢、大调与小调等,以此推动和展开乐曲。

2.重复

指音乐材料的再次出现。比如ABA结构中的A再现,可以给全曲带来呼应、对称、稳定的感觉。

3.变奏

对原音乐素材的更改变化,比如模仿、模进、逆行、倒影等,就如旋律的上行和下行。

活动一:儿童自己选择乐器,根据下面ABA结构(如图2-30)进行自编演奏。让儿童尝试运用对比、变奏的探索手段进行改编。

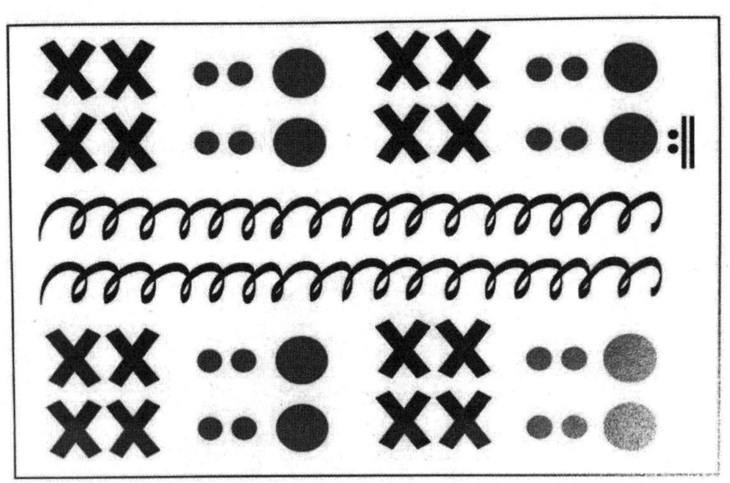

图2-30

活动二:聆听维瓦尔第的《春》,曲式结构为回旋曲式。

A | B | A | C | A | D | A | E | A | F | A ||

在聆听音乐的过程中,根据音乐形象描述的内容提供图片,鼓励儿童根据听到的结构摆放图片。(如图2-18)

春

春

1 = ♭F $\frac{4}{4}$

[意]维瓦尔第曲

0 1 | 3 3 3 2 1 5· 5 4 | 3 3 3 2 1 5· 5 4 | 3 4 5 4 3 2 7 5 7 |

3 3 3 2 1 5· 5 4 | 3 3 3 2 1 5· 5 4 | 3 4 5 4 3 2 0 1 |

5 4 3 4 5 6 5 1 | 5 4 3 4 5 6 5 1 | 6 5 4 3 2 1 2 |

1 0 1 5 4 3 4 5 | 6 5 1 5 4 3 4 5 | 6 5 1 6 5 4 | 3 2 1 2 1 ‖

B段：鸟叫声

A段

0 1 5 4 3 4 5 | 6 5 1 5 4 3 4 5 | 6 5 1 6 5 4 | 3 2 1 2 1 ‖

C段：水流声

A段

0 1 5 4 3 4 5 | 6 5 1 5 4 3 4 5 | 6 5 1 6 5 4 | 3 2 1 2 1 ‖

D段：打雷声+鸟叫声

0 1 5 4 3 4 5 | 6 5 1 5 4 3 4 5 | 6 5 1 6 5 4 | 3 2 1 2 1 ‖

E段：鸟叫声+纯弦乐声+水流声

A段

0 1 | 5 4 3 4 5 6 5 1 | 5 4 3 4 5 6 5 1 | 6 5 4 3 2 1 2 |

1 0 1 5 4 3 4 5 | 6 5 1 5 4 3 4 5 | 6 5 1 6 5 4 | 3 2 1 2 1 ‖

图 2-31

第三章　奥尔夫歌唱教学活动

本章主要介绍奥尔夫音乐教学的歌唱教学活动。奥尔夫强调歌唱是儿童最自然的音乐语言，也是一切音乐技巧的基础，提倡儿童学习音乐应从歌唱开始。本章需要了解如何运用语言材料，使其符合儿童歌唱学习特点；知晓奥尔夫歌唱教学的形式与内容；通过游戏与歌唱、游戏化的歌唱教学的案例掌握奥尔夫歌唱教学的模式。

【学习目标】

1.知识目标：学习奥尔夫歌唱教学的知识，了解奥尔夫歌唱教学的形式和内容，掌握游戏与歌唱教学的相关知识。

2.能力目标：通过运用语言材料，培养歌唱教学中的节奏感知能力。通过不同的歌曲演唱形式，培养儿童的演唱能力。通过游戏与歌唱的结合，培养学生游戏化歌唱教学的能力。

3.情感目标：通过熟悉的语言材料和民歌，让儿童参与歌唱活动，乐于歌唱，具有表现力地歌唱。

4.思政目标：感受不同国家、地区民歌的特点与风格，尊重不同地区的音乐文化。

第一节　语言材料的运用

一、语言材料的表现运用

幼儿时期，由于生理的原因，其唱歌的机能未发展成熟，音准不准，唱歌像说歌一样；气息较短，唱歌只能一个字或两个字地唱；节拍也不稳，忽快忽慢。这些都是幼儿时期唱歌的正常表现。在这个时候要多利用童谣与儿歌作为儿童歌唱教学的主要素材。奥尔夫亦认为念谣（即单纯歌词的有节奏念诵，无旋律）与歌唱是儿童学习音乐最自然的起点。因此对儿童而言，感知儿歌和童谣的节奏、音调、节拍、强弱、曲式，提高听辨能力、歌唱能力、肢体表现能力等，更能培养对音乐的兴趣，享受音乐所带来的轻松愉悦气氛，同时激发创造性和表现力，培养积极参与音乐活动的态度，在歌唱中得到发展，进而发展健全性格。

语言训练是一切音乐学习的开端。不论是节奏的还是旋律的练习，居于首位的训练当属语言。儿歌童谣有别于成人歌谣，必须适合儿童的年龄、语言能力、理解能力、思考能力、音乐能力等，因此音乐必须具备节奏明显、简短优美、浅显易唱、快乐活泼的特色。儿歌就是孩子们的诗，它是从孩子们的心性、生活、童话世界意象、游戏情趣以及语言的感受出发，比起成人的山歌、民谣，更要显得句式自由、结构奇变、比兴特多、声韵活泼、情趣深厚、意境清新、言语平白、顺口成章。

二、通过语言学习音乐

（一）通过语言学习节奏

节奏是音乐的骨架。在奥尔夫音乐教学中，节奏是所有音乐学习的基石。传统的教学中，直接用节奏符号让儿童来认知并加以机械练习的方式，存在着枯燥无味、死板的弊端。在儿童学习音乐初期，奥尔夫认为通过母语中的字词来积累节奏的经验是有效的方法。通过大量的语言念谣，在感受丰富的节奏型的基础之上，再认知节奏符号。

ti ti ta ti ti ta ti ti ti ti ti ti ta
三轮 车 跑得 快 上面 坐个 老太 太

（二）通过语言活动培养音乐表现力

在对童谣、儿歌的念诵中，儿童不但能够增强语言表达能力和兴趣，而且能在具有童趣的语言材料中感受不同的情绪，从而提高音乐表现力。语言材料中有不同的角色，每个角色有情绪的张力，如同音乐中的音量的强和弱、速度的快和慢、音高的高和低、乐句的断和连等。就如埃德温·戈登所说："音乐学习如同语言，节奏和曲调就像语言的字词，不断积累有助于提高儿童的音乐能力。"因此，教师要给儿童提供丰富的童谣、儿歌等语言材料，让儿童通过这些和音乐高度相似的材料积累对音乐表现的感性经验，并且探索不同表达方式的可能性，培养音乐表现力。

河马爱偷懒，

吃糖不刷牙，

牙虫来捣蛋哪，

牙虫来捣蛋，

哎呀！哎呀！

受不了了啦！

引导儿童有角色感地念《河马爱吃糖》，休止符代表蛀牙虫，老师扮演大夫专抓蛀牙虫，儿童围坐在一起，老师问节奏卡♫ ♩ 𝄽如何排，依上述节奏，全部儿童一起回答选择。

（三）通过语言活动学习音乐的结构与织体

织体是音乐作品中各个声部的层次组合，包括节奏、音型、低音和华彩乐段的纵横交织。通过语言的学习和创编，可以理解声部之间的纵向叠置。在奥尔夫音乐教学中，念

诵语言材料时，第一种叠置方法就是要以回应性语言、身体打击乐（声势）、嗓音造型、乐器等为伴奏，第二种结构方法就是以回旋曲和三段体为常用扩展结构的手段。

三轮 车，跑得 快，上面坐个 老太 太。要五 毛，给一块，你说奇怪 不奇 怪。
哦，哦，老 太 太，哦，哦，真 奇 怪。

在童谣《三轮车跑得快》的基础上，加入语言回应声部——“哦，哦，老太太”，在低声部固定伴奏型可以运用打击乐器来演奏，也可以用音条乐器来演奏固定伴奏旋律。

童谣素材1：

4
4
弯 弯 腰，造 座 桥，鸟 儿 飞 来 歇 歇 脚，蜗 牛 桥 下 慢 慢 跑，
老 鼠 见 了 快 快 跑，不 是 桥，不 是 桥，那 是 一 只 大 花 猫。

童谣素材2：

小手小手拍拍

小手小手拍拍，我的小手伸出来，

小手小手拍拍，我的小手举起来，

小手小手拍拍，我的小手藏起来，

小手小手拍拍，我的小手放放好。

童谣素材3：

小朋友，走走走！

一个小朋友，走、走、走，

碰到一个小朋友，点点头。

两个小朋友，走、走、走，

碰到两个小朋友，拉拉手。

三个小朋友，走、走、走，

碰到三个小朋友，翻个大跟头。
四个小朋友，走、走、走，
碰到一个老爷爷，扶他走一走。
五个小朋友，走、走、走，
碰到五个小朋友，大家拍拍手。

第二节 歌唱教学的形式与内容

匈牙利音乐家柯达伊在发展其音乐教学法时，非常注重歌唱的引导。他认为音乐学习的开始必须运用孩子最自然的“乐器”——歌唱来进行。奥尔夫同样认为歌唱是孩童最自然的语言，是儿童获得音乐经验的一种最佳方式。哈佛大学心理学家加登纳认为幼儿大约一岁半就会制造高低起伏的声音；在接下来的一年里幼儿就习惯发出高低分明的声音，主要是二度、小三度、大三度；到了两岁半开始注意学习别人的歌曲。可见，歌唱是儿童表达音乐的重要桥梁。歌唱是学习音乐的基础，建立基础后，才能训练其他音乐发展。歌唱是最简易而亲切的音乐表达方式，也是进入音乐领域的一个主要途径。儿童懂得如何运用嗓音后，教师就可以通过歌唱进行综合的音乐活动，引导儿童学习音乐方面的知识技能，引导儿童进行即兴创作。由此可见歌唱在音乐教学中的重要性。

一、歌唱教学的形式

儿童的歌唱表现可以分成几种形式——独唱、齐唱、重唱、轮唱、合唱等，分述如下。

（一）独唱

单独一人唱叫作独唱。独唱能表现出感情深刻的声乐作品，很多伟大的歌唱家就是独唱家。独唱起于民歌，到18世纪扩展到艺术歌曲。

（二）齐唱

多数人同唱一个曲调叫作齐唱。这也是大部分的中、小学在教学过程中较常使用的歌唱方式，也较易被听众了解。合唱当中有时也以齐唱来表示力量与整齐。

（三）重唱

两个人同时演唱不同的旋律，而且讲求相互的协同与调和，是二重唱。重唱还包含三重唱、四重唱、五重唱、六重唱。

（四）轮唱

分两组以上，以相等的间隔先后唱同一曲调的方法叫作轮唱。其演唱方法如图3-1所示。

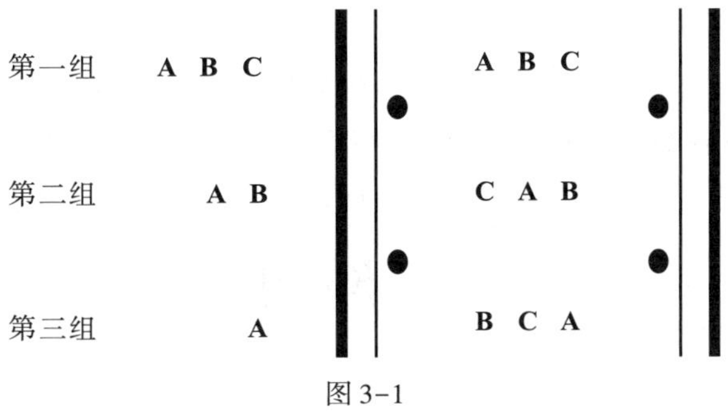

图 3-1

(五)合唱

高低声部的音同时歌唱,谓之合唱。合唱如以声部来说,可分成二部合唱、三部合唱、四部合唱等;如以声音性质来分,则可分为女声合唱、男声合唱、混声合唱、童声合唱等。

(六)歌表演

指一边歌唱一边做身体动作表演。动作可以表现节拍和节奏,也可以表现乐句结构;或者展现歌词的意思,也可以是表现情绪和情感。

二、歌唱教学的内容

(一)民歌

民歌是流行于民间并且富有地方色彩的歌曲,以民众生活为文本。民"感于物"而形成了"歌",表现了民族、地区的生活状态,也表现了人民的日常生活、社会习俗等。民歌包括各种山歌、小调、号子,内容与工作、劳动、祝愿、歌颂、讽刺等有关。如《康定情歌》《茉莉花》等。

天 黑 黑

1=F 2/4　　童声独唱　　台湾民歌

3 2 3 | 3 6 1 | 2 3 3 1 6 | 1 23 2 5 | 6 - | 5 3 5 | 1 5 6 |
天 黑 黑, 要 下 雨, 阿 公(啊)举 锄 头 要 掘 芋, 掘 呀 掘, 掘 呀 掘,

6 6 1 23 | 2 2 2 | 1· 6 2 5 | 7 5 7 | 6 - | 6 - ‖
掘 着 一 尾 旋 转 鼓, *(咏 哟 嘎 嘟)真 正 趣 味。

（二）儿歌

儿歌是一种以儿童为主要对象的歌曲，结构单一规整，曲调多半较为简单，歌词浅显且朗朗上口，使儿童容易记忆和理解。这类的歌曲模拟儿童的思想和内心世界，具有趣味性、实用性、音乐性。如《颠倒歌》《丢丢铜仔》等。

颠倒歌

1=C $\frac{4}{4}$

♩=84

汪爱丽 词曲

(2 2 2 3 5 5 3 | 2 2 3 2 1 –) | 5 5 3 1 5 5 3 1 |

小 小 老 鼠 森 林 里 面

小 小 鱼 儿 飞 呀 飞 在

3 6 5 – | 6 6 6 5 6 5 3 | 5 3 2 – | 3 3 3 2 3 – |

称 大 王， 大 狮 子 害 怕 那 个 小 老 鼠， 蚂 蚁 扛 大 树，

蓝 天 里， 小 鸟 儿 游 呀 游 在 大 海 里， 公 鸡 会 生 蛋，

6 6 6 5 6 – | 2 2 2 3 5 5 3 | 2 2 3 2 1 – :‖

大 象 没 力 气， 事 情 全 颠 倒， 哈 哈 你 说 多 可 笑。

母 鸡 喔 喔 啼， 事 情 全 颠 倒， 哈 哈 你 说 多 可 笑。

(2 2 2 3 5 5 3 | 5 5 6 7 i –) ‖

（三）欢迎歌、问候歌和再见歌

欢迎歌、问候歌顾名思义就是为欢迎大家而演唱的歌曲。奥尔夫音乐教学活动在每次课的开始都会唱欢迎歌或者问候歌。这不仅有课堂热身的作用，而且还可以促进老师和学生之间的关系。再见歌则是表达告别的歌曲。

问好歌

Christoph Maubach

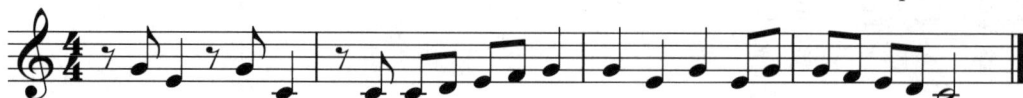

哈 啰 哈 啰 哈 啰 哈 啰 哈 啰 hei hei ha lo ha lo ha lo ha lo

再见歌

匈牙利民歌

说 一 声 再 见 吧！ 说 一 声
再 见 吧！ 愿 快 乐 的 心
陪 伴 你 成 长，说 一 声 再 见
吧！ 说 一 声 再 见 吧！（拍拍 手）
（踏踏 脚）

（四）卡农曲

卡农曲的演唱方式是轮唱，指同一个旋律由两个或多个声部在先后不同的时间起唱而产生重叠交织的一种合唱形式。轮唱曲通常简短易唱，和声清晰，也是合唱的基础。这不但可以培养学生的音乐感，也可训练学生多声部的听觉以及与他人协调配合的能力。下面的三声部卡农就是一首经典的卡农曲。

Sing Together

1.
Sing, sing to-geth- er, mer-ri - ly, mer-ri-ly sing; (clap)
2.
Sing, sing to-geth - er, mer-ri - ly, mer-ri-ly sing; (clap)

3.

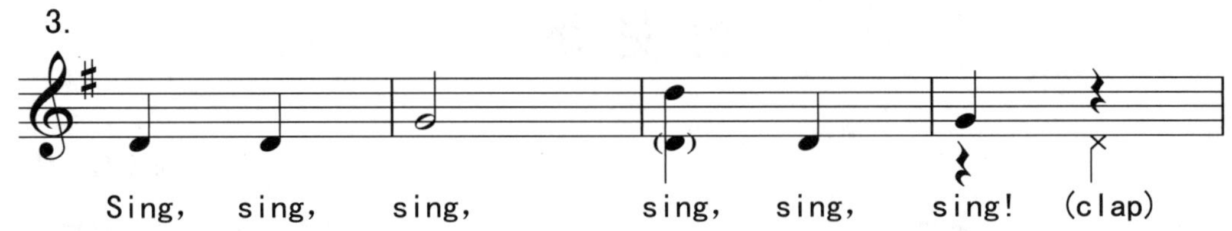
Sing, sing, sing, sing, sing, sing! (clap)

第三节　音乐游戏与歌唱

游戏结合歌唱教学的价值，早在20世纪初就被著名的音乐教育家如柯达依、达尔克罗兹、奥尔夫等人予以肯定。儿童的歌唱教学内容包括世界各地多种传统歌唱游戏以及创造性素材，目的是希望音乐教学回归到原本的乐趣，使儿童能够真心喜欢音乐并且建立全面的音乐素养。儿童能够在明快的节奏和流畅的律动下唱起来、动起来，使嗓音、韵律、拍掌、走跳、奔跑合而为一，促进身体对音乐的具身感觉与反应，并能释放精力、平衡情绪，达到身心的和谐发展。

一、音乐游戏运用于歌唱教学的价值

（一）培养音乐感知能力

通过歌唱，儿童很自然地感受到音乐的强弱、快慢、长短、高低以及曲式结构，然后用身体动作来表现感受到的声音，这种经验的获得最直接而真切，是自发、自然、自动的，也可以说是本能的。

（二）建立音乐认知能力

歌唱中所使用的民歌、童谣、创作歌曲，每一首歌都可以作为音乐认知学习的素材，各种不同节拍的歌曲结合音乐游戏可以让儿童认识2/4、3/4、4/4等拍号。

（三）抒发情绪与释放精力

歌唱与游戏让儿童尽情地唱、玩、演、跑、跳，在没有压力的情境中抒发情绪、释放精力，感到欢乐和喜悦。

（四）培养自信，获得成就感

歌唱与游戏容易让学生进入学习状态，大家公平参与，人人投入自我的想象与创作中，在无形中建立自信。

（五）培养互助合作的精神

歌唱与游戏强调个人与他人的互助合作，儿童在游戏的情境中感受集体的益处，对其社会能力的培养帮助很大。

奥尔夫认为儿童音乐教育强调在引导儿童学习音乐的过程中，刺激儿童的学习欲望，在玩中学，在学中玩，借此打破填鸭式的音乐知识及符号教授。每个儿童均有个性发展上的差异，应该尊重每个儿童，专注每个儿童的发展特点，在预定的教学进度中设计游戏化、生动化的教学。

综上所述，音乐游戏非常适合融入歌唱教学，学生不仅能够在游戏的过程中习得歌

唱的技巧、对乐曲的认知，更可以加深其对音乐的印象、培养对音乐的兴趣；游戏本身也有许多意想不到的附加价值，可以增进人际关系、加强师生互动，增强学生团队合作、解决问题的能力，相当值得推广与应用。

二、游戏化歌唱教学活动设计

不同游戏的累积组合，良好的音乐活动，能使儿童对生活产生好奇和幻想，增进他们对生活知识的开拓。游戏是儿童生活和学习的方式之一，也是儿童发展智慧与认知能力的一种方法。美国音乐教育家艾略特说："游戏是一种学习，将游戏运用在音乐教育上，学音乐就不再是枯燥烦闷的事，儿童在没有压力的情况下才能快乐又有自信地学习音乐。"若是以成人的观点来看，游戏是一种休闲娱乐，但是对儿童而言，它除了能调节情绪，还是一种学习。在游戏中，儿童必须通过思考、协调感官动作、融合实际生活体验，才能完成游戏活动，满足学习的乐趣。儿童对歌唱理论较难理解，教师应在正确范唱的基础上，在游戏的情境中让儿童经由视觉、听觉来模仿学习，从声音、情绪和身体动作之间的互动中领略歌唱是生理器官、心理思维、游戏乐趣和社会情感共同指挥的活动。

儿童的歌唱教学活动遵循歌唱学习的一般过程：歌词的记忆和掌握—节奏的准确和节拍的稳定—有大概的旋律轮廓线条地歌唱—有调性地歌唱（音准准确）。

这种环节安排也是遵循了艺术心理的一般过程：从感受歌曲过程到表现歌曲。儿童感受音乐最大的特征不是静静聆听，而是身体动作的参与，也就是说儿童感受音乐的过程和他们的身体动作是分不开的。虽然大多数儿童感受音乐时会本能地跳动或者舞起来，但是在感受新的音乐的时候，他们是乐于模仿教师做动作的。所以，音乐感受和表现的区别在于，在音乐感受阶段，无论是身体动作还是嗓音歌唱都是不完整的、充满模仿性的，同时也会受外界干扰；而在表现阶段，身体动作和嗓音歌唱都是表达完整、投入音乐、脱离教师的。

根据奥尔夫歌唱教学的一般原则和艺术心理的过程原理，我们把游戏化的歌唱教学环节分为歌曲感受、音乐形式感受、节奏和歌唱表现、综合表现。

（一）歌曲感受环节

歌曲感受环节教师不仅需要有很好的范唱能力，也要有很好的教学转化能力。这个转化首先是情境的转化，为歌曲感受铺垫一个让儿童感兴趣和喜欢的情境或者游戏；其次是转化身体动作，设计符合儿童游戏与合作的动作，让原本非常复杂的、技巧性很强的动作转化成儿童能接受和操作的。总之，歌曲感受环节的教学内容要是儿童易操作的。

（二）音乐形式感受环节

音乐形式感受阶段需要针对歌曲的音乐形式或者要素做出形象化的表征，不要用音乐的专业知识和技能去要求和评价儿童，要根据歌曲的风格和情绪特征适切地为儿童提供音乐形式感受的中介。可以通过如下两种方式使儿童感受音乐。

第一，合拍做动作。这是音乐形式感受的基础，教师需要根据速度、歌词、乐句来考虑动作合大拍还是小拍。

第二，动作合句段结构。歌曲感受环节中已经铺垫好情境或者游戏场景，因此在音乐形式感受环节中根据情境或者游戏的发展，搭配上歌曲的句段结构，每乐句的动作变化既要考虑情境也要考虑音乐乐句特征。

（三）节奏和歌唱表现环节

儿童清楚地理解了游戏的规则或者情境后，在这个环节具有了完整的动作表现特征：第一，完整歌曲的身体动作表现，并且是没有教师带领的独立表现；第二，完整歌曲的演唱表现。这一环节的作用是提升儿童的节奏把握、歌唱能力，使其螺旋式上升，为接下去歌唱教学的集体舞、律动、打击乐、游戏等活动的扩展打好基础。

（四）综合表现环节

一个歌唱活动不只是唱一首歌，而是通过歌唱活动达到综合的表现。综合表现的特征包括：第一，走向同伴的合作表现。从单纯的歌唱活动发展到卡农的轮唱形式或者有声部的合唱，都需要儿童的合作。第二，表现形式的综合。儿童的音乐表现方式有很多，有律动、声势、打击乐、戏剧的角色扮演，在这个环节可以通过歌唱活动串联起这些表现形式，儿童也可以选择自己喜欢的表现形式以达到最好的表现效果。

三、歌唱教学活动案例

（一）“Salibonani”

Salibonani

Salibonani

南非民歌

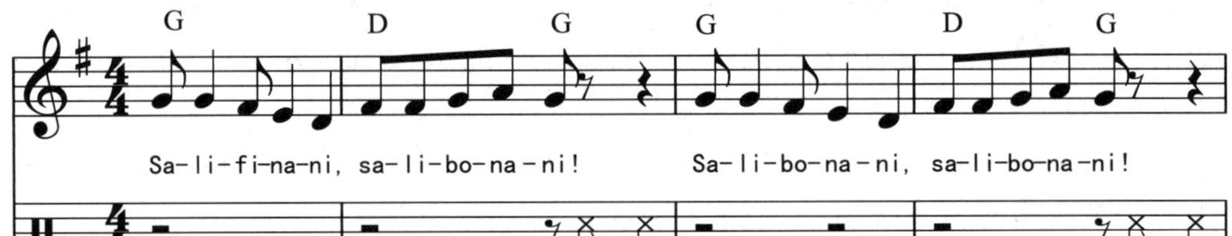

1.声势声部(固定音型)

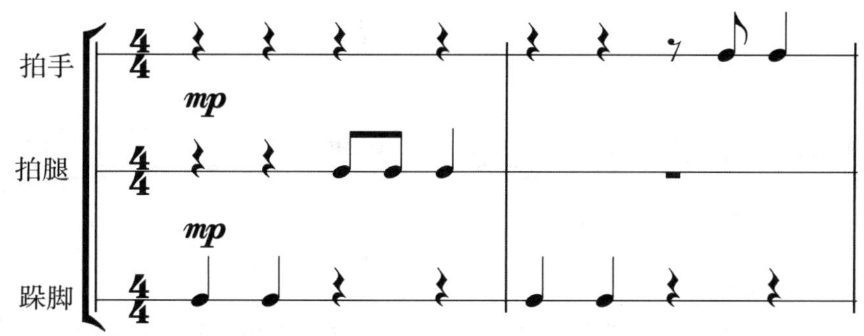

2.金贝鼓声部(B代表低音,O代表高音)

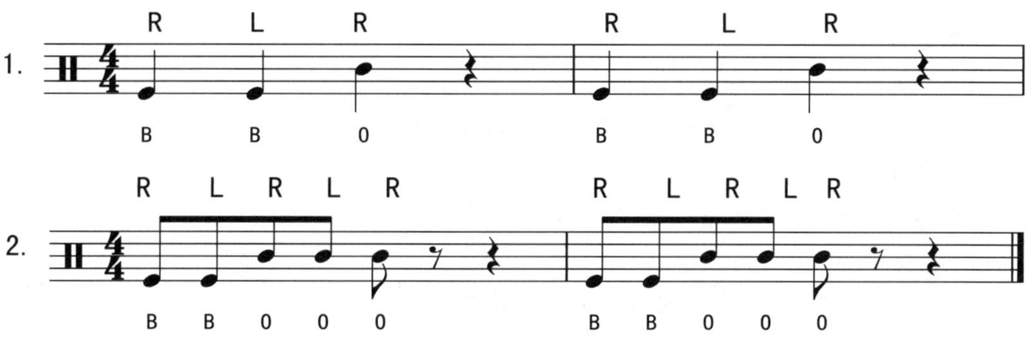

3.活动建议

(1)Salibonani意为"早上好"。教师通过语言节奏念Salibonani,带领学生模仿学习,感知第一小节切分节奏和第二小节连续八分音符。同时可以替换语言进行,比如:"Hello,Good morning,Hello,How are you";"小朋友,你好,小朋友你好"。

(2)教师演唱歌曲,在休止符处加入拍手,学生观察模仿教师的演唱和动作。

(3)在学生基本掌握歌曲演唱和拍手节奏的情况下,教师在每小节的第1、2拍上加入跺脚声部,注意切分节奏和四分音符的节奏对位。

(4)教师在学生基本掌握跺脚和拍手声部后,再加入拍腿声部。

(5)集体边做声势边演唱,将歌词替换成自己的问好语言,分两组进行轮唱。

(6)最后加入金贝鼓伴奏声部。

（二）“Funga Alafia”

Funga Alafia

尼日利亚民歌

Fun-ga a-la-fia, a-shay, a-shay. Fun-ga a-la-fia, a-shay, a-shay.

1.歌词大意

Funga Alafia

Funga Alafia意思是“非洲欢迎你”，Funga是大家以真诚、平等并且和平友好的内心载歌载舞来欢迎大家的意思，Alafia有祝福朋友们健康、大家和平共处的内涵。

2.活动建议

（1）动作

第一小节：双手手指指眼睛，再双手伸直向前打开，

第二小节：双手交叉抱在胸前，再双手伸直向前打开。

第一遍指眼睛，第二遍指耳朵，第三遍放心脏处，第四遍放胸口。

（2）结构

A+第一组回声+A+第二组回声+A+第三组回声+A

（3）回声节奏

第一组回声：

第二组回声：

第三组回声：

(4)乐器声部

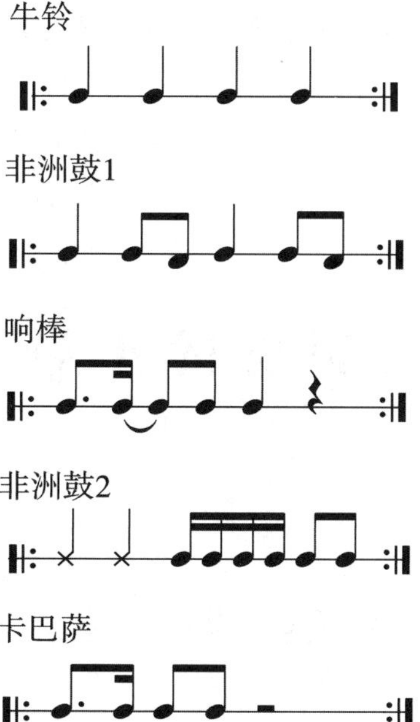

Funga Alafia乐器

（三）“Obwisana”

Obwisana

加纳民歌

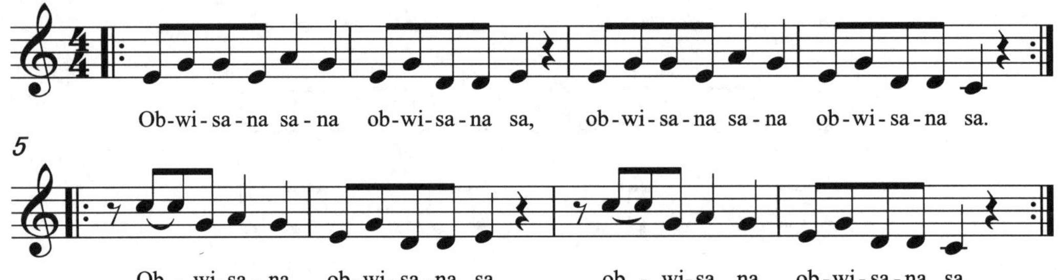

1.歌词大意

这是一首加纳民歌，适合于小朋友们做传递游戏。Obwisana的意思是石头传过来了，不要压到手。

Obwisana

2.活动建议

（1）教师带领学生有节奏地念Obwisana，注意第5、7小节的休止符。

（2）教师和学生集体围大圆圈，教师带领大家左手在下右手在上拍手，并且左手保持不动。第一遍自己拍手并演唱歌曲。第二遍每个人的右手在第一拍上拍自己的左手，第二拍要往右移动去拍右边伙伴的左手。第三遍时每一个人用左手在第一拍上拍自己的右手，右手不动，在第二拍上拍左边伙伴的右手。

（3）教师可以让学生创造，在休止符上用动作填充声部，如拍腿、跺脚、捻指等。同时也可以选择传递物品。这首歌最初的活动就是大家围圈坐下，每个人手上有一块石头，在演唱歌曲的同时每个人传递石头，在第二拍上把石头放到旁边的伙伴面前。因此，石头也像一件乐器，在传递给伙伴时敲击地面发出声音。

（4）教师可以对学生的动作创意进行整合，加入固定声势伴奏节奏型。

第一拍：拍腿或者跺脚。

第二拍：拍手。

第三拍：捻指。

第四拍：拍手。

（四）《调皮的小鞋》

调皮的小鞋

调皮的小鞋

1=♭B 2/4

绿城育华幼儿园音乐团队 改编词
鲍贤琨 曲

55 33 | 55 33 | 6i 76 | 5 - | 50 30 | 50 30 | 2 43 |
小小 鞋子　小小 鞋子　走来 又走　去　　小 小　耳 朵　仔 细

2 - | 1 2 3 4 | 5 - | 4 5 6 7 | 1̇ - | 1̇ 6 0 | 5 4 3 2 | 1 - ‖

听 踢哒 踢哒 踢 踢哒 踢哒 踢， 哎呀 谁 来 了

（朋友 来 了）

（约翰 来 了）

（爷爷 来 了）

1.歌曲解析

《调皮的小鞋》是通过想象鞋子的声音，根据谁来了的指令而设计的音乐反应游戏歌曲。不仅可以根据旋律的特点进行律动的拓展，也可以根据歌词进行游戏的深入，与音乐听辨游戏结合。因此这首歌融合了音乐反应、律动表现、动作造型、演唱、合作等方式。

2.活动建议

（1）教师选择三种材质的乐器，比如金属类、木质类、皮质类；也可以选同材质不同音高的乐器，比如高音、中音和低音的乐器。每一种乐器的音色或鼓声代表不同的鞋子走路发出的声音，需要学生听辨出来。

（2）教师根据乐器选择对应的节奏型，比如低音的音色对应二分音符，中音的音色对应四分音符，高音的音色对应八分音符。三种节奏型同时需要学生进行律动表现，比如二分音符慢速走，四分音符正常走路速度，八分音符小跑速度。

（3）教师唱歌，学生根据歌曲进行走和跑的律动表现。第1—8小节是走的动作，“踢哒踢哒踢”是跑的动作。

（4）根据歌曲最后三种不同的人物在唱完歌后做出不同的反应：朋友来了，打招呼；约翰来了，躲藏；爷爷来了，快速回位并造型保持不动。

（5）由学生来当带头人演唱歌曲，自主选择谁来了，进行集体合作性游戏。

Wendeyahu

（五）“Wendeyahu”

Wendeyahu

印第安民歌

Wen de ya hu, wen de ya hu, wen de ya wen de ya
you – u. Hei ya hei ya, 拍 手 hei ya hei ya, 拍 手
hei ya hei ya va da na di va hei ya hei ya va da na di va.
跺脚

1.歌曲大意

这是一首美洲的印第安民歌，描写的是切罗基人每天在太阳升起之时一起去劳作的场景，同时也表达了他们对太阳的崇拜和对生活的希望。

2.活动建议

（1）教师演唱歌曲，学生模仿演唱。注意第3—4小节、7—8小节、9—10小节需要连贯演唱。第5、6小节演唱需要结合劳动号子的风格，展现出集体劳作时热火朝天的场面。

（2）教师在学生们基本能演唱完整歌曲的基础上加入声势声部，第5、6小节的第四拍位置加入拍手。

（3）在第8小节和第10小节的第三至四拍位置接入跺脚声部，节奏为titi-ta。

（4）教师给学生分两组进行卡农演唱，在第一声部演唱两拍后，第二声部进入。同时也可以围成内外圈，加入动作后形成视觉卡农。

（5）四声部卡农演唱，第二、三、四声部在前一声部演唱一拍后进入。

（六）“Epo I Tai Tai E”

Epo I Tai Tai E

Epo I Tai Tai E

新西兰民歌

1.歌曲大意

这是一首新西兰毛利族民歌，意为我很开心，表达了无忧无虑的心境。轻柔的歌曲风格可以感受到海浪的声音和海风的温柔，因此毛利人边唱歌边加入声势伴奏。它的旋律可以使人心灵平静，因此可以用作摇篮曲。

2.活动建议

(1)教师演唱歌曲，学生模仿歌唱学习。歌曲的节奏动机为♪♩ ♪♩ ♩。同时感知全音符、四分音符和八分音符和歌词语言节奏的契合，如E是全音符，tai是四分音符，tuki是八分音符。因此也可以通过语言学习节奏型。注意Epo i的切分节奏和节拍的对位。

(2)教师演唱歌曲，加入动作依次为：Epo i拍腿，tai tai拍手，E双手交叉拍肩膀，tuki tuki拍头。

(3)学生分组进行卡农演唱，第二声部从第二小节进入。

(4)四人一组进行分组合作表演。

(5)尝试多声部合唱。如下谱。

Epo i tai tai

(七)"Simama kaa"

Simama kaa

Simama kaa

非洲民歌

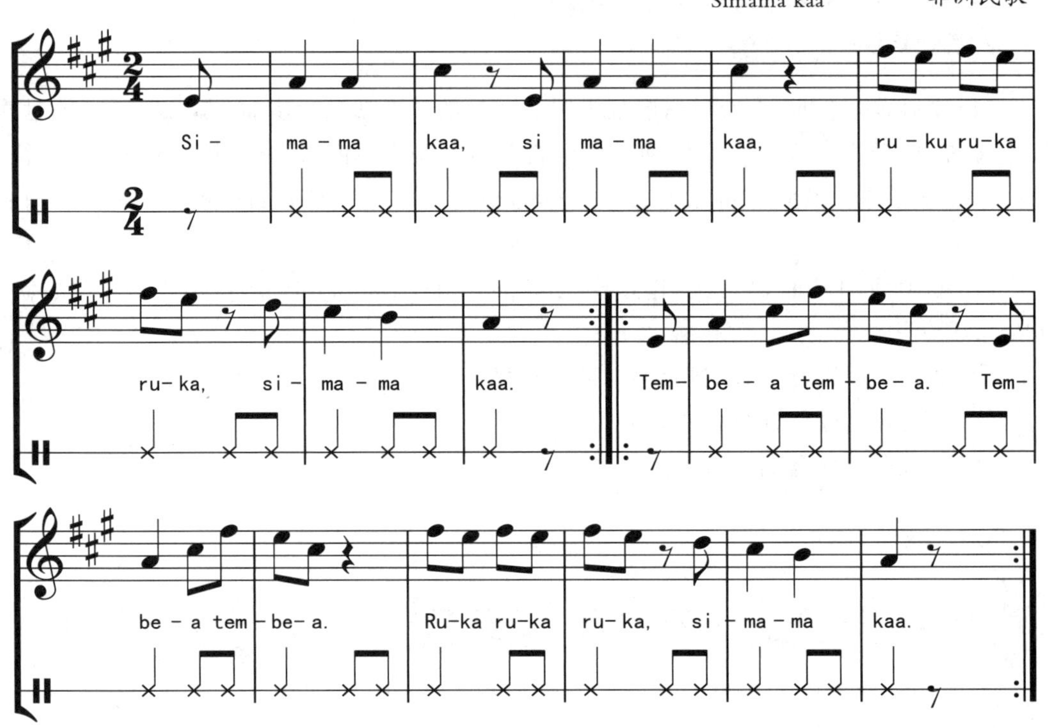
Si - ma - ma kaa, si ma - ma kaa, ru - ku ru-ka
ru-ka, si - ma - ma kaa.
Tem - be - a tem - be - a. Tem -
be - a tem - be - a.
Ru-ka ru-ka ru-ka, si - ma - ma kaa.

1.歌曲大意

这是一首非洲斯瓦西里地区的民歌。歌曲意为我们站起来蹲下来,挥挥手打招呼,跑一跑。歌曲充满着孩子们游戏时的欢乐。

2.活动建议

(1)教师演唱歌曲,学生模仿学习。注意弱起节奏。

(2)加入动作:simama站起来,ka蹲起来,ruka跳起来,tembea挥手。

(3)全体演唱歌曲,并加入固定节奏型ta-titi作为伴奏。

(4)部分同学用木琴演奏二声部,部分同学演唱歌曲。

(5)演唱二声部歌曲。

（八）《巫婆汤》

1.歌曲解析

《巫婆汤》是根据一首传统民歌的旋律改编填词而成的。小调的色彩有一种神秘的感觉，以一个巫婆熬制魔法汤的情境作为活动贯穿歌曲。这个教学活动可以用戏剧方式展现，并融合学生的创造、语言的节奏性念白等要素。

2.活动建议

（1）教师扮演巫婆并模仿巫婆的笑声，学生扮演小巫师，鼓励学生模仿巫婆的笑声。

（2）教师边唱歌边握紧双手在胸前按节拍做搅拌的动作，学生模仿。

（3）教师连续唱完一遍后，拿起汤勺尝一下魔法汤，表示汤里的食材太少了，现在要施魔法。让学生以四人为一组为魔法汤准备食材，每组学生发挥想象和创意让魔法汤更具神秘色彩。教师也可以提供食材道具，让学生进行选择。

（4）教师一边唱歌一边做搅拌汤的动作，在歌曲结束前走到任意一组，让这组学生把他们放进魔法汤里的食材按节奏说出来。如：蘑菇、番茄、蜘蛛、两只蟹子，按节奏 [节奏谱] 念出来。教师在完成一遍后调整食材的位置，和学生一起再完成一遍。

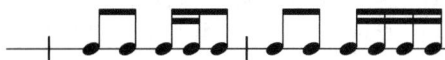

（5）接下来做节奏接龙，四种食物分别由四个人来念。教师提醒学生，这个魔法汤越来越香了，有些“小巫师”偷偷地吃了汤里的食材，学生需要任意拿出一种或两种食材。

但是，这个魔法汤的魔法就是谁偷吃了食物谁就会在念食物时打嗝。比如：A、B、C、D四位同学分别念四样食物——梨、两个萝卜、花椰菜、蝉，节奏为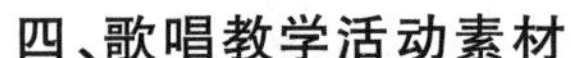。当一位同学把花椰菜偷吃后，大家念的节奏是梨、两个萝卜、嗝、蝉，在这里打嗝也就代表了对休止符的学习。

四、歌唱教学活动素材

朋友问好歌

朋友问好歌

Good Morning

西非民歌

It's Music Time Today

你 好，你 好，你 好， 音 乐 时间 到 了， 啦 啦 啦 啦啦
啦 啦 啦 啦 啦 啦 啦 啦啦啦啦 啦 啦 啦啦啦啦
你 好， 你 好， 你 好， 音 乐 时 间 到 了
la la la la la la la la la la la la la la la la la la la la la la la la la la la la la la la la
你 好， 你 好， 你 好， 音 乐 时 间 到 了。

回声问候歌

Hel - lo! It's good to see you! Hel - lo! It's good to
Hel- lo! Hel- lo!
see you!Hel- lo! It's good to see you, here! Hel-lo, hel- lo! Hel - lo!
Hel- lo! Hel- lo! Hel- lo!

回声歌

传统民歌
老师
学生
我 的 回 声 在 哪？ 我 的 回 声
这 里！ 这 里！
在 哪？ 越来越走 远！
这 里！ 这 里！ 走 远！ 走 远！

小 画 家

D A D
小 鸡 画 竹 叶，小 狗 画 梅 花， 雪 地里来了一群
A D A D
小 画 家， 小 鸭 画 枫 叶 呀，小马画月 牙， 雪 地里来了一群
A D Bm D D A D
小 画 家。 下 雪 啦 哦，下 雪 啦， 青 蛙 为 什 么 没 参 加？

萤火虫

萤火虫

日本儿歌

①
②
③
Voice
Ho Ho Ho ta-ru koi. At-chi-no mi-zu-wa ni ga-i zo;
Kot-chi-no mi-zu-wa a-ma-i-zo. Ho Ho Ho-ta-ru koi.

结识新朋友

美国儿歌

1
D
2
A
Make new friends but keep the old;
3
4
A
D
One is sil-ver and the oth-er gold.

卡农

1.
F
C
F
C
2.
F
C
F
C
3.
F
C
F
C

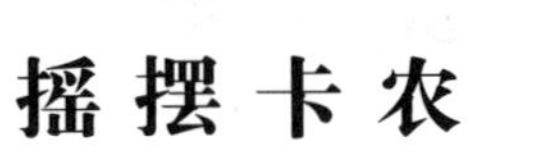
摇摆卡农

摇摆卡农

Ricks Veenker
①
Doe ba doe-bi-doe wa__ ba-da-ba dab dab dab dab__ doe.__
②
ja-ba-da da-ba doe-bi doc-bi-doe wa_ shoe-bi da-ba doe-bi da-ba-doe ba-da-ba
③
doe ba doe ba doe sho-bi da-ba doe-bi da-ba

Johaudu

Johaudu

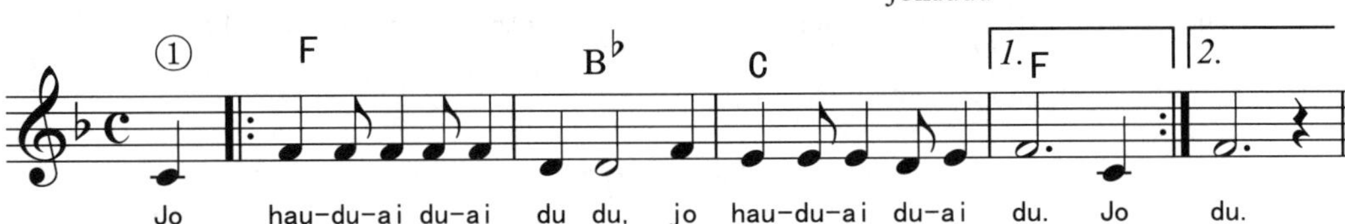
①
F
B♭
C
1. F
2.
Jo hau-du-ai du-ai du du, jo hau-du-ai du-ai du. Jo du.

②
Du - du - a du - du-ai-eh, du - du - a, du - du-ai eh.

③
je - mi, je - mi, je.

唯有音乐永存

唯有音乐永存

（三声部）

All things shall per - ish from un - der the sky:

Mu - sic a - lone shall live, mu - sic a - lone shall live.

Mu - sic a - lone shall live, nev - er to die.

哦多么美好的傍晚

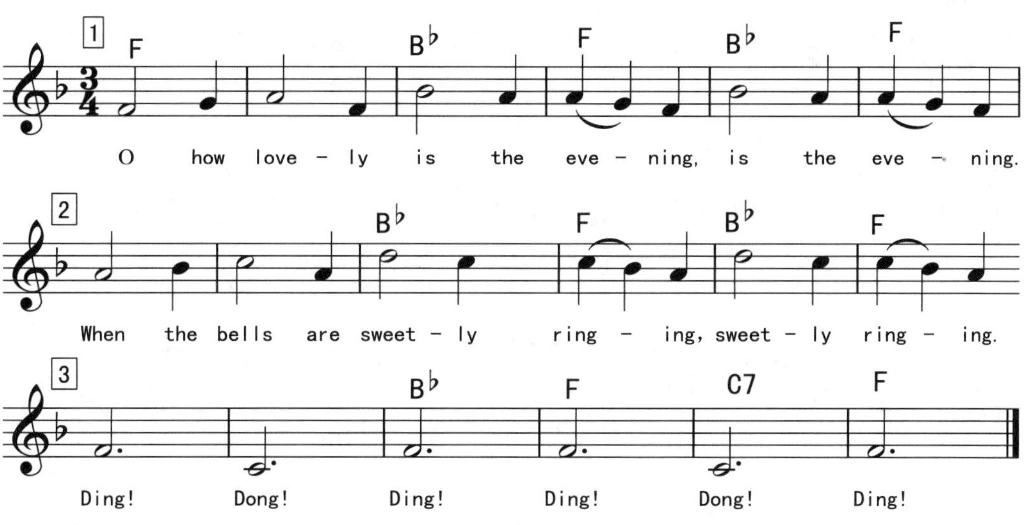

1
F
B♭
F
B♭
F
O how love - ly is the eve - ning, is the eve - ning.
2
B♭
F
B♭
F
When the bells are sweet - ly ring - ing, sweet - ly ring - ing.
3
B♭
F
C7
F
Ding! Dong! Ding! Ding! Dong! Ding!

秋 色

C G C G C
碧云飘悠蓝 天，黄叶纷飞大 地，秋 色 连 波， 波上寒烟 翠。
C F G C
山 映 斜 阳 天 接 江 水， 芳 草 无 情 在 斜 阳 外。
C G C G C
落叶时聚时 散，寒鸦栖息复 惊，秋 色层染 树 林，山山唯落 晖。

笑 之 歌

德国民歌

1 G7 2 C G7
哈 哈 哈 哈， 哈 哈 哈 哈，
3 C G7 C G7
夏 天 来 临 多 么 开 心，
C G7 C G7
野 外 花 草 香， 快 乐 成 长， 哈 哈 哈
C G7 C G7
哈 哈， 快 乐 成 长。

Senjua

Senjua

1.
2.
Sen-ju-a___ de den-de sen-ju- a. Senju—a___ de den-de sen ju a.
Sen-ju-a___ de den-de sen ju-a___ de den-de Sen-ju-a___ de den-de sen ju a.

Sleepy Kitty Cat

Sarah Percival
演唱
Sleep - y kit - ty cat all you do is nap.
刮弧
Kit - ty cat. Kit - ty cat.
金贝鼓（低音木琴）
Nap. Nap.
演唱
Come on and play with me sleep - y kit - ty cat!
刮弧
Kit - ty cat. Kit - ty cat.
金贝鼓（低音木琴）
Nap. Nap.

咚咚锵

1=F 2/4

金木 词
汪铃 曲

3 3 3 1 | 3 3 | 2 2 2 3 | 6 6 | 1 1 6 1 |
(甲)我 敲 小 鼓 咚 咚 (乙)我 敲 小 镲 锵 锵 (丙)咱 们 两 个

3 1 2 | 3 6 | 3 6 | 3 6 3 3 6 0 ‖
一 起 敲 (丁)咚 锵。 咚 锵 咚 锵 咚 咚 锵。

我是猫

我是猫

1=F 2/4

美国音乐
沈颖洁 填词

(2 3 4 3 | 2 3 4 3 | 4 3 4 3 | 4321 7) | 6 1 3 | 2 2 2 2 17 |
我 是 猫， × × 的 猫；

7 2 3 | 2 2 2 176 | 6 1 6 | 3 4 3 3 2 | 3 3 2 | 7 17 6 |
我 是 猫， × × 的 猫； 我 是 猫， × × 的 猫； 我 是 猫， × × 的 猫。

3 3 3 3 | 3 3 0 | 4 4 3 | 4 4 327 | 7 1 6 ‖
摇 摇 我 的 尾 巴， 喵 喵 喵， 请 你 把 我 带 回 家。

小 黄 鸭

嘎 嘎嘎 嘎叫， 这 是我 的小 黄 鸭 嘎 嘎嘎 嘎叫，
Fine
它 陪 我 洗 澡。 它 会 游
哗 哗， 它 会 叫 嘎 嘎，
它 会 吹 许 多 泡 泡， (Bo～bo～bo～bo)
它 会 游， 哗 哗， 它 会 叫，
D. C.
嘎 嘎， 它 会 吹 许多 泡 泡。(Bo～bo～bo～bo～)

Sansakroma

非洲民歌

San – sa kro – ma Ne na wuo che chea – ko – ko – ma
San – sa kro – ma ne na wuo che chea – ko – ko – ma.

问　答　歌

Badom Dudu

①
Mm ba mm ba
Ba dom du du ba dom du du Dom du du ba
②
Mm ba mm ba mm ba mm ba mm ba mm ba – ja
mm ba mm ba mm ba mm ba – ja. Mm ba mm ba
dom du du. Dom du du ba dom du du. Dom du du ba

Mm ba mm ba mm ba mm ba mm ba mm ba – ja.
mm ba mm ba mm ba mm ba – ja.
dom du du. Dom du du ba dom du du.

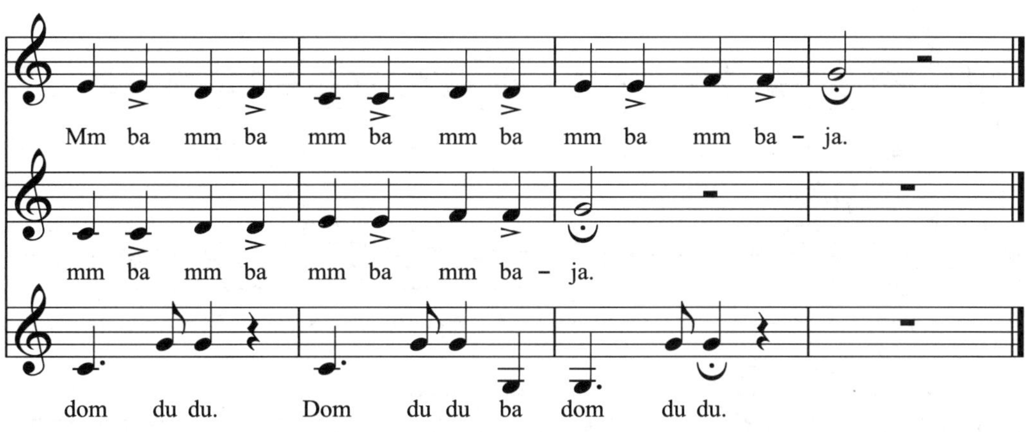

心有所往

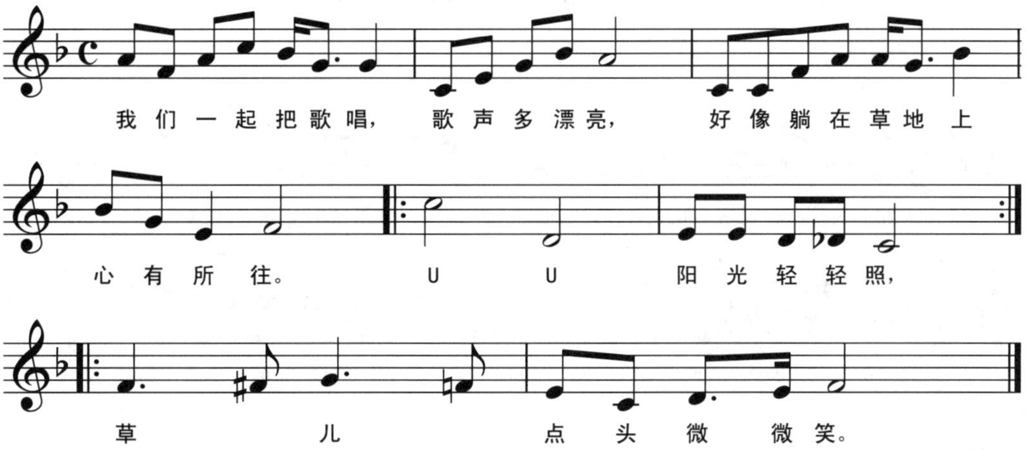

我 们 一 起 把 歌 唱， 歌 声 多 漂 亮， 好 像 躺 在 草 地 上
心 有 所 往。 U U 阳 光 轻 轻 照，
草 儿 点 头 微 微 笑。

Tutira Mai

Tutira Mai

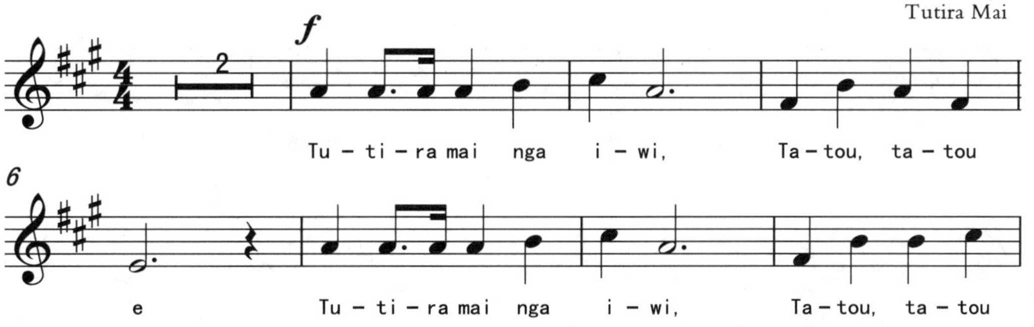

f
2
Tu – ti – ra mai nga i – wi, Ta – tou, ta – tou
6
e Tu – ti – ra mai nga i – wi, Ta – tou, ta – tou

e, Whai - a te ma - ra - ma - ta - nga Me te a - ro -

- ha, e - nga i - wi ki - a ta - pa - ta - hi ki - a ko - ta - hi ra,

Chew Chew Chew!

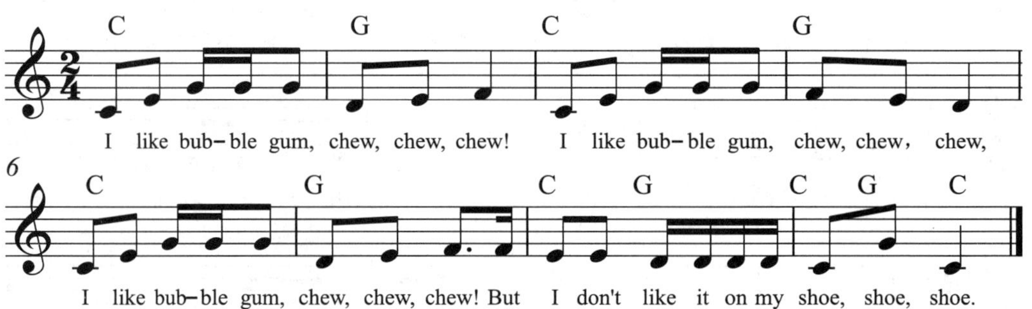

C G C G
I like bub-ble gum, chew, chew, chew! I like bub-ble gum, chew, chew, chew,
6
C G C G C G C
I like bub-ble gum, chew, chew, chew! But I don't like it on my shoe, shoe, shoe.

老房子

Old house, tear it down! Who's gon-na help me tear it down?
Bring me a hammer. tear it down! Bring me a saw, tear it down!

Next thing you bring me,_ tear it down! Is a wreck-ing ma-chine_
tear it down! Is a wreck-ing ma-chine_ tear it down!_

蛙之歌

日本民歌

1
2
Ka-e-ru no u-ta ga. Ki ko e te ku ru yo Gwa! Gwa!
Gwa! Gwa! Ge-ro, Ge-ro, Ge-ro, Ge-ro, Gwa! Gwa! Gwa!

Wah Ta Ho

非洲民歌

Wah_ ta ho_ ta ho, Wah_ ta ho_ ta. ho. Wah oo ta ho mah ya
Rise,_ a-rise, a-rise. Rise,_ a rise,_ a-rise. The dawn is here, day is
tan a lo. Wah oo ta ho. mah ya tan a lo. Ma ya
cal-ling you. The dawn is here, day is cal-ling you. Ev-er
na wee, sah na tan a lee. Mah ya na wee, sah na tan a lee.
faith-ful, ev-er wor-thy be. Ev-er faith-ful, ev-er wor-thy be.

Mos Mos

印第安民歌

Mos Mos Nai - ti - la Mos Mos Nai - ti - la.
Ka - nei per - kye Nai ti - la. Ka - nei per - kye Nai ti - la. Mo -
sa! Mo sa! Neh, Neh, Neh, Neh, Neh, Neh, Neh, Neh!

Banuwa

Banuwa 利比里亚民歌

1
Ba - nu - wa, ba - nu - wa, ba - nu - wa yo.
5
2
1. 2.
Ba - nu - wa, ba - nu - wa, ba - nu - wa yo. yo. A -
10
3
la - no, neh - ni a - la - no; a -
12
1. 2.
la - no, neh - ni a - la - no, a - la - no.
15
4
Neh - ni a - la - no; neh - ni a - la - no.

19
5
Neh - ni a - la - no; neh - ni a - la - no.
23
6
Ba - nu - wa, ba - nu - wa, ba - nu - wa yo.

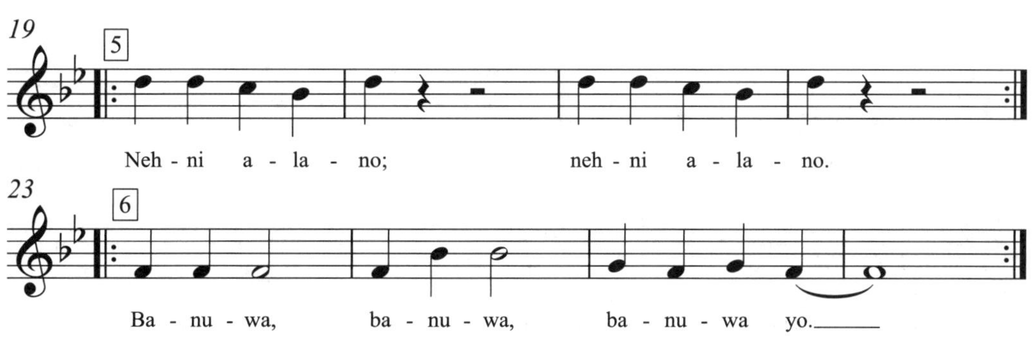

Tshitiriri

南非民歌

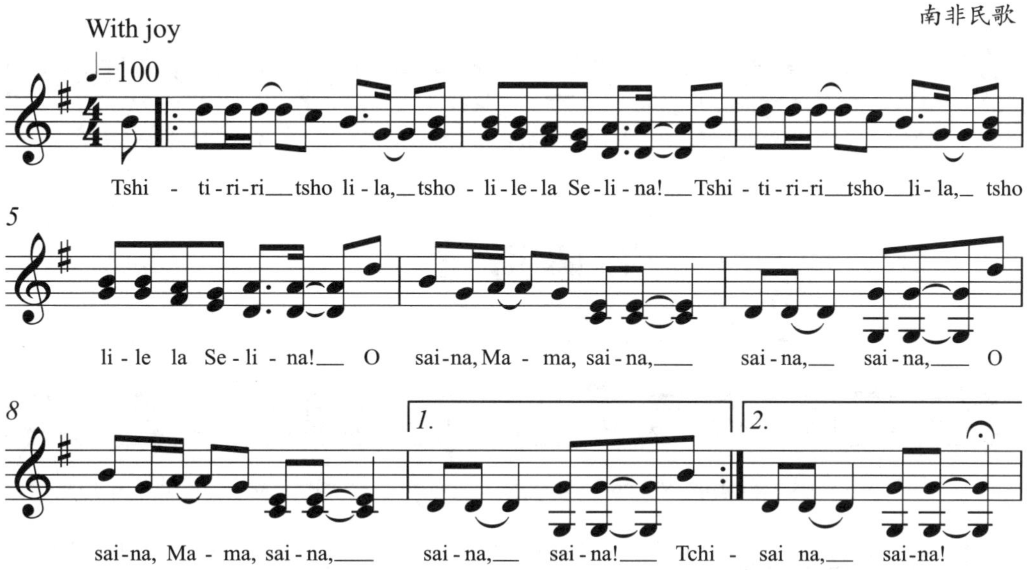

With joy
♩=100
Tshi - ti-ri-ri tsho li-la, tsho - li-le-la Se-li-na! Tshi - ti-ri-ri tsho li-la, tsho
5
li-le la Se-li-na! O sai-na, Ma - ma, sai-na, sai-na, sai-na, O
8
1.
2.
sai-na, Ma - ma, sai-na, sai-na, sai-na! Tchi - sai na, sai-na!

Si Si

Si Si

刚果民歌

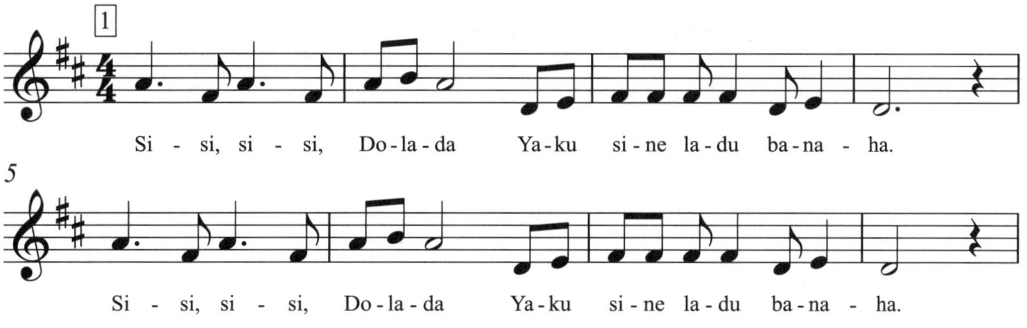

1
Si - si, si - si, Do-la-da Ya-ku si-ne la-du ba-na - ha.
5
Si - si, si - si, Do-la-da Ya-ku si-ne la-du ba-na - ha.

9
2
Ba-na - ha, Ba-na - ha, Ya-ku si-ne la-du ba-na - ha. Ba-na-
14
ha, Ba-na - ha, Ya-ku si-ne la-du ba-na - ha.
18
3
Ha ba-na ha, Ya-ku - sin-ne la-du ba-na ha.
22
Ha ba-na ha, Ya-ku - sin-ne la-du ba-na ha.

生命时光

利比里亚民歌

I was pas - sing by, My broth- er called me in, And he said to me, You bet-ter
5
take time in life. Peo - ple, take time in life, Peo - ple
7
take time in life, Peo-ple take time in life 'cause you got far way to go.

Hiya Hiya

波尼族民歌
Hi-ya Hi-ya Hi-ya Ho Hi-ya Hi-ya Hi-ya Ho Hi-ya Hi-ya Hi-ya Ho
7
Hi - ya Hi - ya Hi - ya - Ho Hi - ya Hi - ya Hi - ya Ho Hi - ya Hi - ya
12
Hi - ya Ho Hi - ya Hi - ya Hi - ya Hi - ya Ho.

小戒指

F Dm F Gm G7 C C7
F Dm F Gm C7 F
Kokoleoko
Kokoleoko
非洲民歌
Ko-ko-le-o-ko, Ma-ma, Ko-ko-le-o-ko, Ko-ko-le-o-ko, chick-en, crow-ing for day.

Siyahamba
Siyahamba
非洲民歌
A
G
Si - ya - ham - ba ku - kha nye kweng khos. Si - ya
Si - ya - ham - ba ku - kha nyc kweng khos. Si - ya
D
1.
2.
ham - ba ku - kha nye kweng khos. Si - ya Si - ya -
ham - ba ku - kha nye kweng khos. Si - ya Si - ya -
B
C
G
ham - ba, si - ya - ham - ba, si - ya -
ham - ba, si - ya - ham - ba, si - ya -
D
1. G
2. G
ham - ba ku - kha nye kweng khos. Si - ya
ham - ba ku - kha nye kweng khos. Si - ya -

Yoo Hoo

There's some-one liv-ing in a high, high hill, I won-der who it could be. There's
some-one liv-ing in a high, high hill who al-ways an-swers me. Yoo
hoo, Yoo hoo, He al-ways an-swers me. Yoo
hoo, Yoo hoo, He al-ways an-swers me.

Mambo Sawa Sawa

S.
Je - su - a ki - wa ki - ti - ni. Mam - bo sa - wa sa - wa
Oh when the Lord is on the throne things al - rea - dy bet - ter
A.
Je - su - a ki - wa ki - ti - ni. Mam - bo sa - wa sa - wa
Oh when the Lord is on the throne things al - rea - dy bet - ter
T.
Je - su - a ki - wa ki - ti - ni, Mam - bo sa - wa sa - wa
Oh when the Lord is on the throne things al - rea - dy bet - ter
B.
Oh Mam - bo sa - Je - su - a ki - wa ki - ti - ni. Mam - bo sa - wa sa - wa
Al - rea - dy bet - ter when the Lord is on the throne things al - rea - dy bet - ter

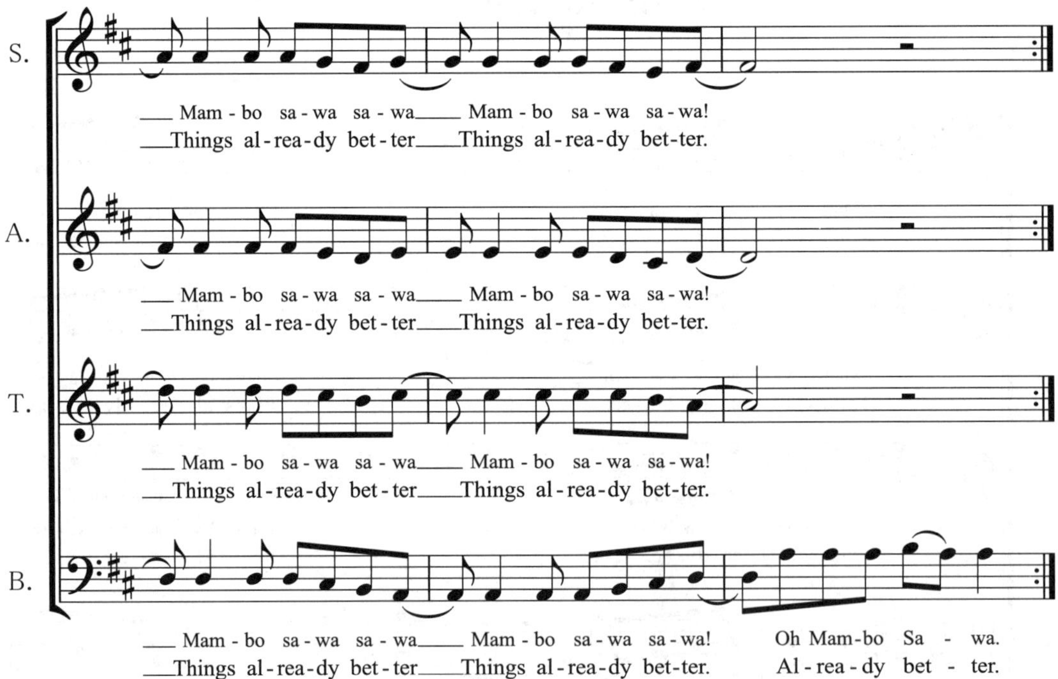
S.
Mam - bo sa - wa sa - wa Mam - bo sa - wa sa - wa!
Things al - rea - dy bet - ter Things al - rea - dy bet - ter.
A.
Mam - bo sa - wa sa - wa Mam - bo sa - wa sa - wa!
Things al - rea - dy bet - ter Things al - rea - dy bet - ter.
T.
Mam - bo sa - wa sa - wa Mam - bo sa - wa sa - wa!
Things al - rea - dy bet - ter Things al - rea - dy bet - ter.
B.
Mam - bo sa - wa sa - wa Mam - bo sa - wa sa - wa! Oh Mam - bo Sa - wa.
Things al - rea - dy bet - ter Things al - rea - dy bet - ter. Al - rea - dy bet - ter.

Sambalelé

Oneyda Alvarenga
F
C
Sambalelé
F
Sam-ba - le - lé tá do - en - te Tá co'a ca - be - ca que - bra - da.
C
F
Sam-ba - le - lé pre - ci - sa - va È d'u - mas oi - to lam - ba - das
C
F
Pi - sa, pi - sa. pi - sa mu - la - ta, pi - sa na bar - ra da sa - a, mu - la - ta.
C
F
Pi - sa. pi - sa. pi - sa mu - la - ta pi - sa na bar - ra da sai - a

Shalom Chaverim

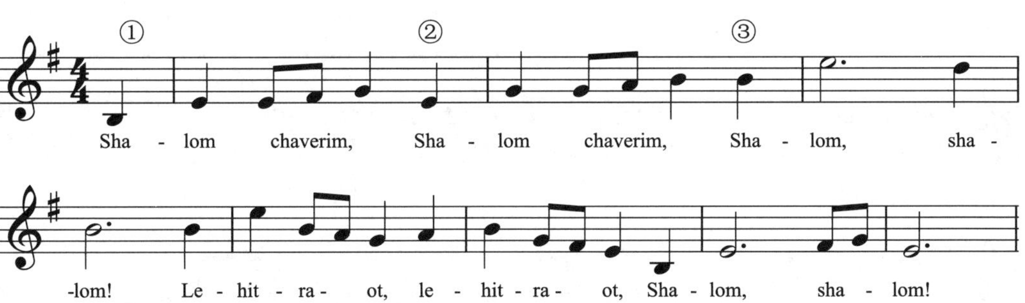
①
②
③
Sha - lom chaverim, Sha - lom chaverim, Sha - lom, sha -
-lom! Le - hit - ra - ot, le - hit - ra - ot, Sha - lom, sha - lom!

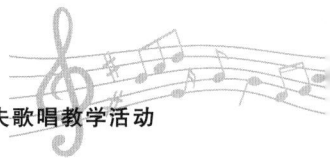

Shosholaza

Shosholaza

南非民歌

Sho - sho la - za. Ku-le zu-nta ba Sti-me-la

Sho - sho-la- za. Ku-le-zo nta - ba Sti-me-la si-phu-me South Af

Sho - sho-la - za, Ku-le-zo nta - ba Sti-me-la si-phu-me South Af

1. 2.

Sho - sho-la - za, We-nu Ya-ba-le - ka Ku-le zu-nta ba

ri-ca. We-nu Ya-ba-le - ka Ku-le-zo nta - ba

ri-ca. We-nu Ya-ba-le - ka Ku-le-zo nta - ba

1. 2.

Sti - me - la We - nu Ya - ba - le - ka

Sti - me - la si-phu-me South Af - ri - ca. ri - ca.

Sti - me - la si-phu-me South Af - ri - ca. ri - ca.

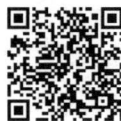

Up, Up in the Sky

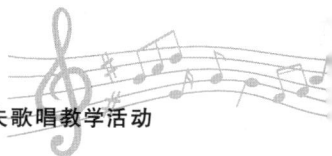

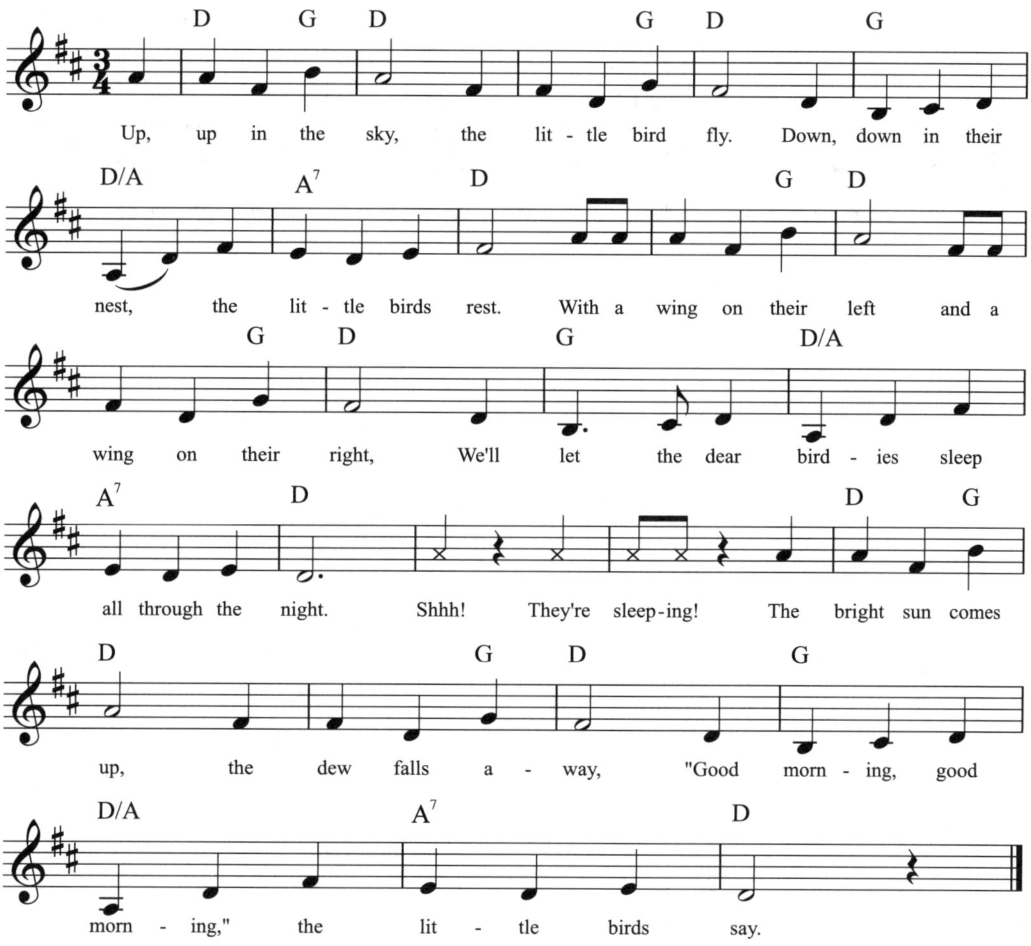

D G D G D G
Up, up in the sky, the lit - tle bird fly. Down, down in their
D/A A7 D G D
nest, the lit - tle birds rest. With a wing on their left and a
G D G D/A
wing on their right, We'll let the dear bird - ies sleep
A7 D D G
all through the night. Shhh! They're sleep-ing! The bright sun comes
D G D G
up, the dew falls a - way, "Good morn - ing, good
D/A A7 D
morn - ing," the lit - tle birds say.

Shake with You

Swing feel
Eric Litwin
F C
I'm gon na shake my shaker by my knee - I'm gon na shake my shaker

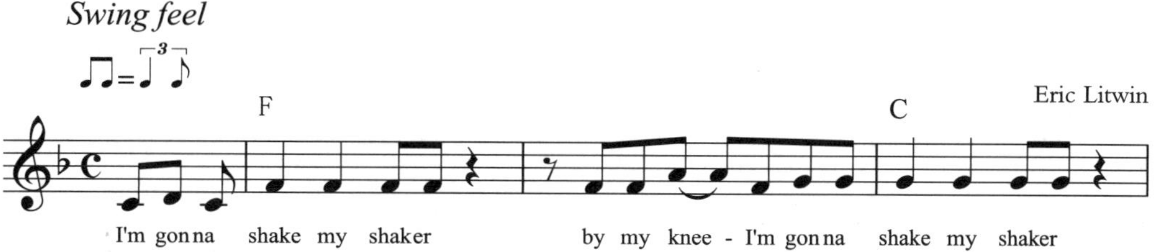

F
F7
B♭
D♭
by my knee - I'm gon - na shake my shaker yes it's true - and
C
F
1.2.3.
F
4.
I'm gonna shake my shaker with you - I'm gon na shaker with you

第四章　奥尔夫音乐游戏活动

本章首先概述了儿童游戏的内涵、价值、特征和意义，明确了儿童游戏对于儿童的重要性。其次介绍了音乐游戏的种类、形式及玩法等，并且从每种音乐游戏的背后发掘游戏的精神及对儿童素养的提升。最后，通过一系列的游戏案例讲解音乐游戏的组织形式与奥尔夫音乐教学中儿童化的唱游形式。

【学习目标】

1.知识目标：辨识儿童游戏的种类，了解儿童游戏的知识及对儿童的价值。掌握不同儿童游戏的分类和特点及相关知识。了解奥尔夫音乐游戏教学的形式、内容和组织，掌握音乐游戏与音乐教学的相关知识。

2.能力目标：掌握儿童音乐游戏活动的运用，通过对语言材料、民歌、民间活动等素材的运用，培养节奏感知和文化感知能力。培养设计音乐游戏和组织音乐游戏的能力。

3.情感目标：通过熟悉的语言材料和民歌，积极参与游戏活动，并且能意识到游戏的重要性。

4.思政目标：理解传统的游戏形式，在了解和运用音乐游戏中传承音乐文化。理解不同国家、地区音乐游戏的特点与风格，尊重不同地区的音乐文化。

第一节　儿童游戏概述

游戏是儿童的通行语言，喜欢做游戏是儿童的天性。游戏是适合促进儿童身心发展的一种独特的活动方式。它可以让儿童通过感知、认知、思考、想象、参与、验证、创造、吸收、理解等活动来认识和适应周围的环境和世界。游戏中蕴藏着儿童发展的需要和教育的契机，游戏符合儿童的心理特点和本性。游戏是儿童的学习方式，就像著名儿童教育家陈鹤琴认为的，“游戏是儿童的生命”，“儿童的生活可以说就是游戏”。

有许多学者试图定义游戏，提出了无数游戏的基本特征。有些定义着重强调游戏的行为表现，有些则重点突出游戏的内在状态或意向性（例如趣味性），还有些着眼点是游戏的情境。所有对游戏的定义都有其依据，游戏研究人员和早期教育人士通常会用几个行为和动机的因素来描述游戏的特征，即正向积极情绪、虚构性、内在动机、过程导向和自由选择。

第一，正向积极情绪。游戏总是充满趣味和欢乐，伴随着欢声笑语而且具有正向的情感。当然也有些游戏较为严肃和紧张，但儿童对此并不在意。还有些游戏让儿童感到些许担忧和恐惧,比如滑很陡的滑梯。可即使如此,儿童还是乐此不疲,似乎这种忧惧也能令人愉悦。

第二,虚构性。游戏具有非实际性,它的这一基本特征适用于打闹、角色扮演和竞赛等游戏类型。在游戏框架中,内在世界优先于外在世界。儿童忽略了物体、动作和周围状况的一般意义,代之以新的含义。儿童站在一种"好似"的立场看待周围世界,如此便会尝试新的可能。

第三,内在动机。游戏的动机来自于游戏者内心,是自身的需要促使他们进行游戏活动。游戏并不需要外部的欲望(如饥饿)或目标(如权力或财富)。游戏本身就是自得其乐的。

第四,过程导向。儿童在游戏时,主要关注的是活动本身,而非活动目标。换言之,过程重于结果。比起以结果为导向的行为,游戏显然更加灵活。

第五,自由选择。在儿童对游戏的理解中,自由选择是一个重要的考量因素。当儿童自己选择跳房子,那就是在做游戏;如果这是教师布置的任务,那在他们看来就是在完成一项工作。但随着儿童的成长,自由选择这一因素的重要性也会逐渐降低。

此外,不受外部强制规则的限制、能够主动参与,也常被认为是游戏的特征。但是,我们认为这两种归纳过于局限,因为它们将规则竞赛(有外部规则)和感受游戏(以脑力活动为主,不进行身体活动)这两种重要的游戏类型排除在外。我们要从不同角度考虑游戏,每种角度又包括了许多方面,例如灵活性、奇异性、自发性、虚构性、自由性、过程导向性等。对于游戏的概念,最佳的概括也许是,若干相互关联但并非不可或缺的特性或组成部分,集中或交织在一起,构成了游戏。

儿童的游戏本身既是目的,同时也是实现其他目的的手段。在儿童音乐教育中,音乐游戏已成为儿童音乐教育的重要教学手段,是一种发展儿童的音乐能力,并且以通过音乐促进儿童身心全面发展为目标的集体教学活动,是音乐教育中不可或缺的形式和内容。

第二节　音乐游戏的特征与意义

一、音乐游戏的特征

音乐游戏一般指的是以音乐为背景或在音乐伴奏的同时,儿童以个人、多人合作或集体合作的方式在一定的节奏或旋律规则下进行游戏,用动作、表演、演唱或演奏等形式来表现音乐和体验音乐的内容、要素和形象,以此来培养和发展感受、欣赏、表现和创造等艺术能力的音乐教育活动。在音乐游戏中,对音乐的感知和游戏水平是相辅相成、互相促进的,可以说游戏作为儿童感知音乐的一种方式,不仅能够促进儿童获得音乐能力,而且能够增强儿童对音乐性的理解;同时在儿童参与音乐活动的过程中,游戏的方式更能够促进儿童即时投入学习,提高儿童对音乐学习的关注度。

在音乐游戏中,音乐是灵魂,游戏是手段。儿童在游戏的状态下玩音乐,在音乐的背景下做游戏，即用音乐来做游戏，在游戏中玩音乐。儿童不仅能够在寓教于乐的游戏中参与音乐活动、享受音乐乐趣、感知音乐内涵，还能提高对音乐的感受力和表现力。

儿童的音乐游戏有其独特性。和一般的游戏相比，音乐游戏的游戏规则与音乐的性质紧密关联，儿童会在歌唱、跟随律动、演奏乐器中做出相应的反应。音乐游戏使儿童的音乐教育摆脱了枯燥乏味的技能训练，使儿童在积极主动的学习愿望中投入音乐、创造音乐，从而产生学习音乐的兴趣。因此，与其他游戏形式或艺术教学相比，音乐游戏有音乐性、综合性、情境性、趣味性、挑战性、合作性的特征。

二、音乐游戏的意义

音乐游戏是一种教学方法，是基于音乐之上，将音乐与游戏融合的一种游戏活动，在游戏中帮助儿童更好地理解音乐并将音乐转化成为生动的形象或符号。奥尔夫曾说过："每个儿童心里都有一颗音乐的种子。"而如何让音乐的种子在儿童的心里发芽便是教师音乐教学的重要任务，音乐游戏就是促使种子发芽的有效手段。一个高质量的音乐游戏能从心理上和生理上让儿童得到满足感和良好的体验。

(一)心理方面

儿童能够在游戏中获得积极的情感体验，在体验快乐的同时也能增强自信心。儿童可以在游戏中满足现实生活中无法实现的愿望，获得良好的情绪、情感体验。中国古代对于音乐游戏的娱乐性早有探讨。《乐记》中指出："夫乐者，乐也。"即音乐就是快乐。音乐可以让儿童感受其中的精神文化生活，给人轻松愉悦的享受。

(二)生理方面

音乐游戏能促进儿童的智力发展。对于儿童来讲，游戏是一种自由但有意义的快乐活动，能够促进其认知能力发展。音乐游戏也可以促进儿童身体的发展。儿童能够通过游戏来探索感知周围的世界，提高自己的运动能力、身体支配和控制能力。教师在教学的过程中加强音乐游戏教学模式的应用，可以激发儿童的学习兴趣，促进儿童大脑发育，提升儿童四肢协调能力，增强儿童身体体质。

(三)社会性方面

音乐游戏可以促进儿童社会性的发展。音乐是音乐游戏中重要的组成部分，是人类表达情感的一种方式，音乐能够让儿童将自己的情感体现于行动中。游戏能够为儿童提供社会交往的机会。在游戏中，儿童要学会的不仅是自身的动作，还需要与其他儿童交往，学会基本的社会交往技能，理解并尊重他人的想法。游戏可以帮助儿童在学习的过程中劳逸结合，激发他们对教学活动的参与热情，同时充分发挥儿童在学习中的想象力和创造力，对相关教学课程加深记忆和理解，用肢体进行知识的感知，真正体会到学习的乐趣。音乐游戏能够有效提升儿童的合作、交流能力，使之具有积极乐观的心态，促进其身心健康发展。

第三节　音乐游戏的类型与组织

一、音乐游戏的分类

按照内容和主题，音乐游戏可以分为有情境性音乐游戏和无情境性音乐游戏。有情境的音乐游戏一般有角色、情节和主题故事情境。无情境性的音乐游戏没有具体的故事情节，仅根据音乐的要素做动作，在动作的表现中体现游戏性。

按照游戏的性质，音乐游戏大致可以分为以下几类：音乐反应游戏（根据音乐中的某个声音信号做出动作反应和应变反应）；运动追跑游戏（根据音乐的讯息，借助道具进行追跑，比如丢手绢）；克制应变反应游戏（当感知到某一音乐信号时，从动态的行为调整为静态的行为，包括动作、身体、情绪的克制，比如木头人游戏）；探索反应游戏（根据游戏的要求，不仅调动听觉，还需要运用观察、记忆、推理、分析等综合能力找到相应的答案）；互动合作游戏（强调人与人之间的互动、交流、合作）；竞争类游戏（在音乐中进行竞争，强调音乐反应快慢或者相互制约的游戏，比如在音乐节奏中配合石头剪刀布的游戏）。

按照音乐游戏的形式大致可以分为：歌唱游戏、律动游戏、听辨游戏、节奏游戏。

二、音乐游戏的形式

（一）听辨游戏

听辨包括听辨声音的固定音源、乐器的音色、同伴的嗓音等。

大野狼

游戏建议：

（1）教师指定一名学生站在教室前端，背对大家，或者戴上眼罩。

（2）教师在演唱完歌曲后，需要一位学生模仿狼叫声。教师可以在演唱歌曲过程中随机选择一名学生。

（3）让在教室前端的学生找出是哪位学生学的狼叫。

（二）传递游戏

传递游戏指在熟悉音乐的基础上，跟随音乐的速度、节拍做整齐划一的传递活动。比如只有单手拿和放的简单传递游戏，也可以是比较复杂的杯子传递游戏。

Taa, taa, yee

Taa，taa，yee

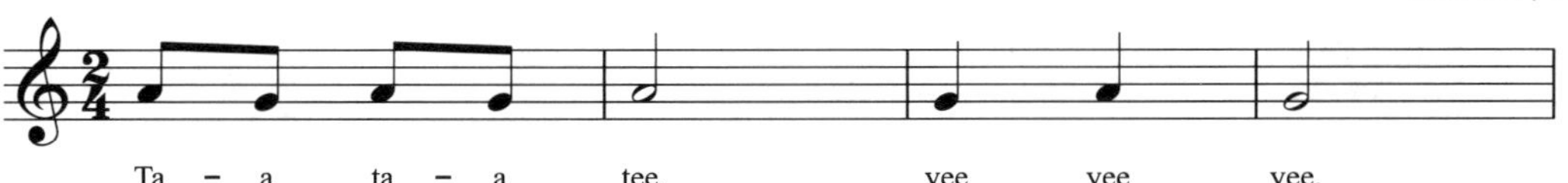

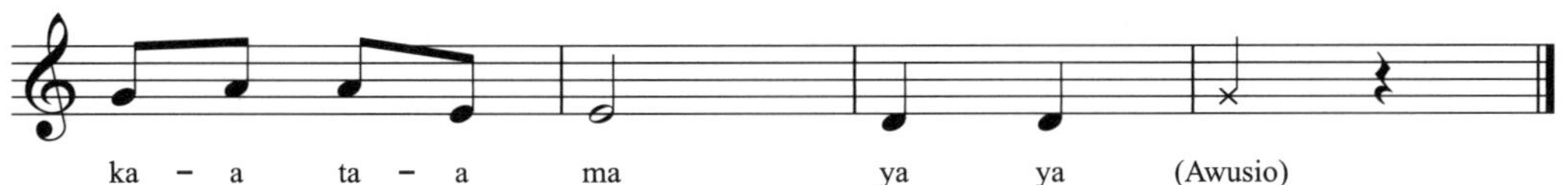

杯子传递游戏：

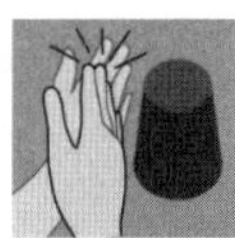

杯子倒扣拍手，节奏为 ♩♩。

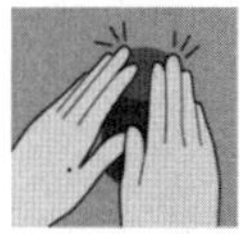

双手手指拍杯底，节奏为 ♫♩。

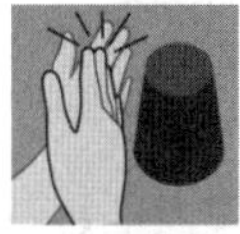

在杯子上方拍手，节奏为 ♩。

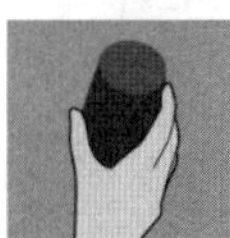

右手拿起杯子，马上将杯子继续倒扣于桌面，节奏为 ♩♩。

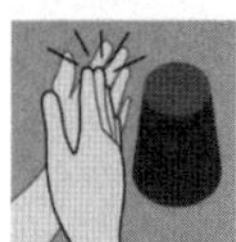

在杯子上方拍手，节奏为 ♩。

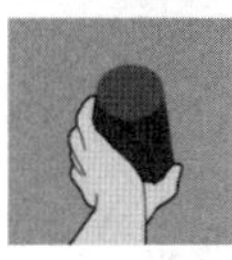

右手手掌虎口朝下抓住杯子，并拿起杯子，节奏为 ♩。

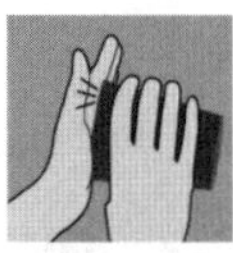

左手拍杯口，节奏为 ♩。

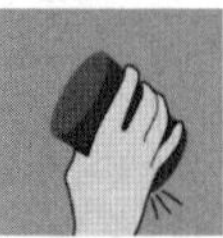

右手手持杯子，用杯底碰桌面，节奏为 ♩。

右手拿起杯子，拍左手手心，继而左手抓住杯底，节奏为 ♩。

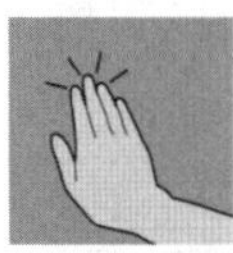

右手手掌拍桌面，节奏为 ♩。

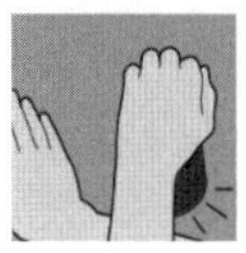

左手握住杯底，和右手交叉，倒扣杯底传递给下一位伙伴，节奏为 ♩。

（三）音乐反应游戏

音乐反应游戏指学生在听到音乐信号时做新动作或其他反应。比如木头人游戏，或是走和听游戏，即听到音乐响起学生走步，音乐停止脚步停止。

拍蚊子

拍蚊子

1＝G $\frac{2}{4}$ 德国民间舞曲

5 ‖: 12 34 | 5 35 | 4 24 | 3 15 | 12 34 | 5 35 | 42 72 | 1 – | 2 2 |

2 23 | 21 76 | 56 71 | 2 2 | 2 23 | 21 76 | 5 0 ‖: 5 3 | 5 5 :‖ 5 2 | 5 ‖

D.C. al Fine

游戏建议：

在第 17 小节中，第一拍是自由延长，双手准备做拍蚊子的动作，第二拍听到音乐做拍手的动作。

（四）猜谜游戏

在地方民歌和儿童歌曲中，猜谜歌很常见。有问答对唱形式的歌曲，旋律朗朗上口，一般提问演唱和对歌演唱的旋律一样，如《对歌》。也有猜谜歌曲歌词只是谜语，听完演唱只要说出谜底即可，如《青蛙歌》。

对歌

1=F $\frac{4}{4}$ $\frac{3}{4}$

广西民歌

(独) (合)

3 2 – – | 3 2 3 2 1 | 6 1 2 3 | 2 – 5 | 3 1 2 – |

哎！　什么动物　鼻子长　咧？哎鼻子长。

(独) (合)

3· 3 2 3 | 2 1 6 1 6 5 1 | 6 3 5 – |

什么动物耳朵短咧？哎耳朵短。

(独)

6· 1 2 3 | 2 1 2 1 6 | 6· 1 2 3 | 2 1 6 5 | 2 1 – – ‖

什么动物爱吃骨头？什么动物爱吃鱼咧？

青蛙歌

D7 G D G D7 G
森林里动物们欢聚一堂，大眼睛，大嘴巴，
D G D7 G D G
高声歌唱。Quak, Quak, Quak, quak, quak, quak, quak, quak!

(五)手指游戏

手指游戏是一边念诵儿歌或者韵律，一边协调双手动作变化的游戏。玩手指游戏的时候手做动作、口念儿歌、手眼协调，儿童的注意力、记忆力、感觉统合能力、节奏感和节拍感都得到了训练。

两只小鸟

1=D $\frac{2}{4}$

1 2 | 3· 4 | 3 3 2 2 | 1 - | 3 4 | 5· 6 | 5 5 4 | 3 - |
两 只 小 鸟 停在树枝上， 它 叫 丁 丁，它叫东 东，

5 5 5 6 | 5 - | 5 5 5 6 | 5 - | 5 5 3 | 5 5 0 | 4 4 2 | 1 1 0 ‖
丁丁飞走 了， 东东飞来 了， 飞来吧，丁丁， 飞来吧，东东。

游戏建议：

(1)先用双手大拇指代表丁丁和东东，可以戴上指偶。

(2)唱“它叫丁丁，它叫东东”时，大拇指弯曲点点手指头。

(3)唱到“飞走了”时，把手指头藏到手掌里。

(4)唱到“飞来吧”时，再把手指头露出来。

(5)可以用食指、小拇指继续玩。

(六)带头人游戏

孩子们围成一圈，选择其中一位做带头人，根据音乐的节拍和速度做动作，并且随着音乐变化动作，其他人模仿带头人的动作。选择另一位孩子站在圈中观察谁是带头人。选择的音乐要旋律清晰、节拍明显、速度适宜。

扬基歌

扬基歌

传统歌曲

(七)拍手游戏

拍手游戏一般根据音乐节奏拍手或者根据音乐材料做节奏性拍手等。

Ayelevi

Ayelevi

非洲民歌

A — ye — le — vi me ku — lo mi — do pa — pa A — ye — le!
A mi — do pa — pa A — ye — le.

游戏建议：

(1)第一拍：双手合十向左。

第二拍：双手合十向右。

第三拍：双手合十停止在中间。

第四拍：左手不动，右手拍击左手。

第五拍：左手不动，右手移至左手上方。

第六拍：左手不动，右手拍击左手。

第七拍：左手不动，右手移至左手下方。

第八拍：右手不动，左手移至右手下面。

(2)第一拍：右手拍右腿外侧。

第二拍：右手响指。

第三拍：右手向左。

第四拍：右手向右。

第五拍：双手拍手。

第六拍：双手手心向外，向上移动。

第七拍：双手手心向外，向下移动。

第八拍：双手拍手。

(八)语言节奏性游戏

语言节奏性游戏是指根据语言材料的情境设计两两合作，通过语言材料的节奏性念白做互动。

1.《打年糕》

打 年 糕

打年糕

李 烁 创编
钱梦莹配画

4/4
年 糕 年 糕 年 年 高， 我 们 一 起 打 年 糕， 加 点 水 加 点 水， 再 加 一 点 盐 和 水，
和 一 和， 和 一 和， 和 好 面 团 准 备 压； 压 一 压， 压 一 压， 压 好 年 糕 准 备 切；

切 一 切， 切 一 切， 切 好 年 糕 准 备 打， 往 上 打， 往 下 打， 打 好 年 糕 香 又 甜。

游戏建议：

第1—2小节：做打年糕的动作，A（男生）是上下拍手，拍正拍，B（女生）是拍后半拍。（如图4-1）

图4-1

第3—4小节：A上下拍手的动作一直保持，B后半拍去拍A下方的手。（如图4-2）

图4-2

第5—6小节:B在A双手动作打开的后半拍时间里,右手在A的双手间画圈。(如图4-3)

图4-3

第7—8小节:B在A双手动作打开时,用双手去压A下方的手。(如图4-4)

图4-4

第9—10小节:B在A双手动作打开的后半拍时间里,双手在A的双手间做切的动作。(如图4-5)

图4-5

第11—12小节:B在A双手的下方、中间和上方拍手。(如图4-6)

图4-6

2.《石磨》

石 磨
日本童谣
O - mo - chí - o tsu - ki - ma - shio, o - mo - chi - o tsu - ki - ma - shío.
Pe - tan - ko. pe - tan - ko, pe - tan pe - tan pe - tan - ko
Ko - ne - te. ko - ne - te, ko - ne - te ko - ne - te. ko - ne - te.
Pom pom pom pom pom pom pom pom pom pom pom pom pom

《石磨》是一首日本童谣。这个游戏描述的是石磨的工作过程。石磨在制作一种美味的年糕甜点时,要将大米捣成粉状,然后将其塑造成想要的形状。其中一位同学演石磨A,另一位演制作人员B。

游戏建议:

第1—4小节:A一直是双手上下合掌,上下拍手,强拍拍手;B是弱拍拍手,双手左右拍手。

第5—8小节:A保持恒拍上下拍手;B在pen和ko拍自己手,ta的时候拍A下方的手心。

第9—12小节:A继续保持恒拍上下拍手;B在A双手分开时,用右手在A双手间画一圈,te的时候回到自己的左手。

第13—16小节:B在A双手的下方、中间和上方拍手。

3.《土豆》

土豆

(1)活动目标

①稳定节拍感、休止。

②锻炼反应能力。

③学习创作应用。

(2)活动建议

①土豆用拳头表示,土豆丝儿用手掌表示,土豆片儿用手背表示,边念童谣边做动作。

②两两合作,边念童谣边碰拳头、手掌和手背。

③所有人围成大圈,两两面对面。八拍后所有人转身换伙伴,接着四拍转身换伙伴,两拍转身换伙伴。

④只吃掉土豆,土豆只做动作,嘴里不念,休止土豆。

⑤只吃掉丝儿,丝儿只做动作,嘴里不念,休止丝儿。

⑥只吃掉片儿,片儿只做动作,嘴里不念,休止片儿。

⑦全体闭眼睛,先吃掉土豆,再吃掉丝儿,最后吃掉片儿,最后全部还原边念边做动作。

三、音乐游戏活动案例

1.《找钥匙》

找钥匙
传统歌曲
朋 友 们 大 家 好， 朋 友 们 大 家 好，
谁 的 钥 匙 丢 了， 看 一 看 谁 在 找， 你
围 圈 走 一 走， 听 歌 声 大 和 小 你
听 到 声 音 变 小 了， 那 快 快 找 到 了。

(1)活动目标

①对6/8拍的节拍感。

②对声音的控制。

③对渐强渐弱的感知。

(2)活动建议

①集体围圈演唱歌曲，除了扮演丢钥匙的小朋友，其他人都知道钥匙丢的地方。

②扮演丢钥匙的小朋友围圈听大家演唱歌曲的声音找钥匙，声音越强或越弱离钥匙丢的地方就越近或越远。

③找到钥匙后，换其他小朋友继续游戏。

2.《围圈找朋友》

围圈找朋友

改编自美国民谣

画 个 圆 圈 朋 友， 找 到 一 个 朋 友， 后 面 朋 友，
旁 边 朋 友， 前 面 朋 友， 点 点 你 的 朋 友。

(1)活动目标

①八度以上的歌唱音域。

②轮流等待。

③后附点的节奏型。

(2)活动建议

①演唱的小朋友在圆圈外面走,当唱到"找到一个朋友"时,看看自己站在谁的后面。

②唱到"后面朋友"时,即跟圆圈里的小朋友屁股撞屁股。

③唱到"旁边朋友"时,即跟圆圈里的小朋友侧面撞侧面。

④唱到"前面朋友"时,即跟圆圈里的小朋友面对面。

⑤唱到"点点你的朋友"时,即用手点圆圈里小朋友的头。

⑥两人交换位置,换新的小朋友去找朋友,重新开始游戏。

3.《荷叶圆圆》

荷叶圆圆

中国童谣

荷 叶 圆 圆, 像 个 摇 篮, 水 珠 宝 宝, 睡 在 里 面。

(1)活动目标

①学习三拍子的律动感。

②培养集体创编动作的能力。

③对于固定节奏型的感知。

(2)活动设计

①每个小朋友依照三拍子的感觉做适当的律动。

②合作表演荷叶、摇篮、宝宝。

③可设计声势,八分音符拍手,四分音符拍胸或跺脚。

④通过形状变化创编新的童谣。如什么尖尖,什么扁扁等。

4.《狡猾的狐狸》

狡猾的狐狸

狐 狸 蒙 上 眼 啰, 谁 也 看 不 见 啰, 他 在 那 里 打 主 意,
大 家 要 小 心 啰! 猜 猜 我 是 谁?

(1)活动目标

①稳定节拍。

②辨别不同人的音色。

(2)活动建议

①选出一位小朋友当狐狸,站在圈内并用双手蒙住眼睛,全体边唱歌边踩拍子绕着圈圈走。

②歌曲结束时,走到狐狸背后的那个小朋友要唱最后一句,“猜猜我是谁”。

③当狐狸的小朋友有三次机会猜歌唱者的名字,被猜中的歌唱者就是下一次游戏的狐狸。

5.《我们在一起碰》

我们在一起碰

传统童谣

(1)活动目标

①对三连音节奏的感知。

②合作围圈活动。

③学习乐句的默唱能力。

④学习速度的恒拍稳定和锻炼身体反应能力。

(2)活动建议

①全体学生围圈,并且手牵手,教师唱歌,学生跟着教师的歌唱合拍行走。最初热身时教师可以连续两遍一起唱,唱完教师看看大家围的圈够不够大。学生也可以根据教师歌词做围圈的反应活动,比如最后一句教师唱“围个小圆圈”时,学生马上围一个小圆圈。此外,“围个三角形”“四个人一组”之类的歌词指令变化也会让歌唱活动更有游戏性。

②全体围圈并牵手,按逆时针方向行走,当老师唱到“碰”时,全体学生跳转方向变成顺时针方向走。

③全体继续围圈牵手,但是需要默唱歌曲,只有最后休止符上的“碰”大家一起出声并且跳转方向。

④学生散点位站好，听教师开始预令就默唱歌曲并行走。在最后的“碰”时，学生需要找到一位好朋友击掌，接着继续自己行走，在下一个“碰”时，需要寻找新的伙伴击掌。

⑤双圈站立，内圈学生做动作，每两小节变化一个动作，外圈学生两小节后卡农模仿内圈学生的动作。

⑥双圈不同方向行走，以两小节卡农的方式进行，同样在唱到最后的“碰”时跳转方向。

⑦尝试外圈慢一小节的卡农。

6.《请你跟我这样做》

请你跟我这样做

传统歌曲

(1)活动目标

①感知主属音的音程关系。

②感知两乐句的平行关系。

③培养模仿能力。

④培养动作合节拍的能力。

(2)活动建议

①集体围圈，教师唱歌，做传递游戏。教师在最初的热身活动中，从最简单的按节拍传递动作，到复杂的有节奏变化的动作变化模仿。

②所有学生围圈，一个学生在圈的中心，根据歌词变化动作，其他人模仿动作。

③所有学生围圈，一个学生在圈的中心，需要这位学生每一小节变化动作，圈上的学生晚一拍进行动作卡农，再加入歌唱加动作的卡农。

④唱“我请你做下一个”时，圈中的学生选另一位同学来取代自己，游戏继续反复进行。

7.《身体碰一碰》

身体碰一碰

传统歌曲

头发、肩膀、朋友，一 二 三，头发、肩膀、朋友，一 二
三，头发、肩膀、头发、肩膀，头发、肩膀、朋友，一 二 三。

(1)活动目标

①感知附点节奏。

②培养拍手合作的表现能力。

③学习弱起节奏和休止。

(2)活动建议

①集体围圈，教师边做动作边唱歌，学生模仿教师的动作。

②两人一组面对面，歌词唱到“头发、肩膀”时双手轻拍头发和肩膀；唱到“一”时互相右手对拍，再自己拍手；唱到“二”时互相左手对拍，再自己拍手；唱到“三”时，双手对拍。

③“头发”和“肩膀”歌词可以替换成其他部位或者活动。如：耳朵、鼻子、朋友，一二三；肩膀、叉腰、朋友，一二三；拍腿、膝盖、朋友，一二三；等等。

④唱到腰的动作时，后面的拍手可以变成互相碰碰腰；唱到跺脚的动作时，可以把拍手变成碰左脚、碰右脚，然后一起跺脚。

8.《谁偷了饼干》

谁偷了饼干

是谁偷了饼干，藏在饼干罐里。不是我，就是你，不可能，那是谁？

(1)活动目标

①学习固定恒拍感。

②学习声音造型及表情。

③锻炼音乐反应能力。

(2)活动建议

开始时，全体齐念“是谁偷了饼干，藏在饼干罐里”。接着由老师或游戏带领者将其中一位游戏者的名字代入(如小华),念唱第一句,“小华偷了饼干”,全体续念“藏在饼干罐里”。第二段以一唱一和呈现:小华唱念“不是我”,全体齐说“就是你”,小华否认“不可能”,全体反问“那是谁”。接着便由小华唱念第一句,同样也代入另一位游戏者的名字,游戏接续进行。速度可以随熟悉程度逐渐加快,增加游戏的趣味性。

9.《爵士舞》

爵士舞

(1)活动目标

①认识身体四肢与其他部位。

②学习肢体创作。

③感受爵士曲风。

(2)活动建议

依据歌词做动作。在唱“假装是绅士淑女”这一句时,“绅士”用右手做戴帽子状,“淑女”用双手做拉裙子状。在唱“跳爵士像这样”这一句时,身体自然摇摆,最后双手一摊,摆一个酷帅的姿势。

10.《不倒翁》

不倒翁

中国童谣

(1)活动目标

①学习十六分音符的节奏。

②学习do五声音阶(宫调式)。

③做首调唱名与节奏名的替换练习。

(2)活动建议

在相当熟悉旋律以及歌词的情况下，老师可做以下变化。

①边唱歌词边打节奏。

②边唱歌词边打拍子。

③边唱歌词边以手号配合唱名。

④将歌词以唱名或是节奏名做替换练习。

11.《老母鸡》

老母鸡

老 母 鸡， 真 能 干， 会 捉 虫 儿 会 下 蛋， 咕 嗒 咕 嗒 叫 得 响，
4
咕 嗒 咕 嗒 咕 下 了 一 个 蛋。

(1)活动目标

①认识身体部位。

②肢体模仿律动。

③学习声音的造型下行。

(2)活动建议

全体游戏者绕着圆圈踩拍子前进，在唱“咕嗒咕嗒咕”时，全体模仿母鸡的叫声，练习做声音的放松下行，同时做屈膝蹲下的动作。

11.《走和停》

走和停

我 们 一 起 走 走 走 走 走 停， 我 们 一
起 走 走 走 走 走 停， 我 们 一 起 走 走 走
走 走 停， 我 们 一 起 换 动 作。

(1)活动目标

①认识各种动作并做出多种律动。

②学习肢体造型的创作。

③听从指令做“走”和”停”的动作。

(2)活动建议

全体游戏者听歌词做行进的动作,如走、跑、跳、飞、滑行、摇摆等。领导者或教师可以控制“停”之后的休息时间长度,以考验儿童的专心程度。试过几种动作后可让儿童提议做他们想做的动作。

13.《蚊子》

蚊子

1=C $\frac{2}{4}$

童谣

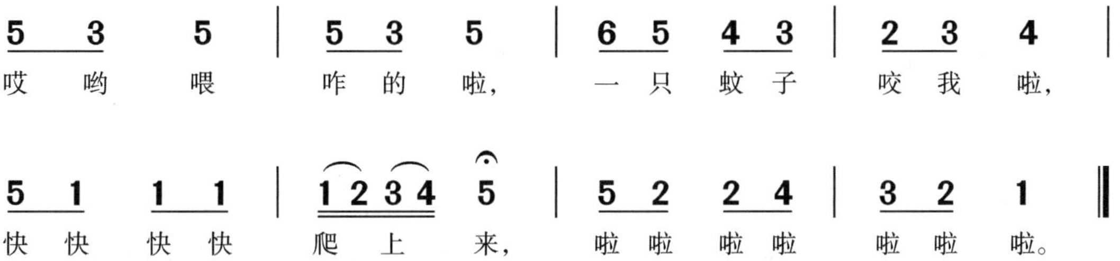

5 3 5	5 3 5	6 5 4 3	2 3 4
哎 哟 喂	咋 的 啦,	一 只 蚊 子	咬 我 啦,
5 1 1 1	1 2 3 4 5	5 2 2 4	3 2 1 ‖
快 快 快 快	爬 上 来,	啦 啦 啦 啦	啦 啦 啦。

(1)活动目标

①自己能合拍做手部动作。

②演唱歌曲时能延长和保持气息。

③学习两人合作与多人合作。

(2)活动建议

①儿童模仿教师将自己的双手手指朝前方并上下叠加在一起。教师一边唱歌,一边做动作。大家一起跟随教师的演唱歌声一拍一次地把左右手交替往上叠加,教师在唱到“来”时做自由延长处理,此时可以模仿蚊子的叫声。在教师唱最后一个音时,儿童模仿教师将被压在下面的手抽上来,轻轻用两个手指“捏”一下原先放在上面的手的手背,同时用嘴发出“啧”或打响舌的声音。(可连续做两三次)

②儿童模仿教师两两结伴,每人各出一只手,随着教师的歌声有节奏地玩这个游戏。

③儿童模仿教师两两结伴,每人两只手交叉叠加,随着教师的歌声有节奏地玩这个游戏。

④儿童尝试模仿教师,每人两只手交叉叠加,在每个乐句第一拍时最下面的手移动到最上面来。继续听教师唱歌并有节奏地玩这个游戏。

⑤儿童尝试和教师一起唱这首新歌。

14.《扭扭腰》

扭 扭 腰
传统歌曲
大 家来，扭 扭腰，扭 扭腰，扭 扭腰。大 家来 扭 扭腰，乐 陶 陶。
向 后 走 走，朋 友 朋 友。向 后 朋 友 跳 一 跳。
大 家来 扭 扭腰，扭 扭腰，扭 扭腰。大 家来 扭 扭腰，乐 陶 陶。

(1)活动目标

①表现肢体律动。

②感受律动创造力。

③感受爵士曲风。

(2)活动建议

①唱第一段歌词时，面对面的两列成员朝内走，直至和对方相遇。(两列成员相遇后，中间的走道消失)

②第二段歌词：两手拇指朝上向后比，同时两腿并拢向下后跳。(两列中的走道再次出现)

③第三段歌词：排在队首的一组游戏成员，以自创的姿势或动作通过两列中的走道，走到尽头后分列于两列的排尾。于两位成员行进期间，其余的游戏参与者跟随歌曲用手打拍子。

④第二组成员变成新的队首，反复做三段歌词的动作。教师可视学生情况决定游戏进行的次数。

⑤队形：两排伙伴面对面。

15.木棒游戏“E Papa Waiari”

E Papa Waiari

(1)活动目标

①学习稳定恒拍。

②结合身体的律动配合相应表情。

③三拍子的歌曲配合三拍子、四拍子、六拍子动作的练习。

(2)活动建议

歌曲重复八次,每次有不同的玩法。

①鼓棒在身体两侧敲地,两支鼓棒交叉相互敲击,右手鼓棒与对面同伴互敲。再次敲地、交叉,左手鼓棒与同伴互敲。反复前述动作至歌曲结束。

②鼓棒在身体两侧敲地,两支鼓棒交叉相互敲击,右手鼓棒与对面同伴互敲,左手鼓棒与同伴互敲。反复前述动作至歌曲结束。

③鼓棒在身体两侧敲地,两支鼓棒交叉相互敲击,右手鼓棒与对面同伴互敲,左手鼓棒与同伴互敲,右手与同伴互敲,左手与同伴互敲,反复前述动作至歌曲结束。

④鼓棒在身体两侧敲地,两支鼓棒交叉相互敲击,右手鼓棒抛上转圈;再次敲地,交叉,左手鼓棒抛上转圈。反复前述动作至歌曲结束。

⑤鼓棒在身体两侧敲地,两支鼓棒交叉相互敲击,双手鼓棒抛上转圈。反复前述动作至歌曲结束。

⑥鼓棒在身体两侧敲地,两支鼓棒交叉相互敲击,将右手鼓棒与对面同伴做交换;再次敲地、交叉,左手鼓棒与同伴做交换。反复前述动作至歌曲结束。

⑦鼓棒在身体两侧敲地,两支鼓棒交叉相互敲击,将右手鼓棒与对面同伴做交换,左手鼓棒与同伴做交换。反复前述动作至歌曲结束。

⑧鼓棒在身体两侧敲地，两支鼓棒交叉相互敲击，同时将双手鼓棒与对面同伴做交换。反复前述动作至歌曲结束。

16.京剧《卖水》选段：《清早起来》

清早起来

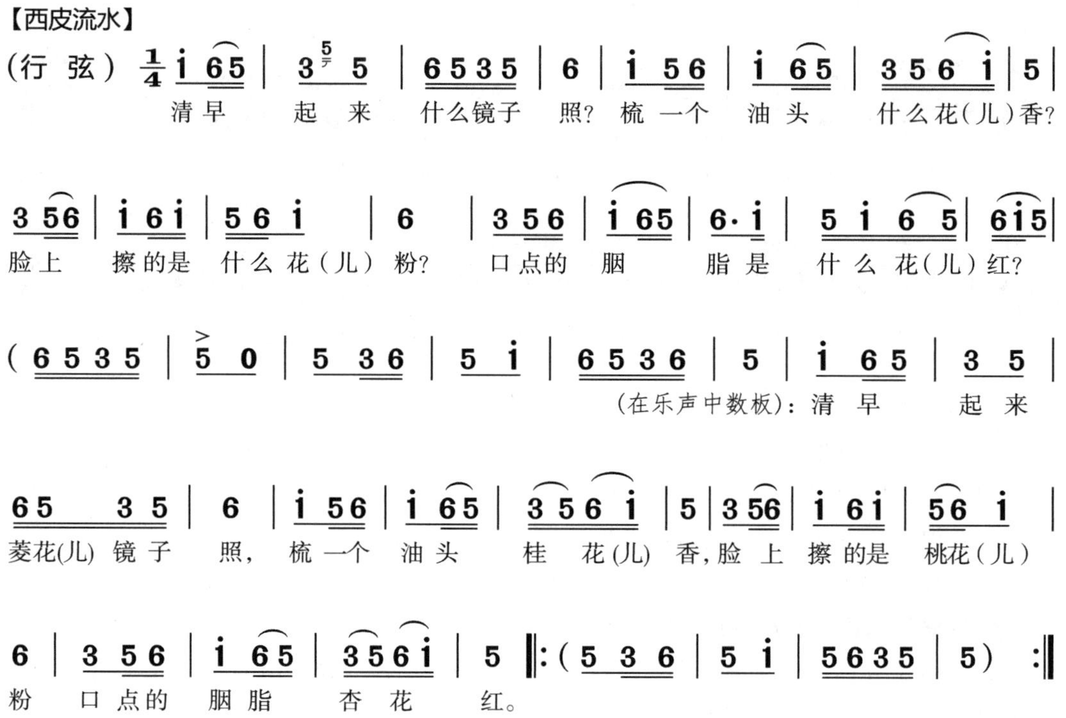

【西皮流水】

(行 弦) 1/4 1̇ 65 | 3 5 | 6535 | 6 | 1̇ 56 | 1̇ 65 | 356 1̇ | 5 |
清早 起 来 什么镜子 照？梳 一个 油 头 什么花(儿)香？

3 56 | 1̇ 6 1̇ | 56 1̇ | 6 | 3 56 | 1̇ 65 | 6· 1̇ | 5 1̇ 6 5 | 61̇5 |
脸上 擦的是 什么 花（儿） 粉？ 口点的 胭 脂 是 什 么 花(儿)红？

(6535 | 5 0 | 5 36 | 5 1̇ | 6536 | 5 | 1̇ 65 | 3 5 |
(在乐声中数板)：清 早 起 来

65 3 5 | 6 | 1̇ 56 | 1̇ 65 | 356 1̇ | 5 | 3 56 | 1̇ 61̇ | 56 1̇ |
菱花(儿) 镜 子 照， 梳 一个 油 头 桂 花(儿) 香，脸 上 擦 的是 桃花(儿)

6 | 3 56 | 1̇ 65 | 3561̇ | 5 ‖:(5 3 6 | 5 1̇ | 5635 | 5) :‖
粉 口 点的 胭 脂 杏 花 红。

问：

清早起来什么镜子照？

梳一个油头什么花香？

脸上擦的是什么花粉？

口点的胭脂什么花红？

答：

清早起来菱花镜子照，

梳一个油头桂花香，

脸上擦的是桃花粉，

口点的胭脂杏花红。

(1)活动目标

①通过语言念白感知节奏。

②掌握回声游戏的玩法。

③了解京剧的念白、唱腔和乐器知识。

（2）活动建议

①根据京剧念白的词进行问答，学生可以自主加入旋律。

②回声游戏："清早起来菱花镜子照，梳一个油头桂花香，脸上擦的是桃花粉，口点的胭脂是什么花儿红？"让其中一位学生模仿京剧唱腔说"杏花红"，再由选定的一位学生在圈中间或者教师前方猜是谁念的"杏花红"。

③加入固定旋律伴奏，加入板鼓、小锣、钹等乐器。

‖:（5 36 | 5 $\dot{1}$ | 6536 | 5） :‖

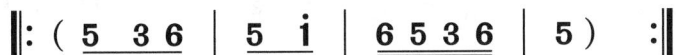

17.《两只老虎》

两只老虎

（1）活动目标

①掌握音乐节拍的反应能力。

②掌握节奏的对比及时值的扩张和缩小的反应。

③掌握结构的认知和变化。

（2）活动建议

①《两只老虎》是大家耳熟能详的儿童歌曲，整首歌四句体，每句都是重复的乐句，首先可以让学生尝试乐句不重复。如下谱：

②尝试把4/4拍变成2/4拍，所有节奏型都要缩短一半，结构不变。因此，在原来的四分音符、八分音符、二分音符的认知基础上，增加了十六分音符的节奏反应能力。如下谱：

③尝试节拍不变、结构不变,每个节奏型都扩长一倍。因此,又增加了全音符的认知,对于节拍的稳定增加了挑战。如下谱:

④尝试一首变奏的《两只老虎》的节奏游戏。把前面的节奏型变化混合起来,对所有的反复性乐句做变化,如将原谱的第二小节节奏型缩短并反复,第四小节时值扩长一倍成两小节,第六小节时值扩长一倍,第八小节时值缩短一半并反复。如下谱:

四、音乐游戏活动素材

Miss Mary Mack

传统民歌

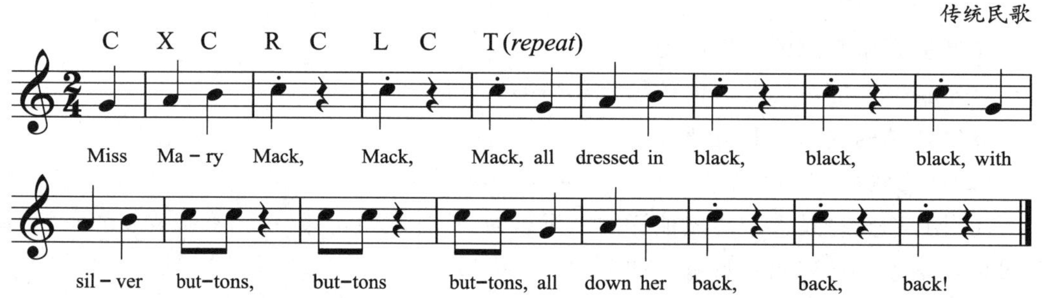

C:自己拍手

X:双手交叉胸前拍胸

R:和伙伴拍右手

L:和伙伴拍左手

T:和伙伴双手击掌

跷跷板

传统民歌

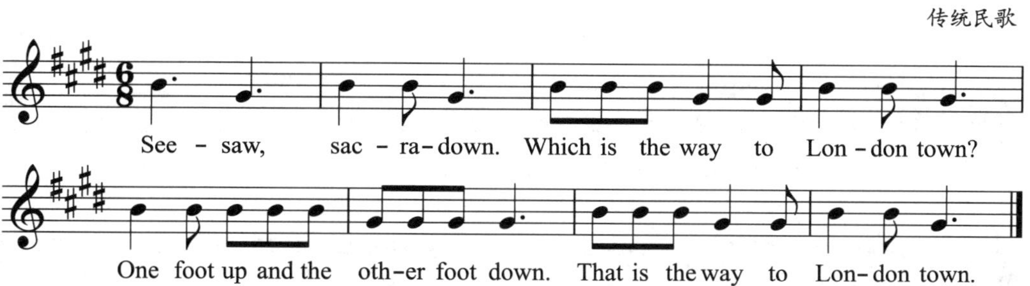

See - saw, sac - ra-down. Which is the way to Lon-don town?
One foot up and the oth-er foot down. That is the way to Lon-don town.

两只小鸟

传统歌曲

Two lit-tle black birds sit-ting on the wall. One named Pe-ter and one named Paul.
Fly a-way Pe-ter. Fly a-way Paul. Come back Pe-ter. Come back Paul.

小 狗

传统歌曲

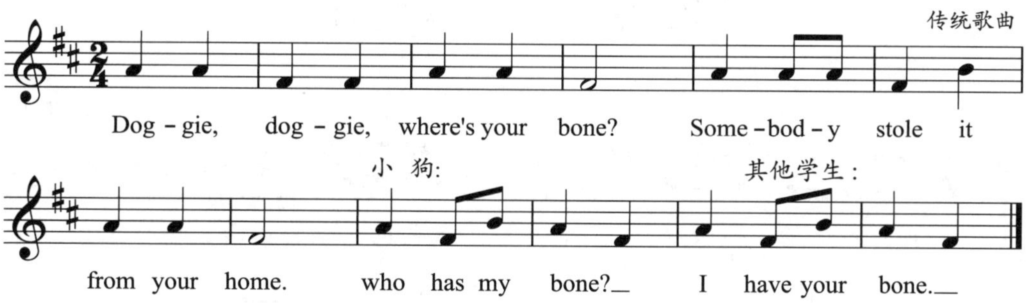

Dog - gie, dog - gie, where's your bone? Some-bod-y stole it
小 狗:
其他学生:
from your home. who has my bone? I have your bone.

霍拉舞曲

以色列民歌

Lai, lai, lai, lai, lai, lai, lai, lai, lai, lai, lai, lai, lai, lai, lai, lai,
lai, lai, lai, lai, lai, lai, lai, lai, lai, lai, lai, lai, lai, lai, lai, lai, lai.

抓手歌

斯洛文尼亚民歌

我 们一 起 做 游 戏， 快 快 来， 快 快 来， 拍 拍 手 呀 来 传 递，
拍 拍 手 呀 来 传 递， 一 拍 二 拍 三 拍 抓。

我们的生活令人向往

传统歌曲

我 们 的 生 活 多 么 令 人 向 往， 我 们 的 生 活 多 么 令 人 向 往，
Tra la la la la la la Tra la la la la la 我 们 的 生 活 多 么 令 人 向 往。

A Ram Sam Sam

摩洛哥民歌

1
A ram sam sam, A ram sam sam, Gu-li gu-li gu-li gu-li gu-li ram sam sam.
2
A ra - flq, a ra - flq, gu-li gu-li gu-li gu-li gu-li ram sam sam.

Clap with Me

瑞典民歌

Clap with me, la la la la la. Clap with me, clap and then we'll stop.

海草舞

萧全 词曲

(5 1 5 5 5 1 5 | 5 1 5 5 5 1 5 | 5 1 5 5 5 1 5 | 1 1) 0 5 1 1 |

像 一 棵

2 5 2 5 2 5 2 5 | 0 2 3 3 7 | 2 5 2 5 2 5 2 5 | 0 3 3 3 3 7 | 2 5 2 5 2 5 2 5 |

海草 海草 海草 海草， 随 波 飘 摇，海草 海草 海草 海草， 浪花里 舞 蹈。海草 海草 海草 海草，

0 2 3 3 3 3 7 | 2 2 5 3 2 3 | 3/7 - 3 6 5 |

管 它 骇 浪 惊 涛， 我 有 我 乐 逍 遥。 人 海

5 - - - | 5 - 3 2 1 | 1/6 - - - | 6 - 5 5 6 | 1 - - - | 1 · 5 5 5 | 2 - - - | 2 - 3 6 5 |

呀 茫 茫 啊， 随 波 逐 流 浮 浮 沉 沉。 人 生

5 - - - | 5 - 3 2 1 | 1/6 - - - | 6 - 5 5 6 | 1 - - - | 1 - 3 3 | 3/1 - - - |

啊， 如 梦 啊， 亲 爱 的 你 在 哪 里？

Bim Bum

美国儿歌

Bim bum, bim bum, bid-dy bid-dy bum, bid-dy bum, bid-dy bid-dy bum bim bum,
Bim bum, bim bum, bid-dy bid-dy bum, bid-dy bum, bid-dy bid-dy bum bim bum.
Bim bum, bid-dy bid-dy bum, did-dy bum, bid-dy bid-dy bum bim bum.
Bim bum, bid-dy bid-dy bum, bid-dy bum, bid-dy bid-dy bum bim bum.

Dipidu

乌干达民歌

Good day, good day to you, Good day, oh di－pi－du.
Dip, dip, dip－i－du, Dip－i－du, oh dip－i－du.
Dip, dip, dip, dip, dip－i－du, Dip－i－du, oh dip－i－du.

大鼓和小鼓

日本民歌

D A7 D
O－kim－a taik－o don, don, chis－an－a taik o ton, ton, ton, o－kin－a taik－o
A7 D A7 D
chis－an－a taik－o don, don, ton, ton, ton, don don, ton, ton, ton.

第五章　奥尔夫音乐律动教学活动

本章主要讲述了奥尔夫音乐律动学习中的动作和律动要素，身体律动活动的内容、表现及意义，还有奥尔夫元素性音乐律动的活动案例及集体舞的形式。描述儿童的动作发展以及音乐教育中对身体动作表现音乐的重要性，强调音乐学习和身体动作、律动作为儿童发展的重要方式渗透在儿童课程的每一个领域和活动中。

【学习目标】

1.知识目标：了解奥尔夫律动活动的内涵及目的、类型和素材。领会音乐律动的含义，积累丰富的律动和动作经验。明确音乐中的元素和动作的关系。

2.能力目标：学会用动作和律动表现音乐元素，思考通过创编动作、律动、集体舞等形式，提升合乐能力及身体的协调性和敏捷性。

3.情感目标：激发参与奥尔夫律动活动的热情，乐于探索动作和创编律动。体验到用身体动作和律动表现音乐的乐趣。

4.思政目标：感受不同国家、地区音乐和集体舞的特点与风格，尊重不同地区的音乐文化。能运用身体律动和动作与同伴合作。

第一节　音乐律动教学概述

律动是表现音乐和声音的肢体活动，以协调性的肢体动作来表现音乐。它不仅可以运用身体各部位所发出的声响来展现音色，而且可以通过配合音乐来引发身体的活动。律动是儿童最初的语言，它反映了儿童在语言世界中未能表达的情绪与思维。因此，音乐律动是儿童感知音乐、学习音乐、操作音乐的一种表现形式，它通过可视的身体动态形象表达音乐的形式内容，表现音乐的情绪情感。

一、律动活动的内涵和内容

(一)律动活动的内涵

对儿童来说，生活是一体的。理想的儿童学习必须能配合儿童的身心发展，并与儿童的生活经验有着密切的联系。儿童在游戏中学习，因此音乐律动也应以游戏为手段，透过肢体运作对音乐做出反应，促进儿童感官功能的发展，培养节奏感；儿童配合音乐进行肢体动作，可以掌握音乐的节奏、音的高低、和声的变化，形成音乐概念的意识，并获得欣赏音乐、歌唱、创作的能力。游戏中的律动活动经常以生活情境中的事务为参照物。

生活家务：洗东西、拌面、和面、打蛋等。

自然现象：山、川、风、雨、雪、雷、太阳、月亮等。

动物：小鸟、狗、兔子、乌龟、大象、虎、长颈鹿、袋鼠等。

交通工具：飞机、火车、摩托车、船、三轮车等。

节日活动：春节、国庆节、儿童节、端午节等。

体能活动：追跑、拍球、溜冰、跳绳、拔河、游泳等。

传统幼儿游戏：木头人游戏、剪刀石头布、捉迷藏、稻草人、老鹰捉小鸡等。

故事：神话故事、民间传说、童话寓言故事、生活小故事等。

动作是人类表现自我的重要媒介，是人与人之间沟通表达的另一种语言。音乐与律动的关系可以这么说：音乐的任何表现都可以依靠肢体动作予以外显，肢体动作的各种变化均可化为音乐。肢体活动大致可分为在固定空间内表现的“非移位动作”，以及在移动空间内表现的“移位动作”。每一种动作因为空间、时间和力量三个基本元素的变化，而产生不同的特质。因此，从动作的层面来看，律动教学的要素内容涵盖空间、时间、力量三方面。

1.空间：可以反应感受力和表现力

水平：由高而低、由低而高。

方向：前后、左右、上下、内外、正面、斜角。

大小：大动作、小动作、远距、近距、宽窄。

2.时间：可以反映风格

速度：快、慢、渐快、渐慢。

长短：持续、短促。

节奏：规律拍、重音、拍子、节奏型。

3.力量：可以反映及表达情感

力度：轻、重。

情绪：紧张、放松。

节奏：轻柔、急促。

方式：渐进的、瞬间的。

儿童音乐教学领域中的律动教学，是听觉与运动觉取向的，例如听音乐模仿动物的动作、随着音乐的节拍做各种表情动作等。整体来看，律动融合听觉、视觉、触觉、运动觉等多感官的刺激与训练，与音乐、语言、戏剧、游戏、扮演密不可分，因此音乐律动游戏不但能结合音乐、视觉与表演艺术，教学方式更具多感官模式的内涵。

从游戏、图形表征及肢体动作中可以发展音乐与动作的逻辑概念，体会节奏与音乐语言的丰富性，属于开放式、动态性与整合性的教学方式。

借助肢体、视觉、绘图与听、唱、玩、创造、操作的游戏活动，可以体验生活中的音乐现象及速度、力度、方向、节奏、拍子、高低、曲调变化、乐句、曲式、和声等音乐的抽象概念，培养感官知觉反应及内在听觉能力。

利用肢体操作表达音乐的意念，借助图形简化、类化及转化抽象符号的学习过程，能增进集体合作学习与认知发展。

（二）律动活动的内容

音乐律动不是让儿童机械地模仿，而是在模仿的基础上结合儿童自己的经验，运用想象、探索、同伴合作参与活动进行情感表达，融入律动活动中。可以通过以下的活动方式丰富儿童生活经验与感性认知。

1.自然动作

通过声音、指令、讯号、动作或图形，让儿童以肢体动作或歌唱迅速做出相应动作，也就是简单的创造性动作。或者是儿童听到音乐本能地做拍手或者摇摆的动作。这样的自然动作更多是儿童本能的状态，以达到集中注意力、表现力，增强反应力的目标，可应用在最初的律动活动中。

2.韵律

韵律是指儿童合乐的动作表达与表现，需要动作合节拍、动作合乐句、动作合音乐结构等，有元素性律动、应用性律动和创意性律动三种形式。元素性律动指通过肢体活动体验音乐的要素，包括力度、拍感、节奏、流畅性及其与空间、时间、力量、形状的关联，对音色、节拍感、节奏感、曲调感及和声感进行感知。应用性律动指让儿童以声音、动作或乐器自行模仿、创作节奏或简短歌曲，或者描述、扮演及转化熟悉的生活经验；配合故事及生活情境，儿童可运用想象力、联想力，以语言、乐曲、乐器、周围生活环境的物品，即兴回应或创作节奏性、故事性及戏剧性的肢体动作。创意性律动指让儿童以语言节奏、旋律线条、乐句、地板模式（包含直线、弧线、S形、圆形、有角度的移动方式）、音画（透过绘画中的媒材、技法，强调音乐元素的概念，例如轻重、点状与线条、乐句等）、故事、绘本等，学习用身体聆听音乐的基本要素，唤醒肢体的本能与强化适龄的动作经验，进而随着音乐舞动起来。

3.融合舞蹈的律动

这主要体现在集体舞。我国各个民族地区有不同形式的集体性舞蹈，它们有各种各样的功能与价值，比如祭祀、祈福等。形式也大有不同：有围圈的集体舞，如侗族的多耶舞，表达对人们的祝福；有面对面直列式集体舞蹈，如彝族的《阿细跳月》，表达人们的喜悦心情。在欧洲，很多集体舞也有各种各样的形式，比如邀请舞、问候舞和圆圈舞等，通过队形变化和交换不同伙伴达到舞蹈的社会性功能。可以通过对历史或民族舞蹈的分辨与内化，理解音乐内涵中的乐句、曲式、节奏、拍子、旋律；通过不同形式风格的队形模式、特殊的动作造型，了解不同国家或民族的文化。

二、动作教学

动作的学习属于个人的学习，而且依赖于个人的能力，因此早期的动作经验对儿童的自我意识具有潜在的促进作用。而儿童初期的运动和肌肉的反应，即身体最初的行动，也意味着儿童发展与学习的开始。动作教育模式的课程焦点是关于学生执行各种身体动作、移动及操作技巧的能力。其概念源自鲁道夫·拉班于20世纪20年代提出的知觉架构,从儿童身体动作教育的四个问题衍生而来:身体是什么?身体要做什么?身体如何去做?身体移动时有哪些关系?

(一)动作分类

儿童天性活泼、纯真、良善、好学、爱玩,而且特别喜欢肢体活动和音乐。儿童通过全感官(眼、耳、口、鼻、手脚、躯干和心灵)去探索和体验身边的奇妙世界,表达个人内在感受和与他人、环境的沟通。肢体活动包括教育性和自由性的身体活动,综合了体育、体力游戏、韵律与舞蹈的活动,例如行、跑、跳、滚、摇、爬、转、升、降、屈、伸、掷、踢、抛等。音乐活动亦可分为教育性和自由性的活动,综合了念谣、唱歌、听歌、听音乐、音乐游戏、韵律活动和乐器活动。

(二)动作教育元素

1.拉班的动作元素

动作教育是以儿童为本的教学计划,旨在引导他们学习及掌握基本的动作技能和动作概念,提供给儿童有意义和生活化的学习经验,培养儿童的创作和想象能力,是着重学习过程的教育。动作教育的概念主要源于拉班,当中包括四个主题元素:

身体(Body)——身体哪个部分移动?

动力(Effort)——身体怎样移动?

空间(Space)——身体往何处移动?

关系(Relationships)——身体移动时存在什么关系?

拉班的动作元素从身体、动力、空间和关系四个主题元素出发并进行更细致的分类和解析。可参看B-E-S-R肢体动作架构表。(如表5-1)

2.基本活动技能

身体操作技能是指通过身体各部分做出有意义的肢体和动作技能,使儿童认识身体各部位的名称、功用和特点;促进儿童的基本活动技能,为运动做好基本的训练和动作基础。基本活动技能分以下四种方式。

(1)移位动作

移位动作是指身体从一点移至另一点的技能,如行走、踏步、滑步、碎步、垫步、交叉步、起跑、踏跳、单脚跳、双脚跳、跨步跳、跑马步、攀爬、爬行、转向等。

(2)非移位动作

非移位动作是指身体在活动或操弄对象时并没有移动离开原位的动作控制能力,如转体、旋转、摇晃、摇摆、波浪、弯腰、伸展、重量转移、扭动、扭曲、卷曲、屈伸、升降、悬垂等。

(3)操控性动作

操控性动作是指操弄各种不同的小型乐器和道具,如球、绳、呼啦圈、沙包、丝巾等,以此来发展儿童的大肌肉操控能力。

(4)推动性动作

推动性动作是身体用力把体育用具推动出去的技能,如抛、掷、上手传出、下手传出、体侧传出、敲击、提升、凌空传出、滚球、顶球、推、拉、打击、截击、拍球、踢球、运球等。

3.韵律动作能力

指利用简单的音乐、歌曲或节拍进行韵律和舞蹈活动,帮助儿童运用身体动作表达个人感受或想法,提升儿童的创意和韵律感。其中也可分为移动性、非移动性、创造性和操控性的韵律能力。

表5-1 B-E-S-R肢体动作架构

身体 身体哪个部分移动?	动力 身体怎样移动?	空间 身体往何处移动?	关系 身体移动时存在什么关系?
1.身体的行动 •伸展 •蝶曲 •紧缩 •弯曲 •扭曲 •摇荡	1.时间 •快、渐快、突然快 •慢、渐慢、突然慢 •保持着快/慢	1.位置 •个人空间 •整体空间	1.身体各部分 •上面/下面 •前面/后面 •分开/并合 •相遇/分离 •近/远 •接近关系/远离关系 •面对/接触 •越过上面/越过下面 •穿过/包围
2.身体部分的行动 •支撑身体的重量 •引导行动 •接受重量/力量 •应用力量	2.力量,动量 •强、重 •弱、轻 •软、硬 •放松、紧张 •轻触、坚定	2.方向 •向前/向后 •向左/向右 •向上/向下 •逆时针/顺时针 •指南针方向 •时间方位	2.个人与小组 •倒映/配对/相反 •连接的/交替的/轮流 •提问/回答 •行动/反应 •领导/跟随 •提升/被提升 •支撑/受着支撑 •单独/一致 •个人与同伴之间 •个人与组之间 •组与组之间 •越过上面/越过下面

续表

身体 身体哪个部分移动?	动力 身体怎样移动?	空间 身体往何处移动?	关系 身体移动时存在什么关系?
3.身体的动作 •移位动作 •非移位动作 •操控性动作 •推动性动作	3.空间 •直线 •曲线	3.水平 •高 •中 •低	3.器械、道具 •越过上面/越过下面 •近/远 •接近关系/远离关系 •登上/落下 •前面/后面 •沿着/穿过 •包围/环绕
4.身体塑性 •锯齿型 •箭型(直而窄) •墙型(大而阔) •球型(弧线) •螺旋型 •扭曲型 •对称型 •不对称型	4.如何做? •自由流畅 •限制 •释放 •保持	4.路径 •直线 •曲线 •之字线 •地面/空中	4.其他类别 •教学目标 •场地区域 •声音、音响 •灯光 •音乐、歌曲 •拍子、节奏、形式 •图片、艺术品
		5.平面 •横断面 •冠状面 •矢状面	
		6.伸展 •大/小 •远/近 •聚/散	

第二节 音乐律动教学目标与活动

原本性的音乐教育最重要的作用是唤醒儿童的音乐潜能。促进儿童身心和谐,使儿童对音乐有较强的感受力,能通过身体再现音乐的审美表达。任何音乐理念都可以转化为身体律动,而身体律动也可以相对地转化成音乐。音乐教育从本质上说是对儿童本性的发展与完善,使儿童智力、精神、身体统一发展。奥尔夫从达尔克罗兹体态律动的思想中汲取律动教学的原则,从声音与情绪、感情与思维、本能与控制、想象与意志之间的联系出发,在音乐教学中融身体动作、音乐元素、情感于一体,不断促进学生听觉、动觉、思维、情感的统一。

一、音乐律动教学目标

音乐律动教学方法目标众多。其中包括接收和表达节奏感的动作，获得主动聆听和被动听音乐的技巧，以及发展即兴创作和音乐表达的技能。具体的教学目标有以下三个主要方面。

第一，发展一般的身体技能、意识和认知。

第二，通过动觉体验学习。

第三，加深对音乐的理解。

此外，应该指出的是，达尔克罗兹的音乐教学是“通过音乐，而又在音乐之中”体验感受和练习，涉及学生的许多能力和素质，而学生的发展和提升并不局限于音乐，可以说是超越音乐的。学生在体态律动学习后还需要提高非音乐的一般能力，如注意力、记忆力、动作的再现或变化、沟通、社交技能、想象力和创造力等。

（一）发展一般的身体技能、意识和认知

学生的运动技能和协调能力是通过各种各样的身体律动练习来发展的，这些律动练习包括节奏、听觉训练、即兴表演和动作塑形等综合过程。例如，使学生能够在相关的活动中控制自己的动作，演奏乐器、唱歌和指挥。当然，运动技能的训练必须遵循身体发展的一般和个别阶段。

音乐律动教学的目的不仅是发展身体技能，还包括发展身体认知或身体知识，即通过身体提高认知。身体知识来源于身体与世界的互动，与感官和身体意识以及心理运动能力、技能、行为有直接的联系。它包括对动作的认识和理解，以及完成它们的能力，这需要身体练习和技巧。这种知识是通过观察我们自己的运动和“听”我们的动觉获得的，来自各种意识技术的练习和想法。身体的认知包含了所有的感官，我们通过这些感官，认识自己，它是我们所有认知和自我意识的基础。具体过程如下：

聆听音乐，

借助身体感官察觉音乐，

身体运动感觉与音乐技巧的发展，

专注力、记忆力，

身体的释放和放松，

身体反应与调适——立即反应或者经过思考，

通过身体学习的意愿与敏锐度。

（二）通过动觉体验学习

奥尔夫从达尔克罗兹体态律动教学法中吸取律动教学的经验，提供了通过身体律动进行学习的方法，从而通过动觉体验学习。其关键是要引导学生注意身体的感觉和体验，具有动觉意识。为了增强动觉的敏感性，我们鼓励运动的变化。例如，可以要求学生用脚趾或脚后跟走路，向侧面或向后走，而不是正常地向前走。当第一次完成一个动作时，会意识到它的质感特征。因此，为了在习惯性动作（如走路）中获得这种原始体验的感觉，需

要尝试不同的方式来做。把熟悉的变成陌生的,就能使自己重新认识熟悉的东西。

也可以要求学生改变运动表情,例如模仿别人的动作。

寻找不同方式体验动觉可以提高学生的自我意识,也可以让他们更加关注自我的运动状态。在体态律动学习中通过不断加强个人的反应和自我意识,达尔克罗兹教学发展了学生的自我认识和自我意识,也帮助学生更好地唤醒动觉并与其他人有效沟通。

•以热身运动开始教学环节,在热身运动中可以体验身体的变化。如肌肉的激活,更深刻地呼吸,放松或更好的姿势。

•要求学生思考、记忆、重复、想象、分析或描述一个人的动作和身体感觉,在运动中研究离开和到达的手势点。例如开始或停止行走,在敲手鼓时注意手势。

•应用一种兴奋和抑制练习。例如,学生随着音乐的节奏走,每次听到三连音他们就会停下来或重新开始行走。同时,他们不应该对音乐中的任何其他变化做出反应。例如,如果音乐停止,他们就停止走路。换句话说,他们必须抵制"自然"反应。他们必须同时做好反应和抵制反应的准备。这种练习使得学生持续关注和有意识地控制动觉。

通过动觉体验音乐律动,从动作要素来说分移位和不移位动作。

1.在空间中的移位

开始与停止

时间、空间、平衡和能量

节奏动作与流动性

使用自然的避震器(足踝、膝盖、臀部、脚掌抓地)

步态:走、跑、跑跳、小跳、小马跑等

2.不移位动作

动作松弛

躯干与上肢动作:摇摆、扭曲、伸展蜷缩等

原位动作:屈膝、下蹲等

(三)加深对音乐的理解

音乐律动教学旨在加深对音乐的理解。尽管音乐的本质是本能的、身体的,但目前的音乐教育仍然强调用相对较少的非语言的方法来理解音乐。概念在被直接体验之前应该被抽象地解释和理解,概念给经验提供了范畴结构。因此,音乐概念通常是在外部世界的经验之前传授的。在达尔克罗兹的教学中,学生在实际体验相关实践之前不需要学习概念或规则。运动经验被纳入音乐学习,对音乐的概念理解是基于这些经验。然而,通过身体经验获得的知识并不是客观知识,而是有助于个人对某些特定事物有独特主观理解的知识。这种转变取决于个人的变量,特别是对个人行为和经历的认识和反思。达尔克罗兹的实践首先发展了一种对音乐的身体理解,这可以通过习惯的概念来理解:把一个音乐主题或现象理解为一种习惯性的行为,这意味着身体知道它在使用中的意义。因此,达尔克罗兹的方法似乎主要是发展了一种前反思式的认知模式,一种存在于声音中的身体方式,形成了随后反思思维的基础。通过音乐动作的变化,具体参与也转变了(有意识的)思维,从而形成了行动中的思维和作为行动的思维。

另一种对身体运动与音乐理解之间的关系的解释是身体反应暗示了隐喻在构建音乐意义上的作用。对音乐意义的身体探索可以暗示各种各样的事情:老师可以引导学生通过某些身体隐喻——似乎包含某种音乐意义的动作——来让学生理解其中的一个(或一些)方面。当一个老师提供了一个音乐现象(例如一段音乐)让学生进行身体探索,这意味着鼓励学生自由探索这种现象自发的运动可能,加深身体对音乐的理解。这样,对音乐的动觉反应起初是自发的,但随着过程的进行,逐渐变得更有意识。具体的音乐要素如下。

弱起拍、正拍

力度与长短

音高与旋律

节奏感(对节奏的感觉与运动觉)

时值与节奏型

音色

休止

音乐记谱

乐句与曲式结构

二、音乐律动教学内容

在儿童发展早期阶段,运动的方式很容易融入音乐教学,因为儿童对音乐的反应是全身自然的。奥尔夫的律动教学主要是运用运动活动让儿童自由探索。儿童被要求用动作来表现歌曲、故事或音乐中正在发生的事情。对于年幼的孩子,首先鼓励他们对音乐做出自发的、直觉的动作反应,然后才把重点放在完善这些反应上,身体技能和身体表达得到了发展。当动作变得有节奏时,孩子学会有节奏地思考和表达自己。音乐通常是即兴创作的,让孩子们跟随音乐,或者音乐跟随孩子们的动作。重要的是,音乐和它的节奏要支持孩子们的运动,这样他们才能感觉到"我是对的"。总的来说,应该给孩子们提供机会,让他们通过全身运动来感知、回应和体验音乐,并学习移动、唱歌和聆听。因此,根据奥尔夫的教学理念,儿童不仅获得了对音乐的热爱,而且还获得了表达音乐感受的欲望。如表5-2为不同年龄段儿童在音乐律动学习中的内容,从社会性、动作、音乐技巧与概念、音乐表达及创造力几方面做具体要求。

表5-2 儿童音乐律动教学内容分类

	3—4岁	4—5岁	5—6岁
社会性	•两人能互动 •能做互相模仿动作	•两人能配合 •能围成圈 •能排成一列	•围圆圈 •直线 •字母形状

续表

	3—4岁	4—5岁	5—6岁
动作	•发展开始和停止的技巧 •发现自然动作,与音乐联结 •发展对自己身体的自觉 •老师掌握协调与控制学生的方式 •适时给予放松的练习	•瞬间反应 •跑跳步 •小马跑 •速度适宜	•滑步 •大跳 •慢速有控制力 •反应游戏和竞赛游戏
音乐技巧与概念	•旋律:高、低、一样 •节奏:平均、不平均、长短 •曲式:乐句的区分、主副歌的不同	•旋律:上行、下行、不变 •声部:打击乐音色或旋律 •节奏:节拍与节奏的区分 •曲式:乐句间的对比	•节拍:小节的认知与理解 •歌唱:二声部儿歌轮唱 •曲式:反复与对比,二段式、三段式 •弱起拍
音乐表达	•开始与停止 •高和低 •有声和无声 •快和慢 •连与断 •强和弱	•从弱到强(减弱)(突强、弱) •从快到慢(减慢)(突快、慢) •从高到底 •不同情绪的歌曲(摇篮曲、进行曲) •节奏乐器 •道具(抛与接,双手到单手)	•对基本步法熟悉而且准确 •边走边唱 •学会基本的音值并开始学习拍号 •声音、动作、视觉符号的联结 •分析有音高和无音高的乐器
创造力		•声音与物体的联觉 •不同音区的表现	•贡献自己的点子 •创作出短短的动作 •律动能表现乐句
举例		•你能想出有什么东西很重且走得慢? •你能假装你和它一样,而且走得慢? •我们应该用什么样的音乐来配合这样的动作? •我们用的音乐应该是声音高高的还是低低的或在中间呢?	•动作塑型 •音乐主题固定动作 •通过实物名字练习节奏型

当孩子们探索周围的世界时,他们的感官感知会唤起积极的运动反应,在这种反应中,节奏是无意识地发展的。他们也接受听觉和视觉的节奏体验(例如马的飞奔)。如果孩子们进一步认同他们所看到或听到的,例如模仿马的奔跑,最初的节奏体验就会得到加强。教师的任务是引导孩子们表达节奏,并把每个孩子的能力与音乐的节奏联系起来。当孩子们学会用声音模式识别他们的运动模式时,音乐就变成了一种很容易理解的

语言。音乐中的高/低或快/慢等基本概念可以通过类似的身体动作来探索,这些动作体现了这些抽象的音乐特质。通过自己的实验动作,孩子们也发现了空间关系,如上下、内外、前后,并扩展了他们的动作词汇。

第三节　音乐律动教学案例

一、元素性音乐律动

(一)音乐身体反应

音乐身体反应是指根据音乐元素的具体变化或者在音乐进行中根据指令做出相应的反应动作。

1.走和停

根据音乐的开始和停止做身体走和停的反应练习。音乐开始,身体马上跟着音乐速度走;音乐停,身体也停止。

2.根据前一拍的指令做出节奏变化

(1)第四拍教师说出数字,后面小节拍出对比节奏数量。

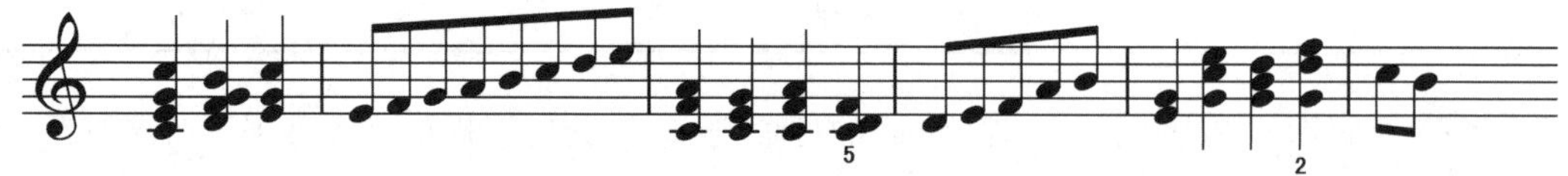

(2)随意在一拍上说出数字,后面拍变重音和节拍。

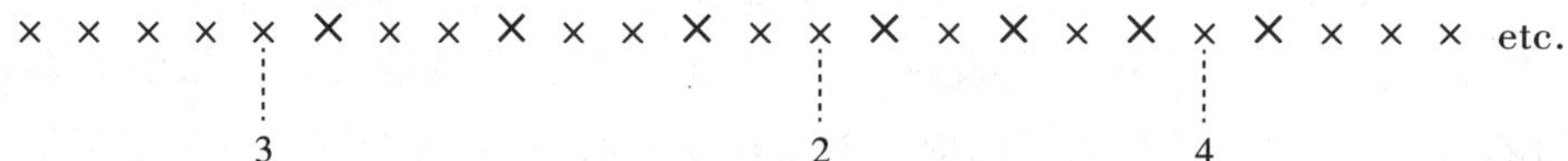

(3)根据第三排上说的数字，后一拍在一拍内变化节奏。

(4)低声部拍手，根据高声部节奏做卡农变化。

(5)根据数字提示，在对应拍上拍出节奏。

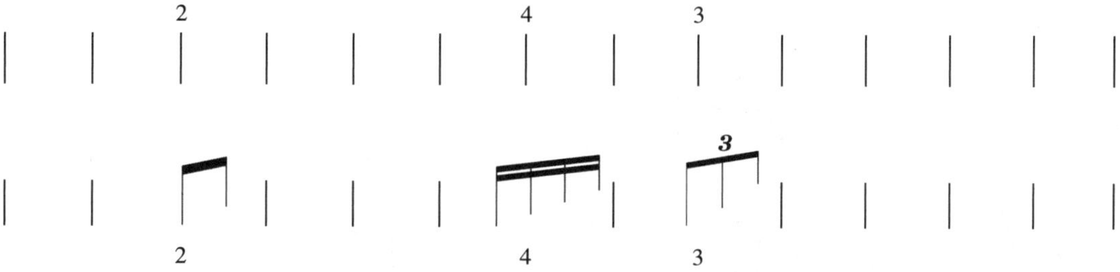

2　4　3

2　4　3

（二）连奏和断奏

连奏和断奏是音乐表现中两种最常见也是最基本的手法。连奏是指音乐连贯不间断，一般是抒情性的音乐表达；断奏是指音乐跳跃性和不连贯，一般是欢快的、激昂的音乐表达。用脚步的步态变化表现音乐的断和连，连奏用滑步（如图5-1），断奏用垫步（如图5-2），然后在整体音乐聆听中表现连奏和断奏。

图5-1　滑步

断奏

slow (♩=60-80)

Joy Yelin

mp

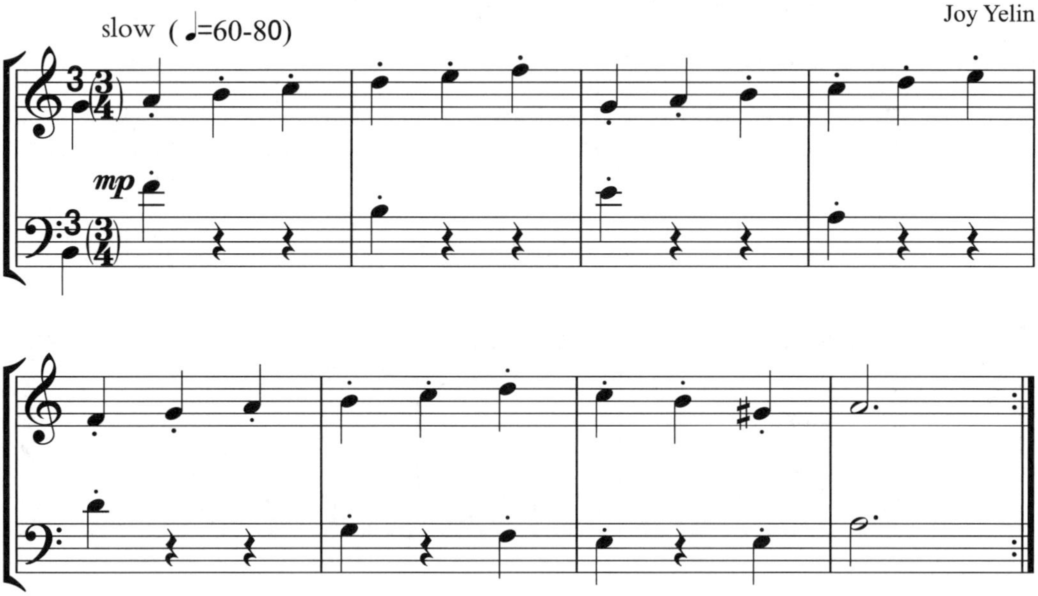

图 5-2　垫步

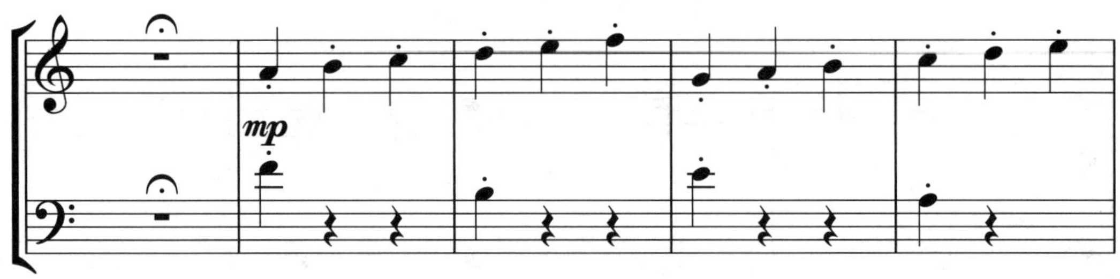

（三）力度

力度就是指用力的程度。力度是由振幅决定的，不同的振幅决定力度的大小，即音的强弱。音乐的力度与音乐的内容关系密切，利用力度的各种变化、对比，是塑造音乐形象不可缺少的有力手段。在儿童的律动教学中，我们可以根据音乐的强弱来让儿童更近距离感知律动的规律与乐趣。例如用套娃的排列视觉展示强弱关系（如图5-3）。力度越强，儿童的动作就可以越用力或身体就越舒展；力度越弱，儿童的动作就可以越小或身体可以越缩紧。

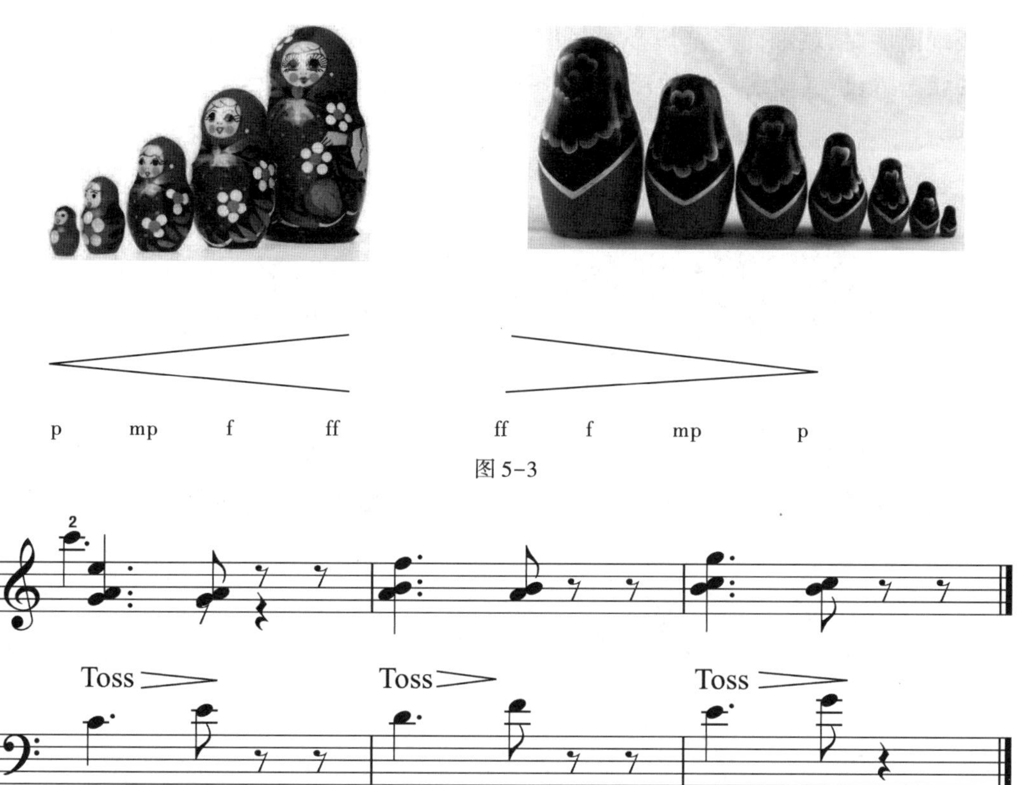

图 5-3

1.力度感知活动

该活动根据音的强弱来设定不同的身体表现方式，通过肢体动作来表现音的强弱。

以钢琴键盘为基础分别设定四个音区：

最高音区时（p）

次高音区时（mf）

中音区时（f）

低音区时（ff）

音的强弱中包括渐强渐弱，儿童也可以通过肢体动作来表现音的渐强渐弱的过程。如模仿吹气球的过程。表现渐强时，就如同气球慢慢地越来越大，儿童慢慢从地上蜷缩的姿势到渐渐站立、展开身体，张开双手，模仿气球撑大后的形象。（如图 5-4）

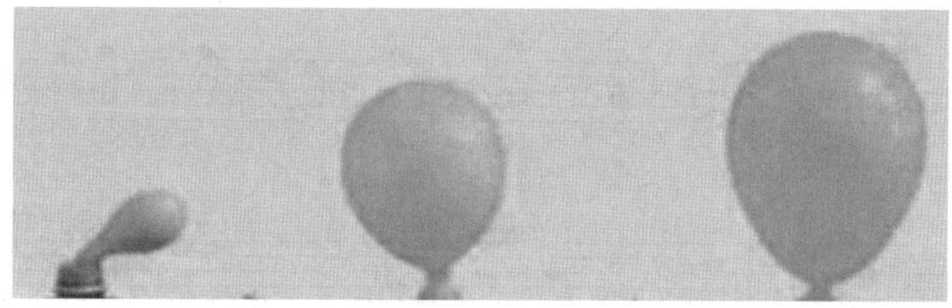

图 5-4

表现渐弱时，就如同气球慢慢地越来越小，儿童从完全展开的身体渐渐回到一开始蜷缩的状态，模仿气球缩气时的形象。（如图 5-5）

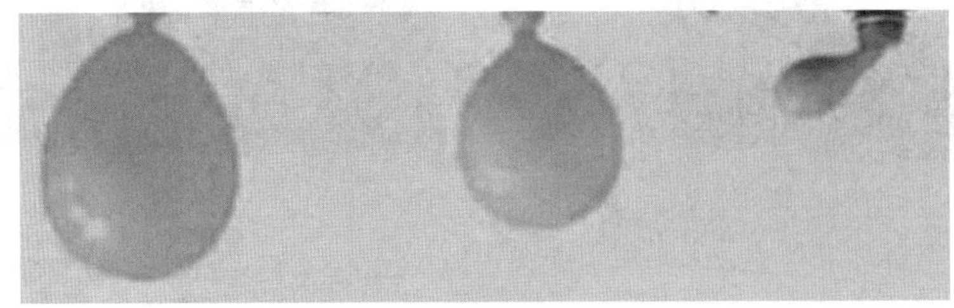

图 5-5

让儿童感知渐强渐弱的另一种形式，是通过身体移位走步。当力度越来越强时，儿童的脚步就越来越大；当力度越来越小时，儿童的脚步就越来越小。（如图 5-6）

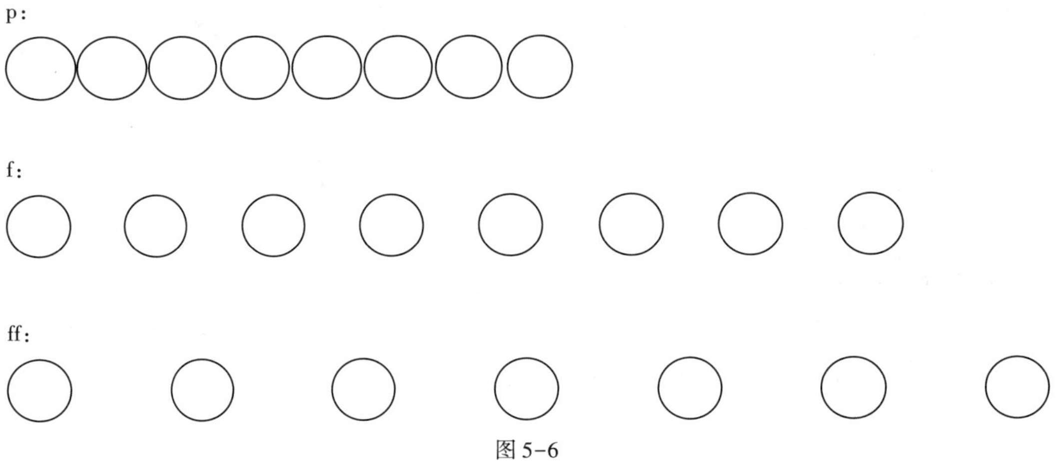

图 5-6

2. 活动过程

第一段：教师演奏旋律，最高音区（小字三组、小字四组），强度为 p。音乐为弱起拍。

律动表现：学生在强拍上用大拇指和食指做捏住的动作，就像身边有很多小星星。学生跟着音乐，弱起准备，强拍做捏住小星星的动作，并且能在不同高度、前后、左右手进行表现。

第二段：教师演奏旋律，次高音区，强度为mf。

律动表现：学生在强拍上做手掌抓住的动作，就像身边有很多泡泡。学生跟着音乐，弱起准备，强拍做抓住泡泡的动作，空间位置由学生自由发挥，可上下、前后、左右用手交替抓泡泡。

第三段：教师演奏旋律，中音区，强度为f。

律动表现：学生在强拍上做手掌连动，手臂做驱赶的动作，就像身边有很多苍蝇。学生跟着音乐，弱起准备，强拍做驱赶苍蝇的动作，迅速有力，空间位置由学生自由发挥，可上下、前后、左右用手交替做驱赶动作。

第四段：教师演奏旋律，低音区，强度为ff。

律动表现：学生在每小节第二拍上整个身体微微下蹲，双手做接物抱住的动作，就像空中掉下来一个大毛绒玩具。学生跟着音乐，在第二拍上做半蹲接物的动作，空间位置由学生自由发挥，可以进行移位动作、双手抱住的不同位置表现。

（四）节奏的对比

节奏是音符之间长短的对比组合。节奏是音乐的骨架，与音乐风格的表现息息相关。因此，通过律动感受节奏、表现节奏是音乐学习的重要基础。下谱展示了基本的节奏型。

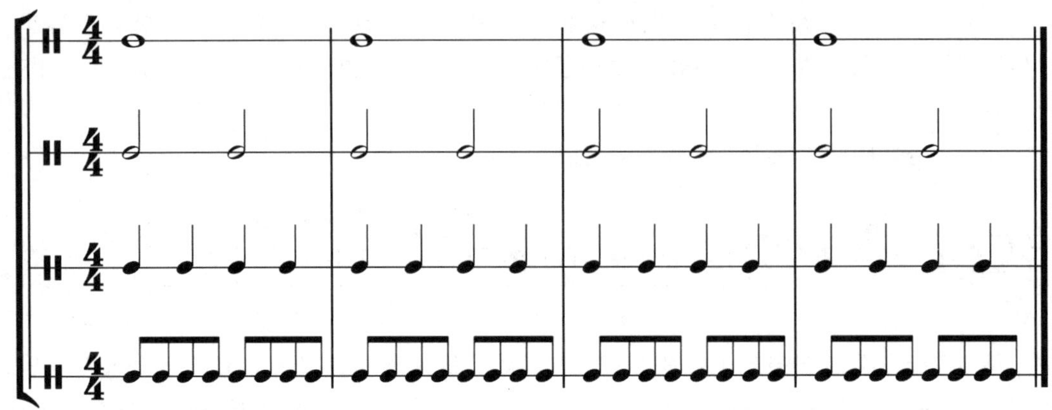

1.感受节奏从密到疏的变化

教师可以用任何乐器，每小节可以无限反复：八分音符节奏用小跑；四分音符用走路；二分音符用大跨步；全音符用右腿大跨步两拍，左腿跟上，两腿合并。

2.律动活动

Musette in D

J.S.Bach

如图5-7：

全音符：在浅灰色的呼啦圈内，做动作造型，每四拍换一个。

二分音符：在深灰色呼啦圈内，单脚站立两拍，双脚交替。

四分音符：地板上呼啦圈之外的地方，都以一拍一步行走。

八分音符：在黑色的呼啦圈内小跑。

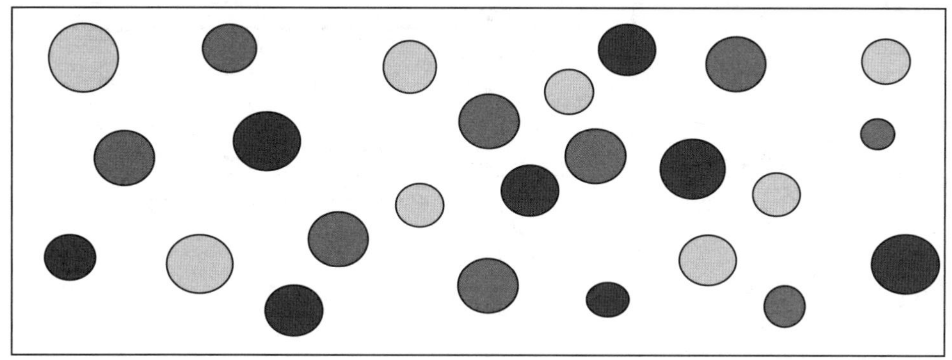

图5-7

(五)速度及变化层级

1.恒拍的稳定速度

2.越来越快的速度

3.越来越慢的速度

4.突然快

5.突然慢

6.律动活动

(1)“Yo Yo Yo”

一边唱下面旋律，一边快速传递，集体围圈，每次三个人做动作。比如ABC三人，B弯腰，A和C相向转身在B的上方拍手两下。以此类推，接下来是BCD，CDE。

(2)《越来越快》

越来越快

集体围圈聆听音乐，第八拍是休止拍，用三角铁演奏。每次只要一位同学根据音乐的速度在圈内行走或跑跳，但必须要在第八拍时拍到圈上的一位同学，自己留在圈内，被拍的同学依样在圈中行走。

(六)跳、走和跑的步态

1.跳的动作

跳是指单脚或双脚往上跳离开地面。跳有很多的不同的跳法，有单脚跳、双脚跳、蹲跳等。

(1)开合跳游戏

在这个游戏当中运用了开合跳的方法。第一拍双脚起跳，膝盖伸直，用脚尖轻轻地跳起，在空中把腿打开，然后双脚同时落地；第二拍，双脚打开起跳，膝盖伸直，在空中把双腿并拢，合并落地。

因为这个游戏要求儿童对开合跳要有一定的认识，而且对其动作发展也有一定的要求，所以更适合大班的儿童。

游戏规则：让孩子站在第一个格子的外面，然后往里跳，看到地上是一个格子的就双脚跳进去，双脚同时落地；看到两个格子就双脚分开来跳，两个格子各跳进去一个脚，也要同时落地。记住不能踩线，如果踩到了边缘的线，就要回到原地重新开始。跳到10后就往左边回到队伍的后面。(如图5-8)

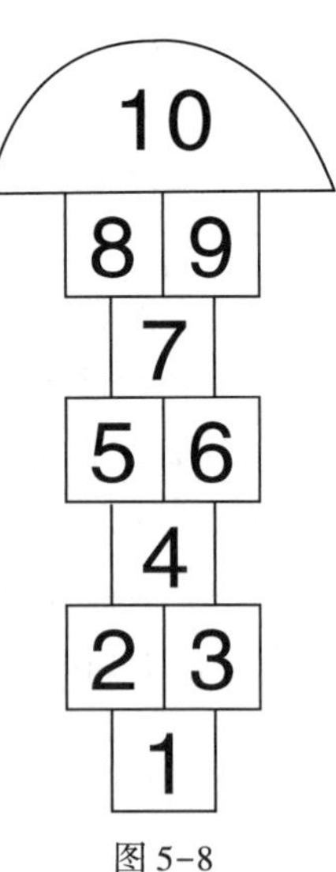

图5-8

(2)跳房子游戏

①感受音乐乐句。

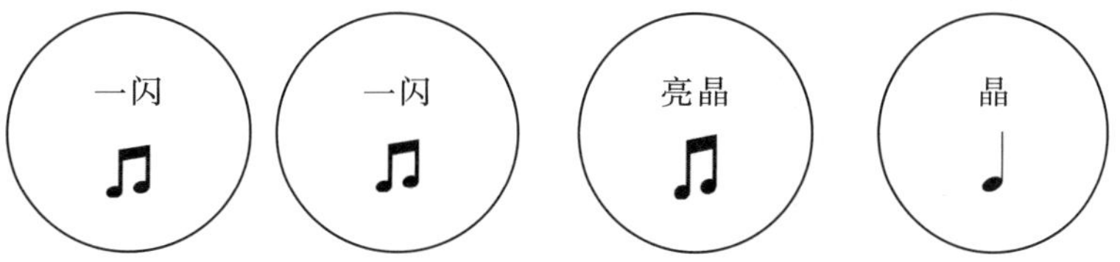

②感受节拍。

以卡农的音乐形式跳16宫格的格子(以玩的人的方向叙述)。

节拍(可用乐器敲击):

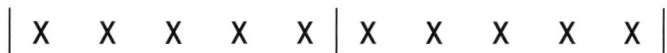

| X X X X X | X X X X X |

③活动过程。

第一种:单方向跳。

第六拍时,第一位孩子往前跳了一步,后面的孩子跳进格子。(如图5-9)

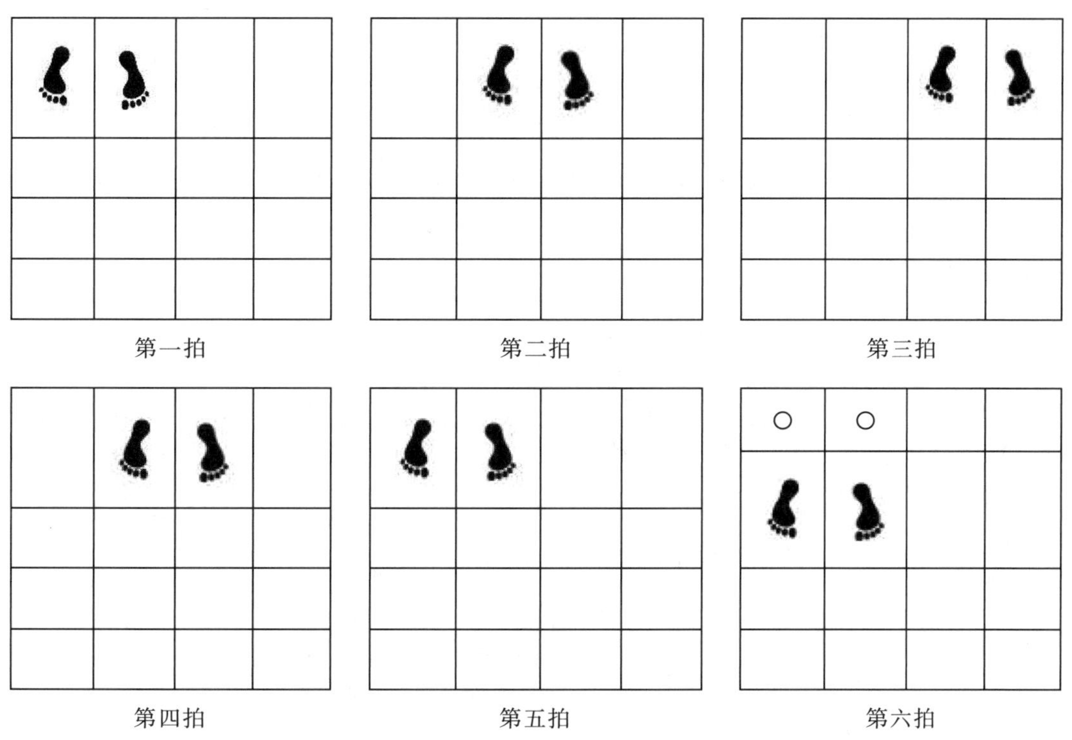

图5-9

以四分音符为一拍,第一个小朋友跳了五拍后,第二个小朋友接上,和第一个小朋友一起跳。以此类推。

第一拍,第一个小朋友往前双脚跳进来,如格子内第一排“●”的位置;

第二拍,小朋友双脚向左跳一格,如格子内第一排“○”的位置;

第三拍,再向左跳一格,如格子内第一排“◎”的位置;

第四拍,向右跳回一格,如格子内第二排“◎”的位置;

第五拍,再往右跳一格,如格子内第二排“○”的位置;

第六拍,小朋友往前跳一格,如格子内第三排“●”的位置,紧接着第二个小朋友跳进来,就像之前那五拍一样。以此类推。(如图5-10)

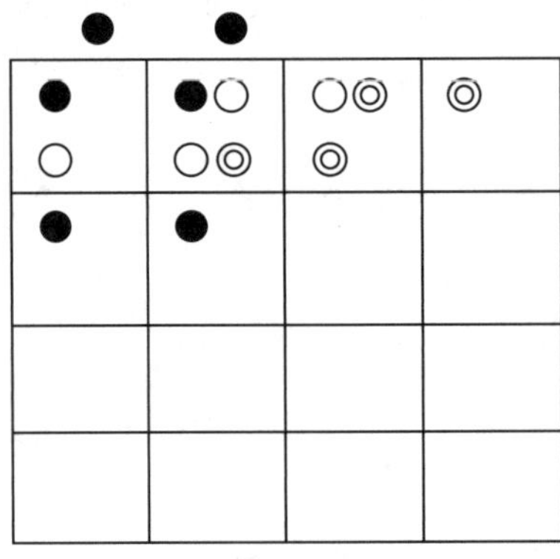

图5-10

第二种:相向跳。

以四分音符为一拍现在有两个小朋友在两边的对角点站着,两个小朋友分别跳了五拍后,第二个小朋友接上,和第一个小朋友一起跳。以此类推。玩法和第一种玩法一样,都先往左跳。(如图5-11)

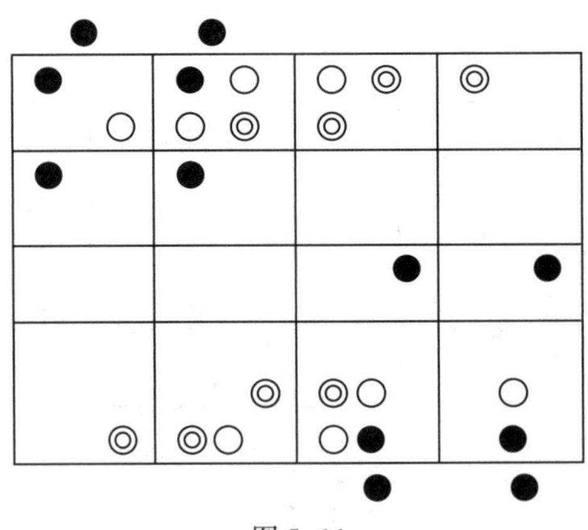

图5-11

2.行走、跑步、慢走、跑跳步

教师演奏下列音乐,进行走步、跑步、慢走、跑跳步的练习。

四分音符——行走

四分音符和八分音符的对比律动：

跑步：跑 跑 跑 跑 跑 跑 跑 跑 跑 跑 跑 跑

八分音符——跑步

二分音符——慢走

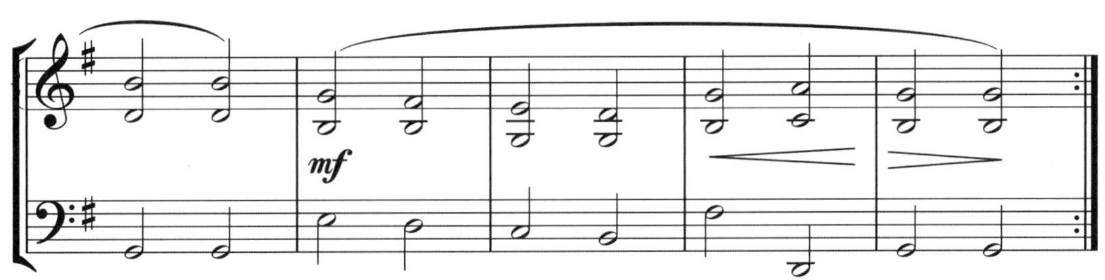

跑跳步

(七)三拍子与变化节拍

三拍子体裁有圆舞曲、小步舞曲等，在律动活动中可以通过拍球来感受三拍的恒定感。第一拍，右手拍球到地板；第二拍，左手接住球；第三拍，左手把球传给右手。(如图 5-12)

图 5-12

1.《巴赫第一号小步舞曲》

2.变化节拍练习

下面有四段旋律，根据节拍做不同的动作，可以用排球或步态来表示。

(八)乐句:用动作或者运用道具表现出音乐的句子

肖邦A大调前奏曲

1.音乐

《肖邦A大调前奏曲(作品28之7)》。

Andantino

p
dolce

2.分析

A大调,弱起,八个乐句。

3.道具

丝巾、彩带、网球、呼啦圈、气球、细竹签、音筒。

4.活动过程

(1)自己选择道具,跟随音乐律动。

(2)两人合作,互相用食指抵住,跟随音乐乐句做律动。

(3)两人右手食指用长塑料管或竹签顶住,跟随音乐律动。

(4)最后8人一组围圈,每个人用手掌撑住音筒或者长棍子。音乐两小节一个乐句,从指定的学生开始,每个人手顶住音筒做一个乐句的律动,静止后下一位学生传递下去,直至音乐结束。每个人要根据前一个人的造型做出新的动作造型。

(九)曲式结构:用动作的变化展示出音乐的段落和结构

1.音乐

《胡桃夹子进行曲》。

2.结构

ABACADA。

胡桃夹子进行曲

3.道具

每人两个纸餐盘。

4.动作

(1)第一句手持餐盘,拍腿、拍手,第二句集体双手持纸盘左右摆动。

(2)根据音乐拍出节奏。

(3)手持纸盘自由动作。

(4)集体摩擦纸盘,然后做飞跃的动作。

胡桃夹子进行曲

柴可夫斯基

p
3
mf
p
cresc. ……
f
3
f
3
3
mf
p
3
mf
p
f
p
3
mf
3
mf
p
cresc. …… ……
f

(十)情节性律动:运用动作展示故事情节

可爱颂

可爱颂

1=♯C 4/4

韩国儿歌

3 3 3 3 3 3 3·45 | 5 2 0 5 2 0 2·3 | 4 4 4 4 4 3 3 4·5 |

6 5 0 6 5 0 4·5 | 6 6 6 4 2 6 | 5· 6 5 3 1 0 1 2 |

3 3 3 3 5 0 4 3 | 2 2 2 2 2 0 0 ‖: 3 3 3 3 3 3 3·45 |

5 2 0 5 2 0 2·3 | 4 4 4 4 4 2 3 4·5 | 6 5 0 6 5 0 4·3 |

结束

6 6 6 4 2 6 | 5· 6 5 3 1 0 1 2 | 3 3 3 4 3 2 2 2 2 3 |

1 0 0 0 :‖ X X X X X X X X | X X X X X X X X |

X X X X X X X X | X X X X X X | X X X X X X X X |

X X X X X X X X | X X X 0 X X X X X X | X X X X X X |

1.音乐

韩国的儿童歌曲《可爱颂》,套用绘本故事《天生一对》,讲述的是长颈鹿和鳄鱼之间的故事。

2.动作

左手代表鳄鱼,右手代表长颈鹿,分别做各自的造型。

(1)第1小节,左右手举起来,一起左右摇摆。

(2)第2小节,左右手相对点头,并说“你好”。

(3)第3小节同第1小节,第4小节同第2小节。

(4)第5—8小节,左右手小拇指钩住并左右摇摆,代表荡秋千。

(5)第9—16小节,音乐反复,动作反复。

(6)第17—24小节,念白节奏 | <u>X X</u> X <u>X X</u> X |,用“好朋友就抱抱你,好朋友就抱抱你,抱抱你,抱紧你”带入。

(十一)造型律动:用身体部位的造型即兴表现音乐要素

造型律动运用了儿童生活中的很多经验,比如模仿动作,模仿小木偶、机器人、动物等。同时,影子原理和镜面造型的游戏在律动中也有展现。

1.木偶人

首先观察提线木偶的表演,由老师操控提线木偶,儿童模仿提线木偶做动作。然后,两位儿童面对面,一位儿童做提线木偶,另一位儿童模仿做动作。

2.机器人

集体模仿机器人走路,观察机器人的手臂和腿部动作;两位儿童合作,一位闭眼作为机器人在前面走,另一位儿童在后面做控制者,想要机器人向右转,控制者用手指轻点下机器人右边肩膀,反之亦然。

二、集体舞

儿童的身体合乐动作对儿童音乐能力的发展具有基础性的作用,每一个动作策略都能帮助儿童加深对一项音乐元素表现特性的理解,获得音乐与动作的匹配技能,提升音乐表现力。身体合乐动作在儿童唱游、律动、欣赏、打击乐、舞蹈、音乐游戏六个音乐教学内容板块中都不可或缺。其中舞蹈又分为自娱自乐的舞蹈、适应空间变化与社会性交流的集体舞蹈、表现欲望与能力的表演舞蹈等类型。在儿童音乐教育领域,舞蹈教学主要指集体舞教学,音乐与舞蹈综合的教育活动主要指集体舞教育活动。

(一)集体舞教育活动的教育价值

1.社会性价值

集体舞是一种群体舞蹈。在欢快或悠扬的音乐声中,人们用肢体、眼神甚至语言进行着有张有弛的情感、信息交流。在交流过程中,人的社会性交往需求得到极大的满足。幼儿园集体舞教育活动最大的教育价值就是发展儿童的社会性交流能力,并使其获得交流所带来的愉悦与情感满足。

2.音乐性价值

(1)获得动作的随乐能力

在能用身体动作表达音乐的节拍、句子、段落及表达队形的变换、更替等条件下,集体舞的社会性满足才能充分实现,而社会性满足又会成为儿童学习集体舞的强大动力。如果集体舞教育活动是从儿童已有的动作水平出发,遵循循序渐进、由浅入深的教学原则,把握好社会性交流目标与音乐性目标间的平衡,那么集体舞教学对儿童动作随乐能力的培养是“润物细无声”的。

(2)获得音乐中的动作即兴能力

集体舞的动作与音乐是分节歌式或者回旋曲式的,具有较高的重复性,所以队形变换与动作即兴成为集体舞追求变化与新颖的两个要素。通过队形变换获得新舞伴,带来社会性交流的新内容、新刺激;通过即兴动作表演,个体主体性发挥到极致。同时,在流动的音乐中进行个体的即兴动作表演,是对音乐能力的极大挑战。在教学策略使用恰当的前提下,通过集体舞这一活动形式能很好地促进儿童动作即兴能力发展。

(二)集体舞教学活动的方法

1.音乐选择要点

(1)音乐句段结构工整

音乐的句段结构工整是指一段音乐中所有的句子拍数相同,如所有句子都是一句8拍或者16拍。同时段落之间没有过渡句、过渡段,段落到段落转换很容易被辨认出,比如旋律一样、只有单一的乐器音色变化等。

(2)拍点明确,旋律清晰

音乐的拍点明确是指在给音乐配器中给出明显重拍并很有规律。旋律清晰则是指儿童喜欢主调音乐,所有音乐必须要有明确的主旋律,能让他们哼唱。音乐的形象特别适合动作模仿、情节表现、情绪表达,是激发儿童从事音乐表现活动的重要条件,这也是由儿童音乐与动作发展水平决定的。

(3)音乐的速度适宜

音乐速度是评价学前儿童音乐能力的重要指标。儿童4岁时能主动用动作配合中速音乐,5岁时能主动用动作配合稍快与稍慢的音乐。儿童舞蹈时对音乐速度的内在要求需要教师有意识地关注,有时要用一些科技手段调整音乐的速度,使之符合儿童的要求。

2.动作设计要点

(1)遵循"由易至难"原则

集体舞动作的设计由易到难,要考虑儿童动作的"发展适宜"指标。

①确定固定模型动作。

以音乐乐句为单位,用一到两个动作构成这句音乐的动作,以便于被识别、记忆。由于固定模型动作一般表现为每段音乐有固定的几个动作,这几个动作在逻辑上具有情节、类型等方面的相关度,很容易从一个动作推断出其他动作,动作具有重复性,段与段之间的动作可形成一定的对比。

②确定上肢动作。

上肢动作主要指手部和上肢转向动作,可以让儿童坐在座位上完成,有利于维持集体舞教学的秩序。

③确定下肢原地动作。

把上肢动作加上原地的下肢动作,就成了一套下肢原地动作。这套动作需要儿童在队形中完成,但没有空间位置的移动。

④确定移位动作或交换舞伴动作。

一般而言,集体舞教学中的移位动作与交换舞伴动作具有同一性,集体舞队形中的移位就是为了交换舞伴。集体舞教学的主要价值是社会性交流,交换舞伴是实现这一社会性价值的主要手段。可以这样说,交换舞伴是集体舞的一种标志。

(2)固定模型动作转换成即兴动作

集体舞教学可以让儿童进行即兴动作,发挥儿童的肢体创造力。一般而言,我们会把需要的即兴动作先按照音乐与动作的类比标准创编出来,让儿童学会这段动作。教师创编的这段动作,是具有结构特征的模型动作,容易使儿童模仿并理解。但只是模仿无益于发展儿童的想象力、创造力,当儿童熟悉这段模型动作后,就可以要求其即兴创编同结构但不同样式的动作。这种情境中的动作即兴创编,依赖想象与表演能力,可以开启儿童的音乐思维。

3.教学实施要点

(1)教师的站位与角色

①教师的示范站位。

教师的示范站位要根据圆圈舞的种类特点进行,便于儿童观察和模仿。比如单圈的圆圈舞,教师可以与儿童一样站在圆圈上示范,全体儿童都可以看清教师的运动方式与姿势。双圈的圆圈舞教师一般站在内圈上示范比较合理,便于全体儿童看清。直列式集体舞教师需要站在方阵之前与儿童相向而立,做镜面示范;依据动作的方向要求,教师可以站在方阵的前后左右任何一个点位。

②教师示范站位与儿童注意力的关系。

集体舞的教学需要考虑教学秩序管理,站位不同会影响儿童的注意力。比如,单圈的圆圈舞,这是一种全封闭状态,儿童注意力容易集中。直列式队形中,教师单独站在方阵之前,这是一种半开放状态,少数儿童的注意力容易分散。至于自由式的散点位集体舞,这是一种全开放状态,儿童容易兴奋,不容易保持注意力。

(2)集体舞教学中的标志运用

①手腕花。

集体舞是一种有方向性要求的舞蹈,需要全体舞者在动作与方向上配合一致才能达到反复循环、持续舞蹈的效果。而学前儿童还没有建立左右、顺时与逆时这些概念,所以要想儿童的动作在方向上保持一致,戴上区别左右方向的手腕花格外重要。

②彩虹伞。

彩虹伞是有助于儿童感觉统合能力协调发展的道具,运用在集体舞中,更加能够让儿童集中注意力,培养其身体动作的协调性。但是,彩虹伞局限于单圈的集体单向移位动作和上肢上下抖动动作。

4. 集体舞及其队形图示(如图5-13至图5-20)

图5-13 两人一组同向内外圈

图5-14 两人一组相向内外圈

图5-15 集体向内围圈

图5-16 集体顺时针朝向围圈

图5-17 横排式

图5-18 一列式

图5-19 两人一组相向围圈

图5-20 单双数围圈

5.绕圈舞图示(如图5-21至图5-30)

图5-21 两列相向

图5-22 内外圈搭肩

图5-23 双人交叉牵手

图5-24 横排结对

图5-25 双人牵双手

图5-26 三人架肩

图5-27 双人分离呼应动作

图5-28 双人挽胳膊

图5-29 四人牵手

图5-30 双人牵手

6.绕圈舞队形图示(如图5-31至图5-50)

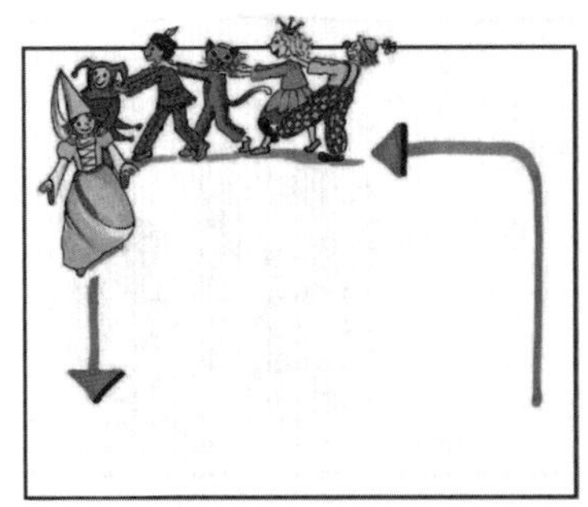
图5-31　搭肩膀靠墙走

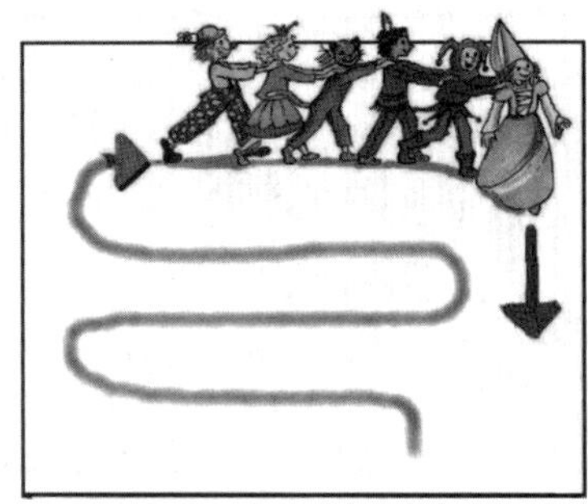
图5-32　搭肩膀走曲线

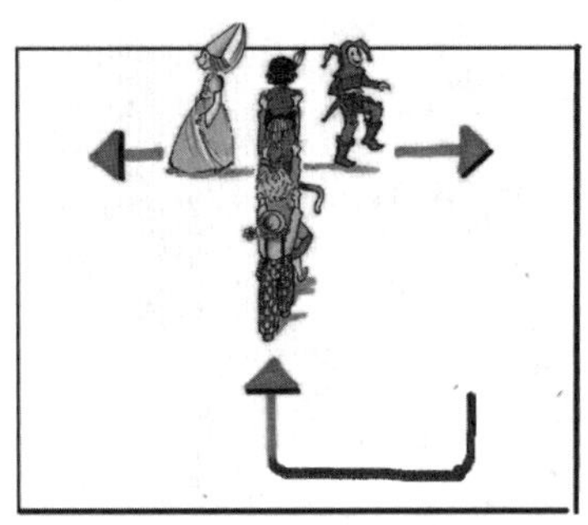
图5-33　分列成两队(1)

图5-34　分列成两队(2)

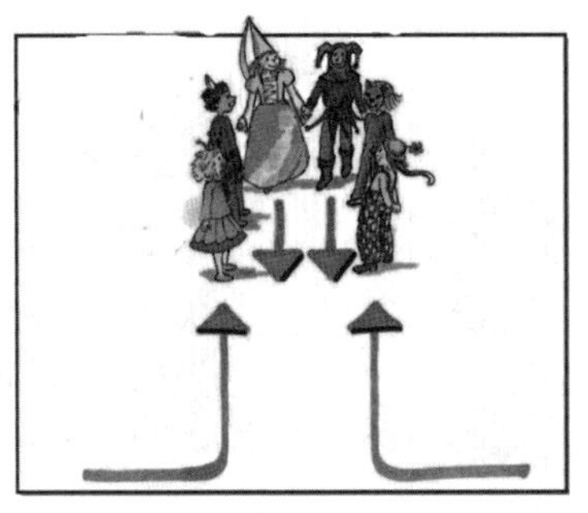
图5-35　两队从中间穿越

图5-36　两队并行

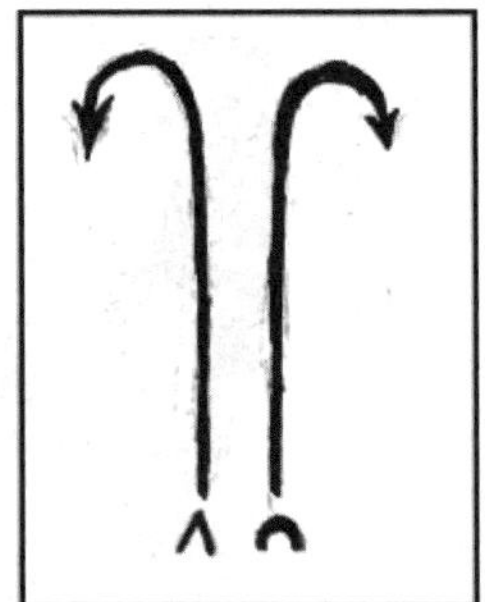
图5-37　两队并行分列行走

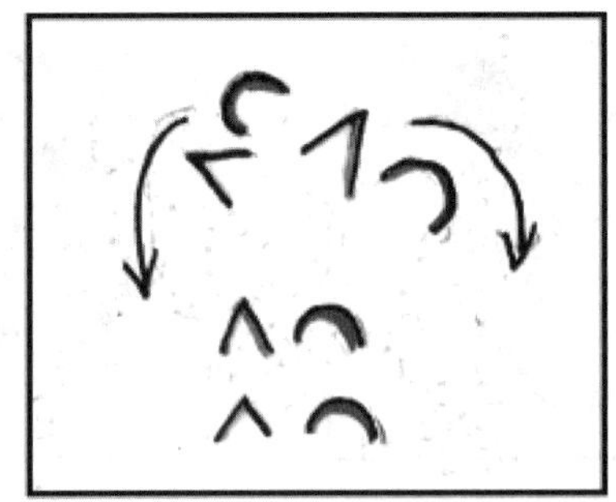
图5-38　男女一组组分列行走

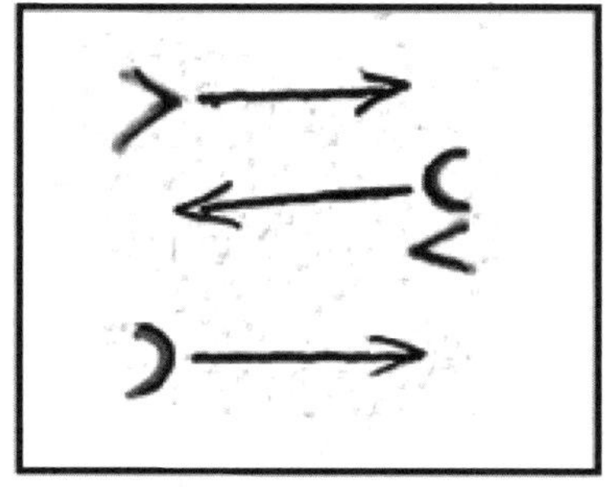

图 5-39 在每组之间穿越

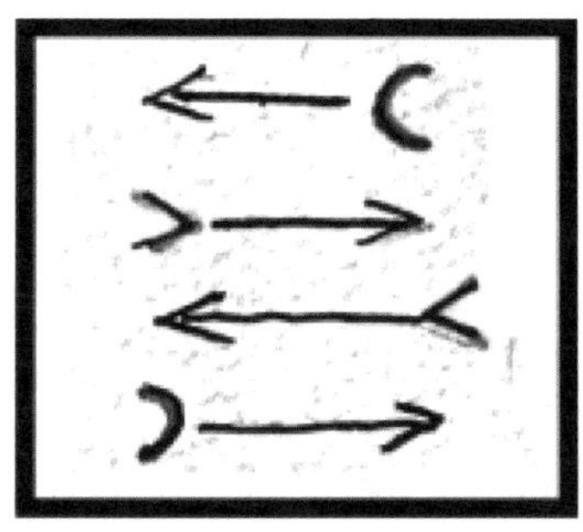

图 5-40 每队交替穿越

图 5-41 顺逆时针方向穿越

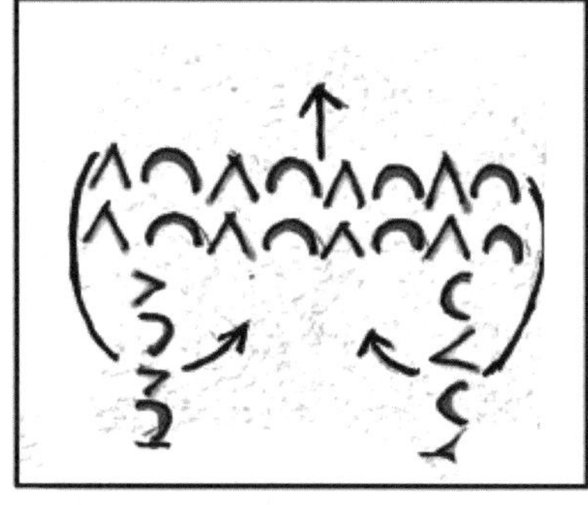

图 5-42 男女四组形成方阵行走

图 5-43 在方阵中曲线穿越

图 5-44 蜗牛行走路线

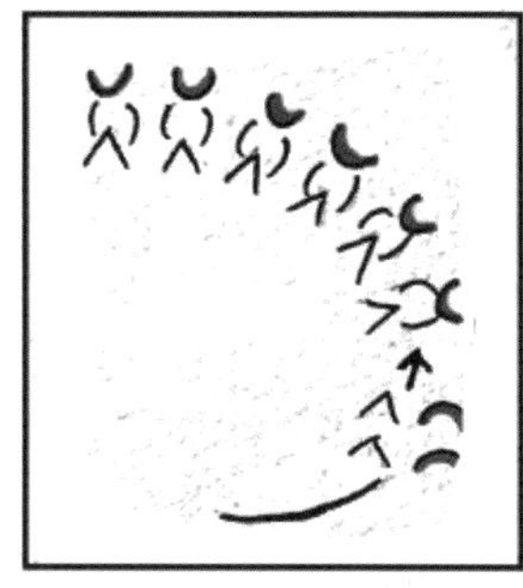

图 5-45 在每组搭桥下行走

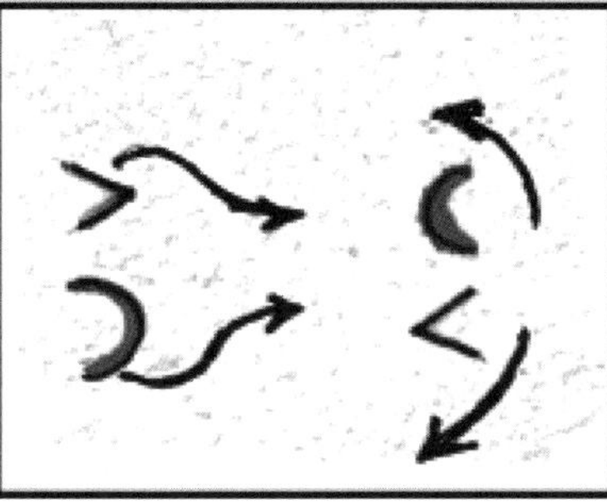

图 5-46 钻桥洞与搭桥

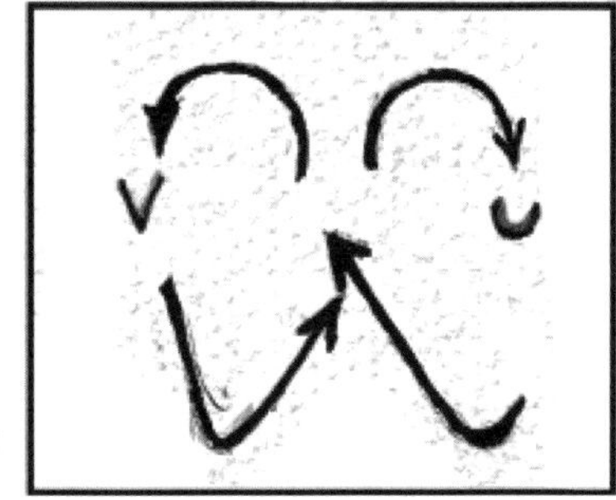

图 5-47 斜着交叉走

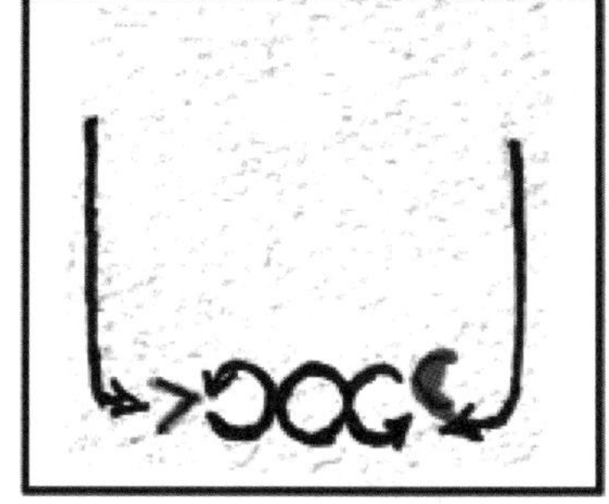

图 5-48 链式路线行走

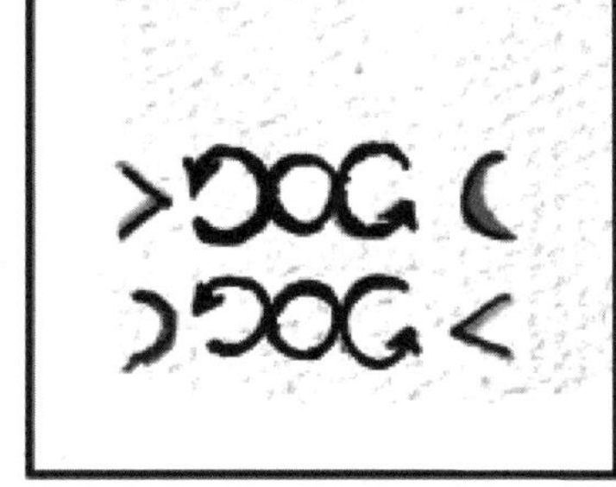

图 5-49 双链式行走

图 5-50 蝴蝶形路线

（三）集体舞活动案例

1. 单列式集体舞：《一号公路》

一号公路

（1）活动过程

按小组进行，最好每小组4~8人，单列搭肩式站好。（如图5-51）

第1—6小节：集体如开火车一般往前行进。

第7小节：动作停止，听音乐指令，要做什么动作。

第8小节：动作指令性语言，如跳—拍手—拍手—跳。

第9—12小节：根据指令集体有节奏地做动作。

图5-51

（2）指令动作

在第8小节中，指令动作的语言有①走，走，跑跑跑；②脚跟，脚尖，跺脚；③左，右，扭一扭；④跳，跳，拍手；⑤侧移，侧移，跳；⑥骑马，骑马，跳；⑦跳，跳，跳伸脚。

(3)自主创编

每一遍可以选一位同学做火车头,第7—8小节由火车头发出新的指令并且做动作,第9—12小节集体在火车头带领下做动作。第二遍音乐时,换新的同学做火车头,依次进行。

2.单圈式圆圈舞:《田纳西摇摆舞》

田纳西摇摆舞

田纳西摇摆舞

(1 5 1 5 | 5 6 5 | 1 5 1 5 | 6 7 1) |

3 1 1 1 1 | 6 1 5 | 3 1 1 1 1 | 2 3 2 |

3 1 1 1 1 | 6 1 5 | 5 56 5431 | 6 7 1 |

5· 5 6 6 | 5 5 3 | 2 1 2 1 | 6 5 5 |

5· 5 6 6 | 5 5 3 | 2 1 2 1 | 6 1 1 |

3 1 1 1 1 | 6 1 5 | 3 1 1 1 1 | 2 3 2 |

3 1 1 1 1 | 6 1 5 | 5 56 5431 | 6 7 1 ‖

(1)活动过程

集体围单圈,每两个伙伴面对面站立,举起右手和舞伴合掌。(如图5-52)

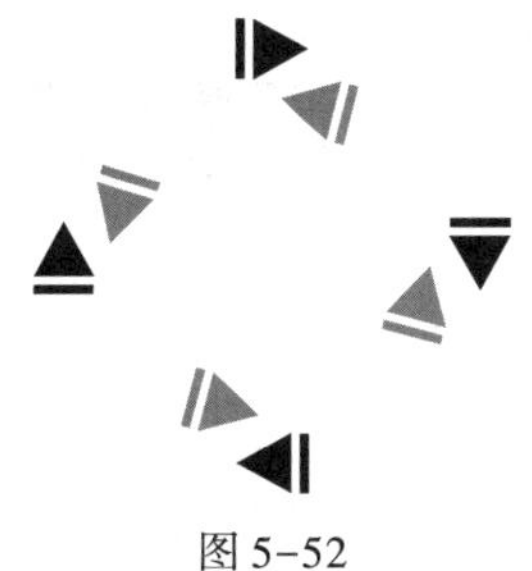

图5-52

第1—2小节:左脚脚尖前点地、旁点地,从右脚后面交叉,往右跳。

第3—4小节:左手合掌,右脚脚尖前点地、旁点地,从左脚后面交叉,往左跳。之后,换成右手合掌。

第5—6小节:两个伙伴合右掌,顺时针转圈。

第7小节:每个人站到自己原来的点位上,和伙伴说再见。

第8小节:往前走一步,遇见新的伙伴。

依次循环下去。

(2)设计改编

教师可以根据上述活动步骤进行修改设计,可以站成内外双圈,两两相对站立,第1—7小节和上述步骤一样,在第8小节每个人往左移动一步,可以遇见新的伙伴。这首乐曲是典型的摇摆风格,因此在两两顺时针转圈时,第5—7小节的第二拍上每个人跺出脚步声来展现田纳西摇摆舞的风格。

3.双直列式集体舞:"The Chimes of Dunkirk"

The Chimes of Dunkirk

(1)活动过程

全体学生相对站成两列直列式。(如图5-53)

第1小节:两列学生相向小步走,和同伴靠近鞠躬。

第2小节:每位学生小步往后退到原位。

第3—4小节:两列学生再次走近,牵手顺时针转圈,和对面同伴交换位置。

第5小节:每位学生在原地拍手,在前面三拍上拍手三下。

第6小节:原地跺脚,在前面三拍上跺脚三次。

第7—8小节:两两牵手,顺时针转圈,回到原位后交换位置。

反复第5—6小节:原地拍手三次,跺脚三次。

反复第7—8小节:排头的两位伙伴牵手,从两列之间跑过,跑向队尾。其他两列同学控制好队列之间的距离,并拍手。

音乐继续,动作循环下去。

图5-53

(2)设计改编

教师可以根据欧洲宫廷舞蹈进行动作改编,一列代表着女士,另一列代表着男士。在鞠躬的环节上,宫廷里的男士和女士动作是有区别的:女士需要两手拎起裙角,做一个下蹲点头的动作;男士右手在前胸,左手在后背做弯腰的动作。

4.散点式邀请舞:《朋友舞》

朋 友 舞

朋友舞

1=C $\frac{2}{4}$

美国民间舞曲

A段

‖: 6· 5 3 6 | 6 5 3 | 6· 5 3 6 | 0 0 | 6· 5 2 6 | 6 5 2 | 6 0 |

0 0 | 6· 5 6 1̇ | 1̇ 7 1̇ | 3· 4 5 6 | 0 0 | 6 1̇ 6 7 | 7 6 5 |

1. 1̇ 1̇ | 7 7 :‖ 2. 1̇ – | 1̇ 0 ‖: 6 – | 3 6 | 1̇ 1̇ 6 | 6· 1̇ |

Fine

$\dot{3}$ $\underline{\dot{3}\ \dot{2}}$ | $\underline{\dot{2}\ \dot{1}}$ 7 | 6 - | 6 - | $\dot{1}$ - | 5 $\dot{1}$ | $\dot{3}$ $\underline{\dot{3}\ \dot{1}}$ | $\dot{1}$· $\underline{\dot{3}}$ |

$\dot{5}$ $\underline{\dot{5}\ \dot{4}}$ | $\underline{\dot{4}\ \dot{3}}$ $\dot{2}$ | [I. $\dot{3}$ $\dot{2}$ | $\dot{1}$ 7 :‖ [II. $\dot{1}$ $\dot{1}$ | 7 ♭7 ‖

D.C.

（1）活动过程

第1—4小节：全体学生两两牵手，散点位站立。学生跟着音乐的节拍，随意走动。（如图5-54）

图5-54

第5—6小节：每位同学和同伴把手分开，相对站立，往后退两步。（如图5-55）

图5-55

第7—8小节：每位同学按照节奏titi ta，titi ta做拍手和跺脚的动作。（如图5-56）

图5-56

第9—15小节：两两之间挽住右手顺时针转圈8拍，再换左手逆时针转圈6拍后和伙伴说再见。（如图5-57）

图5-57

第16小节：每位同学找到新的伙伴。继续循环下去。

5.单圈式独立性集体舞：《七步舞》

七步舞

（1）活动过程

弱起小节，集体围圈，牵手面向圈内。（如图5-58）

图5-58

第1—4小节:集体顺时针方向小跑。

第5—6小节:每个人自己拍手三下,顺时针自转一圈。

第7—8小节:每个人自己拍手三下,逆时针自转一圈。

第9小节:根据身体部位做动作叠加。

(2)设计改编

第9小节的动作依次叠加,可以根据学生状况进行设计改编。

第一遍:抬左腿。

第二遍:抬左腿,抬右腿。

第三遍:抬左腿,抬右腿,左膝跪地。

第四遍:抬左腿,抬右腿,左膝跪地,右膝跪地。

第五遍:抬左腿,抬右腿,左膝跪地,右膝跪地,左手手肘碰地。

第六遍:抬左腿,抬右腿,左膝跪地,右膝跪地,左手手肘碰地,右手手肘碰地。

第七遍:抬左腿,抬右腿,左膝跪地,右膝跪地,左手手肘碰地,右手手肘碰地,头碰地。(如图5-59)

图5-59

6.内外双圈式集体舞:《胖子波尔卡》

胖子波尔卡

胖子波尔卡

(1)活动过程

A部分:

第1小节:跺脚,节奏(♪♪♩)。

第2小节:拍手,节奏(♪♪♩)。

第3小节:转个圈。

第4小节:拍手,节奏(♪♪♩)。

第5—8小节:同上。

B部分:

第1—3小节:两两面对面牵手,顺时针转圈。

第4小节:拍手,节奏(♪♪♩)。

第5—7小节:两两面对面牵手,逆时针转圈。

第8小节:拍手,节奏(♪♪♩)。

7.内外双圈套圈舞:《问候舞》

问候舞

问候舞

(1)活动过程

集体面向圈内,按照单双数交替围圈。(如图5-60)

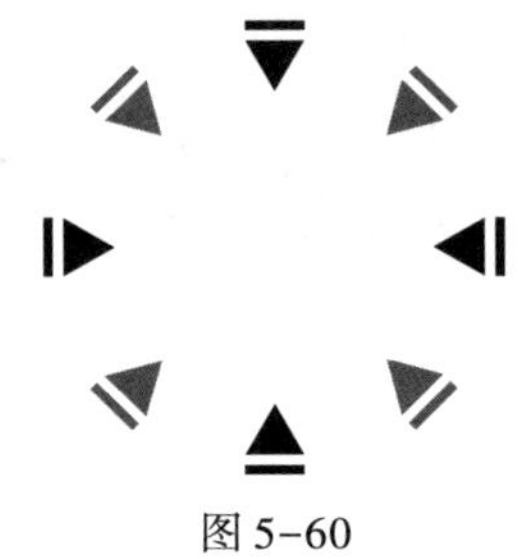

图 5-60

第1—2小节:单数同学往圈内走,问好。

第3—4小节:单数同学返回圈上的位置。

反复第1—4小节:双数同学根据节拍走向圈内向大家问好,再回到圈上位置。

第5小节:单数同学往圈内走一步并牵手。

第6小节:双数同学走到单数同学之间牵手的空位置,把双手放进圈内,双数同学牵手。

第7小节:双数同学牵手往后套到单数同学的背后。

第8小节:单手同学牵手往后套到双数同学的背后。

第9—10小节:集体顺时针小步走。

第11—12小节:所有人散开回到大圈位置。

(2)设计改编

这首《问候曲》结构清晰,为四乐句的一段体,动作设计可以根据结构进行改编。

第1—4小节:集体围圈顺时针走。

反复第1—4小节:集体逆时针走。

第5—6小节:集体走向圈内向大家问好,再回到圈上位置。

第7—8小节:教师做动作,学生模仿。第一遍拍手和跺脚,第二遍拍脑袋和拍腿,每次需要变换动作。

第六章　奥尔夫打击乐活动

本章主要介绍奥尔夫打击乐活动的乐器知识及教学活动。了解奥尔夫打击乐活动的内涵与价值，通过对奥尔夫乐器的介绍和分类，掌握奥尔夫打击乐活动的教学方式，理解奥尔夫打击乐活动中乐器的编配方式。奥尔夫强调以儿童为中心，让儿童在敲敲打打中获得一种音乐创造和探索的能力，在音乐学习上更好地发挥主动性和创造性，在音色和节奏感知的基础上得到良好的操作体验。与此同时，通过一些奥尔夫本土化实践，了解本土的乐器及运用，同时也培养儿童的合作意识。

【学习目标】

1.知识目标：认识奥尔夫打击乐器分类，熟悉奥尔夫乐器的名称、演奏方法、音色特点。掌握奥尔夫打击乐活动的教学内容与方法。

2.能力目标：培养奥尔夫打击乐教学活动的配器和组织能力，并且有设计和实施奥尔夫打击乐合奏的能力。

3.情感目标：激发参与奥尔夫打击乐活动的热情，乐于尝试并探索各种乐器的不同演奏方法及配乐方式。通过一些奥尔夫的打击乐活动提升音乐性和对音乐的兴趣。

4.思政目标：在奥尔夫打击乐合奏活动中培养对音色和配器的创造性，能够倾听自己和他人的演奏声音，从而培养合作精神。通过对本土打击乐的学习，了解本土文化的音乐精髓。

第一节　打击乐活动概述

20世纪初，奥尔夫尝试找到一种适合于学校音乐教学的乐器，摆脱音乐专业学习只追求单一技能目标的困境，追求学生自己奏乐、合作、即兴演奏和创造音乐的目标，在探索乐器和操作打击乐器的过程中发挥学生的主动性、社会性及创造性。因此，奥尔夫不想用严格的艺术性要求来训练学生，而是运用简单易操作的乐器、以节奏性为主来培养学生的音乐性。

一、打击乐活动的内涵

在奥尔夫音乐教育中，乐器的操作与学习也是非常重要的内容和手段，是支柱体系。原本性的教育理念认为打击乐器是儿童表达音乐的一种自然、直接的工具，能使儿童的音乐体验更加立体和完整。打击乐合奏活动能令儿童感到放松和愉悦，通过乐器的操作和演奏既能培养儿童的节奏能力，也是儿童感知、理解和创造音乐能力的具体表现。

"奥尔夫乐器"这一名称原本只用于奥尔夫改造的音条乐器,如木琴、钢片琴、钟琴等。如今,一些小型打击乐器也算作奥尔夫乐器。因此,奥尔夫乐器是一种具有多重意义的总称,通常指那些简单、易于操作和演奏的乐器组合。奥尔夫说:"让音乐与动作相互渗透和补充,努力通过自己自由的和富有创造性的音乐表现激活音乐课堂。"奥尔夫并没有发明乐器,他只是重新发现这些乐器,其中有些就是一些民族的、地区的、本土的或者生活中的材料恰当地组合在一起。

二、打击乐教学活动的价值

凡是孩子,都喜欢敲敲打打,而且每一种物品敲打出来的声音都不太一样。若能借由这项与生俱来的本能,引领孩子感受节奏、跟随旋律、体会音色进而踏上音乐学习之路,其成效将有别于传统的音乐课。奥尔夫乐器运用敲击拍打来创造声音节奏,能立即给予演奏者直接的回馈,容易带来成就感、建立自信心,是很适合孩子音乐入门的选择。

(一)激发儿童的创造力

奥尔夫教学需要用创意的方式来教学,甚至让孩子自主运用各式媒介做自由的尝试与艺术的表达,通过乐器的探索结合戏剧、故事等的表现力激发孩子的创造力。同时,多样化的敲奏方式能提高孩子的肢体协调能力。孩子在老师的引导下,无论是肢体律动、大小肌肉的控制还是双手同时敲奏或左右手轮流敲奏,都有许多操作乐器的动作,不但能训练对音乐的敏捷度,更可刺激身体协调能力和左右脑开发。

(二)提高儿童的音乐能力

打击乐教学活动要求儿童根据歌曲、乐曲,按照节拍、节奏打击不同乐器进行演奏。这需要儿童对歌曲、乐曲的节拍、节奏和乐段结构等音乐元素特征有一定的理解和把握,这些理解是幼儿音乐感受力的具体表现。因此,开展打击乐活动能促进儿童理解音乐作品的要素,提高其对音乐的感受力和表现力。

(三)促进儿童的合作能力与社会性发展

在打击乐合作教学中,儿童学到的不仅是演奏的技巧,还包括人际互动、团队合作,在打击乐合作参与中更具同理心与社交力。合奏的过程中,不论是负责键盘、鼓、手摇铃或是三角铁、沙铃等,都不可或缺,身处其中自然而然就能体会到自己是被需要的。同时,在合奏中的和谐配合能促进儿童的合作能力和社会性发展。

第二节　打击乐的教学方式

一、教学方式

(一)年龄分层

3—4岁:亲子共学,运用绘本、说故事等方式,欣赏世界名曲,并配合发展认知的重要时期带领孩子通过乐器操作认识节奏、旋律等概念。

4—6岁:让孩子大量聆听音乐,分辨乐器音色,并借由说说唱唱、肢体律动、乐器敲打、故事游戏、音乐欣赏等不同的学习方式感受音乐的各种面貌。

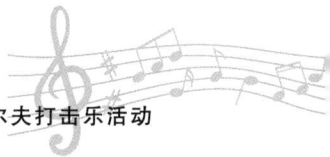

6岁以上：正式上课，练习时不但要敲好自己负责的部分，更要聆听其他同学的声音。此时在演奏时必须要做到耳朵听音乐、眼睛看谱、手敲奏、嘴巴哼唱，是多感官的训练。

（二）教学方式

1.声部安排

在打击乐的乐器编配和声部安排中，需要考虑不同材质的乐器。低声部以鼓为主，并且以节拍呈现，依次往上为木质类乐器演奏固定节奏型，闪响类乐器作为密集型节奏的补充呈现，最高声部呈现的是金属类乐器的音色层次。音条乐器同样按低音木琴、中音木琴、高音木琴、钟琴从低到高编配。

2.教学策略运用

指挥策略：教师指挥动作需要简洁、清晰，指挥拍子强弱明显，乐句之间转换明确、合拍。

动作难易：乐器的操作有难易之分，从徒手动作、单一简单的乐器开始，再到双手动作、复杂的乐器。有些乐器可以有多种演奏方式，需要考虑从最简单的操作方式到几种方式共同运用。

课堂管理：关注儿童拿放乐器的常规方法，可以给予儿童探究新乐器的时间，但是需要及时将儿童拉回到教学中来。

3.即兴创作

即兴创作是通过乐器来探究音乐的主要手段。比如曲式可以提供给打击乐很多即兴创作形式，从音乐动机、模式、音乐问答、乐句变奏等方式到整首音乐。在整个即兴创作的过程中，儿童不断积累经验，调整音乐表现，再加入自己的想法和节奏型。另外，即兴创作也可以帮助老师了解儿童的吸收程度和音乐水平，重新调整自己的教学方式，以激发儿童的即兴创作能力，这也是奥尔夫音乐教学法的特色之一。下面以打击乐创作活动《春晓》为例。

春晓

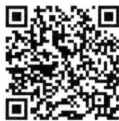

春晓

谷建芬 曲

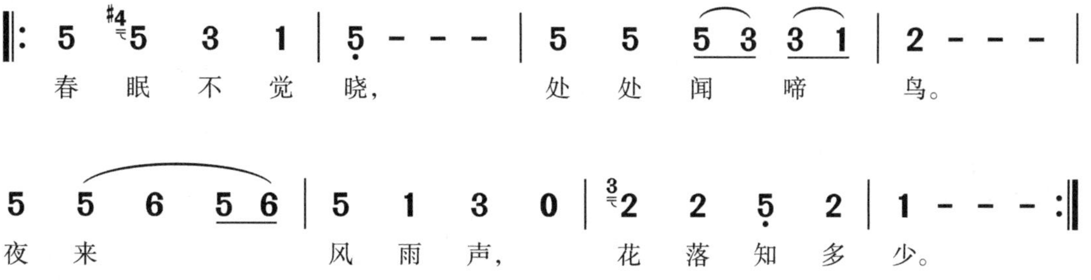

‖: 5 #4 5 3 1 | 5 - - - | 5 5 5 3 3 1 | 2 - - - |

春 眠 不 觉 晓， 处 处 闻 啼 鸟。

5 5 6 5 6 | 5 1 3 0 | 3 2 2 5 2 | 1 - - - :‖

夜 来 风 雨 声， 花 落 知 多 少。

(1)活动流程

首先,根据古诗意境利用打击乐器进行声景的描绘,包括风声、雨声、蛙鸣声、春雷声等。其次,利用歌曲的改编及运用音条乐器表现古诗的意境和人物的心情。

(2)乐器选择

a:风声——嘴吹气、手摩擦。

b:雨声——捻指、轻拍手、雨声筒、果壳铃。

c:雷声——雷声筒、棒棒糖鼓、非洲鼓、邦戈鼓。

d:旋律——木琴、钢片琴。

(3)曲式结构的创造与发展

A:开始下雨的声音描绘。B:歌曲演唱。C:雨声、雷声大作。B:歌曲演唱(卡农+和声)。A:雨后的声音描绘。

二、乐器分类

打击乐器的范围很宽广,只要能通过拍击敲打发出声音,就能作为乐器,这让打击乐成为孩子共玩共学的音乐类别。

(一)生活器物

生活中很多物品都能用来敲敲打打,比如锅碗瓢盆、搓衣板等。美国的破铜烂铁打击乐团、韩国的乱打秀就是以垃圾桶、扫把、锅盖为打击乐材料。

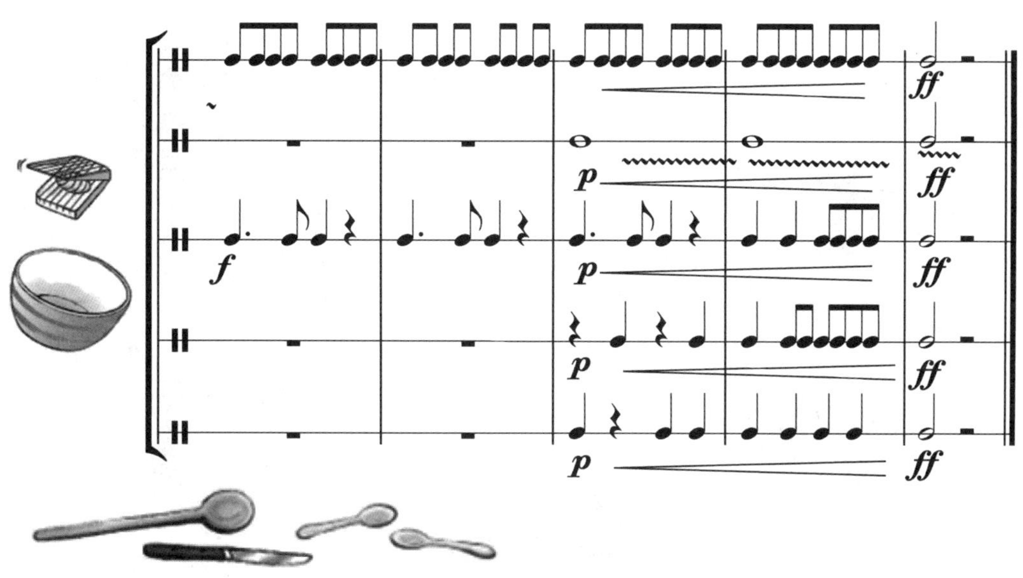

(二)自制乐器

常见的自制乐器有用罐子装入绿豆或米之后密封,拿来充当沙锤;而装入玻璃罐和金属罐的声音又有所不同,可让孩子自行探索。

此外,还有很多器物都能发出有趣的声音,例如挥舞水管或吹水管的声音很像风声,拍打铁制饼干盒的声音仿佛雷声,都能引导孩子进行联想。可以试着运用身边的物品与人声来为卡通配音。除了生活器物之外,不妨增加一些响板、沙铃等小乐器来做搭配。如图6-1中的自制响板、拨弦琴、串铃等。

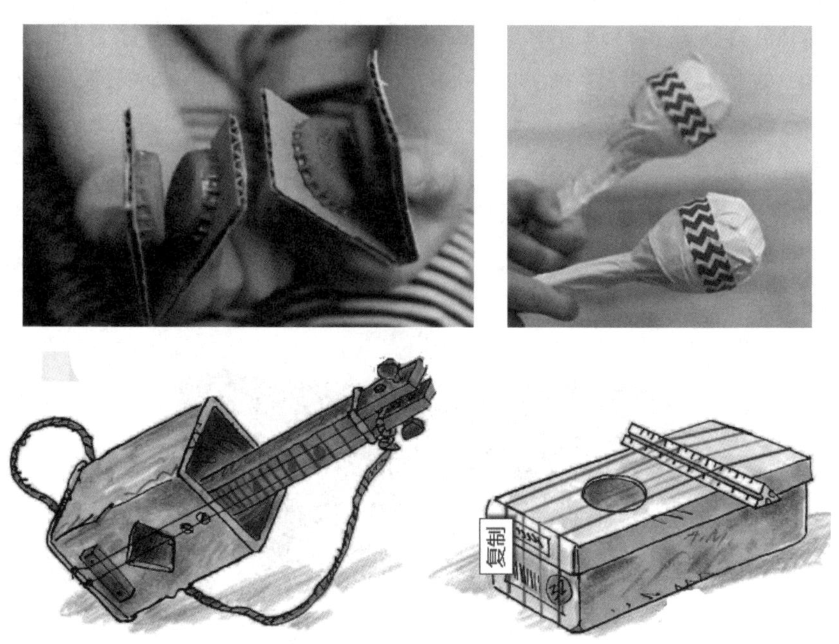

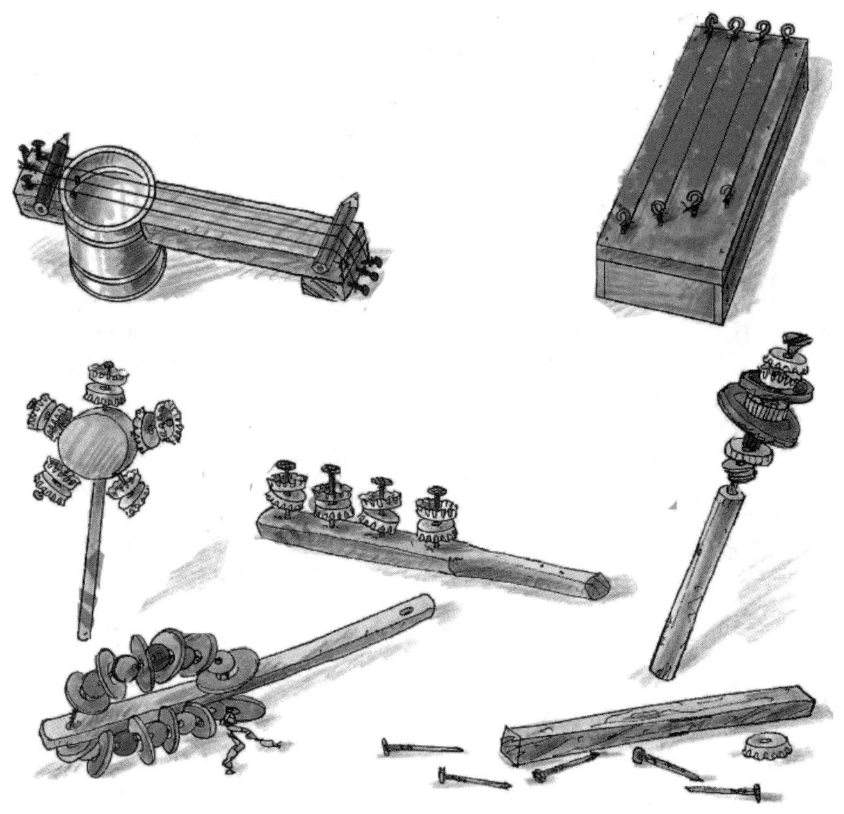

图6-1　自制乐器

(三)自然素材

大自然中也有很多素材适合拿来做打击乐,例如石头、贝壳、海螺、树枝、树叶等。以"山林音乐课"为主题进行教学,比如把石头当成乐器,很适合父母跟孩子一起玩。可先让孩子选自己喜欢的石头,敲敲看,试着分辨不同石头、不同部位敲击出的音色。

(四)本土乐器

世界各地区、民族的本土乐器,只要能简易操作配合教学目标,都是可以使用的。奥尔夫的音条乐器也是受到非洲和印度尼西亚的竹筒琴和木琴启发改造而成的。拉丁美洲的阿果果、卡西西和非洲的金贝鼓、雨声筒、木琴(如图6-2)都可以用来做乐器合奏。

图6-2　非洲木琴

第三节 奥尔夫打击乐器与教学活动

一、奥尔夫打击乐器分类

奥尔夫打击乐器大致可以分为无音高乐器和有音高乐器。无音高乐器包括木质类、金属类、皮质类、闪响类;有音高乐器能够演奏旋律,如木琴、钢片琴、音钟等。

(一)木质类

1.响板(如图6-3)

响板又称马蹄板,源自古埃及,后由伊比利亚人传到西班牙,成为西班牙非常重要的民俗乐器。

乐器特点:

音响短捷,音质清脆。适用于二分音符、四分音符、八分音符的演奏。

图6-3 响板

谱例:

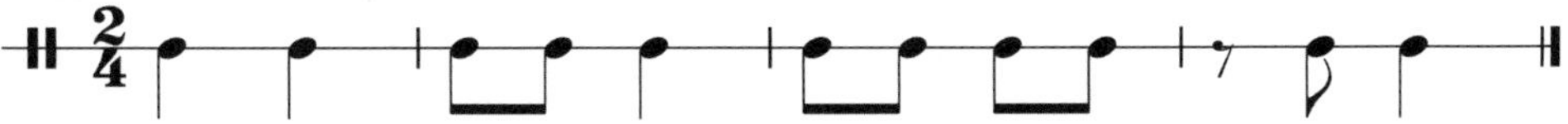

2.双响筒(如图6-4)

双响筒为上方开口的中空圆木乐器,一长一短,长者为低音,短者为高音。

乐器特点:

音响短捷,音质清脆。适用于二分音符、四分音符、八分音符的演奏,同时可做音高上的变化及音乐上滑奏的效果。

图6-4 双响筒

谱例：

3.木枕(如图6-5)

因形状似火车铁轨上的枕木而得名,属于木制的敲击乐器。

乐器特点：

音响短捷,音质清脆。适用于二分音符、四分音符、八分音符的演奏。

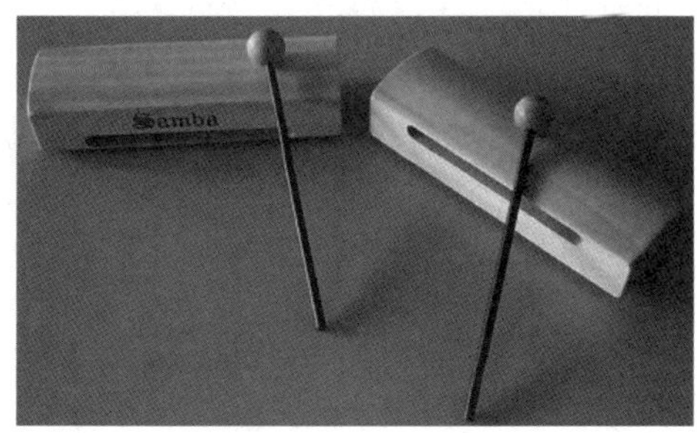

图6-5 木枕

谱例：

4.响棒(如图6-6)

响棒是一种敲击乐器,属于体鸣乐器,源于非洲,是一种非常古老的乐器,近代则由古巴及其他南美洲国家发展起来。现在响棒仍然是拉丁音乐和非洲音乐中相当重要的乐器,用以保持乐曲拍子的稳定性。

乐器特点：

音响短捷,音质清脆。适用于四分音符、八分音符的演奏。

图6-6 响棒

谱例：

5. 刮弧（如图 6–7）

属于拉丁打击乐器，形状如中空的长葫芦，表面呈锯齿状，以细长的棒子来回刮锯齿状的表面发声，类似鸭子的声音。

乐器特点：

音效乐器，音质特殊。适用于四分音符、八分音符的演奏。

图 6–7 刮弧

谱例：

断奏：以鼓棒敲击乐器本身，
短捷有力的长音。

6. 卡宏鼓（如图 6–8）

又名箱鼓，是一种箱状的木质打击乐器，鼓中会安装小鼓的弦或是吉他弦来产生共振，用手敲拍木箱前端薄板发声，产生和爵士鼓相似的声音。有些箱鼓在鼓身当中还会加上脚踩鼓槌踏板，以及其他铃或闪响材料等，增加音色的多元性。

乐器特点：

箱鼓拥有五个敲击面，声音各不相同。在箱鼓的背面有一个发声用的圆孔。

图 6–8 卡宏鼓

谱例：

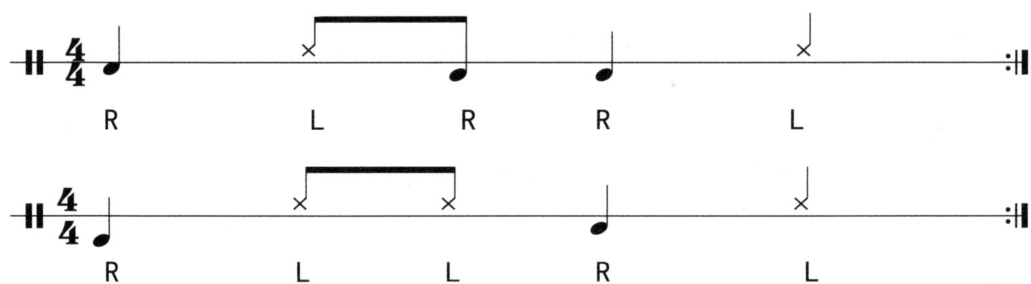

(二)金属类

1.三角铁(如图6-9)

金属类打击乐器，属于金属体鸣乐器，用一金属棒敲击，发音清脆悦耳，穿透力强，适宜做较简单的节奏敲击。也可将金属棒置于三角铁环内转动，奏出“滚奏”效果。

乐器特点：

无固定音高，敲击三角铁不同部位，其音高音色略有不同，底边音最低，等腰上段的音较高。要奏震音可反复快速敲击角隅的两边，或在三角内画圆圈轮流敲击三边。也可发出银铃般的颤音，为乐队增加一种特殊的色彩。

图6-9 三角铁

谱例：

2.音砖(如图6-10)

音砖是在奥尔夫音条乐器的基础上把每块音条进行拆分，更易于演奏。

乐器特点：

音响短促，音质清脆。具有特定音高，适用于音高的辨认、排列及和声组合。

图6-10 音砖

谱例：

3. 指钹（如图 6–11）

也称小钹，是中东舞者表演时手上时常拿着（绑在拇指与中指上）的打击乐器。它的形状就像是迷你版的钹。

乐器特点：

音质清脆、响亮，适合短音或快速节奏的演奏。

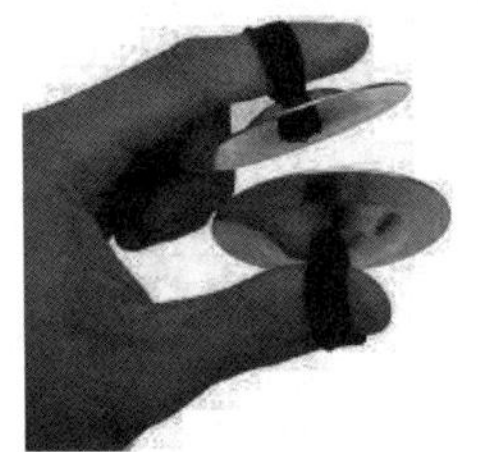

图 6–11　指钹

谱例：

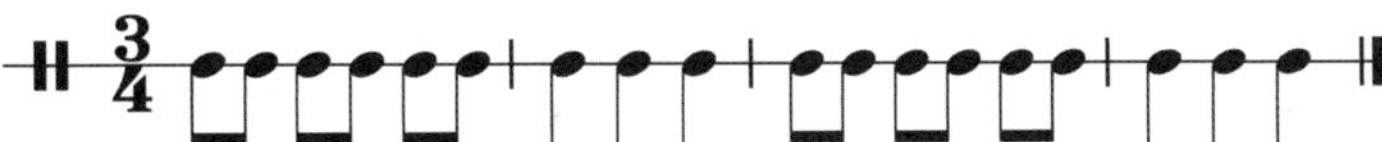

4. 阿勾勾铃（如图 6–12）

阿勾勾铃属于拉丁乐器，是从中南美洲发展出来的乐器，是为了表现一些即兴舞曲或拉丁组曲需要的特殊音效而创造出的敲击乐器。它的构想来自牛铃，由两个铁片各弯成一大一小的管子，用一根弯曲的铁棒连在一起，用鼓棒敲击。

乐器特点：

音质清脆，适合于高音、低音交错的演奏。

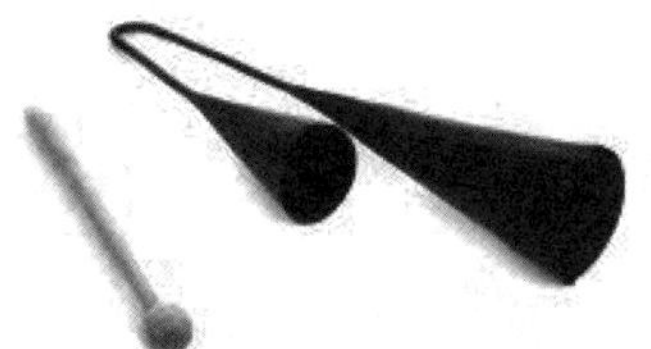

图 6–12　阿勾勾铃

谱例：

5.按钟(如图6-13)

按钟是节奏、旋律乐器,是一种有音高的打击乐器,按照一个八度的音阶式排列,8个按钟8个音节,用手拍击,声音清脆悦耳。在实际的音乐教学中,使用按钟不仅能增添乐趣,而且给歌曲旋律以及二声部的学习带来很大的帮助。

乐器特点:

色彩鲜明,音质清脆短促。适合演奏短音及各式变化节奏与和声。

图6-13 按钟

谱例:

6.钟琴(如图6-14)

钟琴是旋律乐器,是一种有固定音高的打击乐器,将不同音高的金属片按键盘乐器的琴键排列好,然后镶于支撑架上,以琴棒敲打琴键发声。一般钟琴都有2个半八度至3个八度的音域。

乐器特点:

音质清脆,响亮而柔和。适合旋律及和声的演奏。

图6-14 钟琴

谱例：

7.风铃(如图6-15)

风铃是音效乐器，可在风的吹动或手的拨动下，通过各个铃铛或其他物体的碰撞来发出冰凉的声音。风铃种类有很多，如日本风铃、八角风铃等。

乐器特点：

声音特殊而华丽。

图6-15　风铃

谱例：

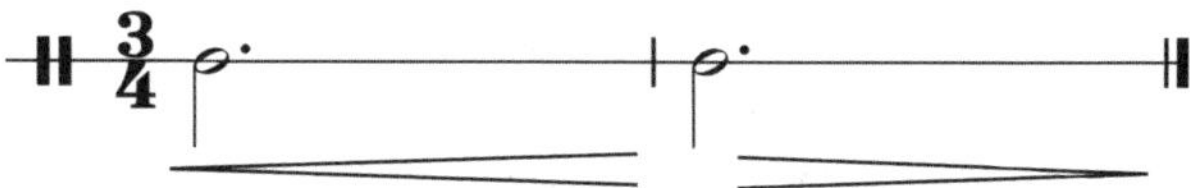

8.碰铃(如图6-16)

也称为撞铃，为两个杯状铜质乐器，演奏时左右手各持一个互相碰击发声。

乐器特点：

音质柔和、优美。适合长音的演奏及各乐句、乐段的结尾。

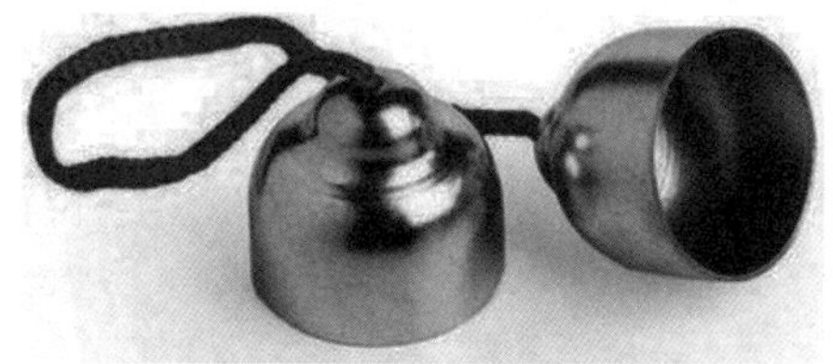

图6-16　碰铃

谱例：

9.铜钹（如图6–17）

铜钹是一种常见的打击乐器。铜钹一般是成对的，是可以由各种合金材质制成的薄圆盘。根据大小尺寸不同，有不同的音高。铜钹常用在不同类型的乐团中，例如交响乐团、锣鼓队、爵士乐团、重金属乐团和仪乐队。

乐器特点：

音质清脆、响亮。适合长音及短音的演奏。

图6–17　铜钹

谱例：

（三）皮质类

1.铃鼓（如图6–18）

铃鼓亦可称为摇鼓，是节奏乐器，鼓框为圆形，直径由26厘米至50厘米不等，以木或金属制造，并且镶有多组金属片。因敲打乐器时可同时令金属片互相撞击发出近似马铃的声音而得名。铃鼓的其中一边鼓面可以覆上鼓膜，鼓膜主要由动物皮所做成。

乐器特点：

音质清脆。适合滚奏、长音及短音的演奏。

图6–18　铃鼓

谱例：

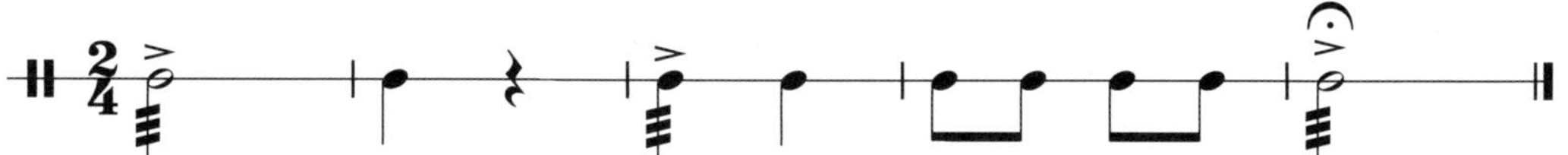

2. 手鼓（如图 6-19）

手鼓是节奏乐器，是鼓中的一个大类别。各地、各民族称谓不同，制法也稍有差别，其中最为典型的是维吾尔达卜。在中东和中亚很多国家都有自己的手鼓乐器。

乐器特点：

音质清脆短促。适合各式音符演奏。

图 6-19 手鼓

谱例：

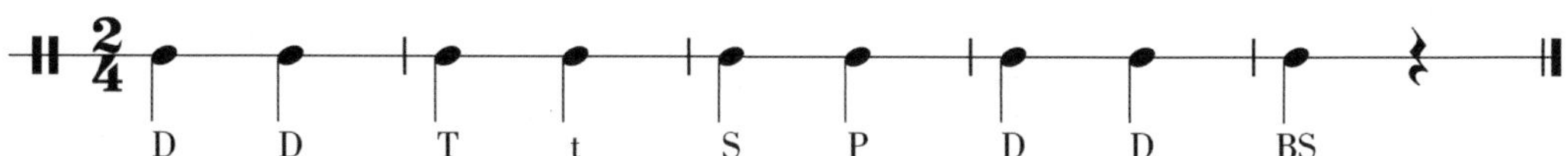

3. 邦戈鼓（如图 6-20）

邦戈鼓又称为曼波鼓，是节奏（拉丁）乐器，是源于拉丁美洲的一种鼓。以两个不同大小的单皮鼓为一组，以铁片或木头将两个鼓接驳在一起。

乐器特点：

音质高亢、清脆而短促。适合各式音符的演奏。

图 6-20 邦戈鼓

谱例：

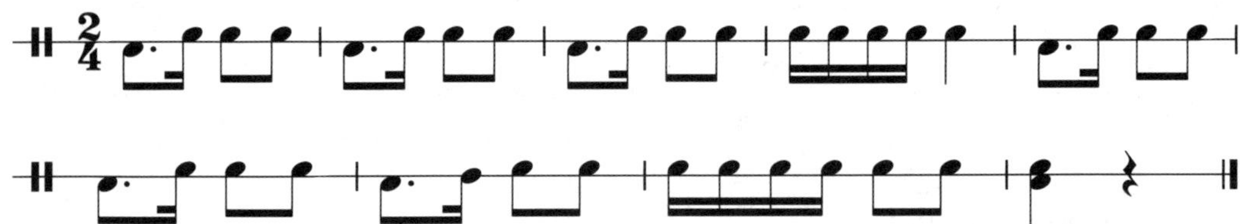

4.康加鼓(如图6-21)

康加鼓是节奏(拉丁)乐器，是一种膜鸣乐器，源自刚果。原本康加鼓主要用于非洲部落的宗教仪式，后来随着流行音乐的发展被编曲者广泛使用。

乐器特点：

音质浑厚饱满、清脆短促。适合各式音符的演奏。

图6-21 康加鼓

谱例：

B=低音(bass) S=按音(slap) O=正常音(open)

5.音筒(如图6-22)

音筒是节奏、旋律乐器，是一个轻巧的、空心的、带颜色编码的塑料管，可根据音调调整长度。

乐器特点：

色彩鲜明、音质清脆短促。适合演奏短音及各式变化节奏及和声。

图6-22 音符

谱例：

6. 海洋鼓（如图 6–23）

或称海浪鼓，因模仿海浪的声音而得名，是一种北美的打击乐器。鼓的两面为鼓面膜，内有钢珠，通过钢珠的滚动撞击模拟海浪声。双手平握鼓的两端，保持水平略微倾斜，左右摇晃，摇晃角度越大音量越大，反之亦然。

乐器特点：

音质深沉圆润，可优美舒缓，也可热烈雄壮。可用于表现海浪声、雨声、冲浪声、鱼群游动声、转场声等。

图 6–23 海洋鼓

谱例：

7. 棒棒糖鼓（如图 6–24）

棒棒糖鼓是节奏乐器，是一种可手持而易演奏的鼓类乐器。由于造型特殊，仿棒棒糖，因此非常受儿童的喜爱。

乐器特点：

音质清脆短促，依尺寸大小可区分为高、中、低三种音域。适合短音的演奏及合奏的练习。

图 6–24 棒棒糖鼓

谱例：

（四）闪响类

1. 手铃（如图6-25）

手铃是一种闪响金属乐器，由铃身、手柄和击锤三部分构成。铃身决定手铃发声，也决定单个手铃的音高，一般由铜制成。手柄通常由皮制成，也有用塑料制作的手柄。乐手可以用多种方式演奏，最常用的方式是手摇，手铃中的击锤会碰撞铃身而发声。

乐器特点：

音质响亮。适合演奏连续短音及长滚奏。

图6-25 手铃

谱例：

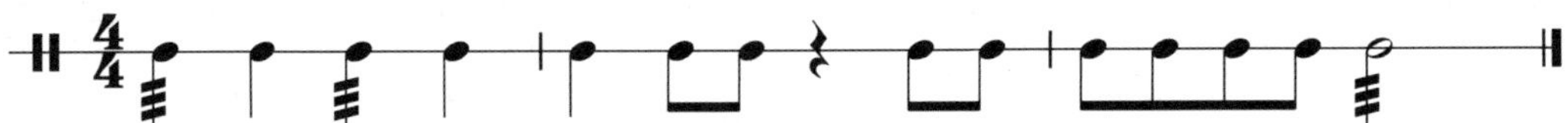

2. 串铃（如图6-26）

又称雪橇铃，是金属闪响乐器。由多个铃铛组串而成，通常固定在木棒之上。

乐器特点：

音质较手铃低沉。适合演奏连续短音及长滚奏。

图6-26 串铃

谱例：

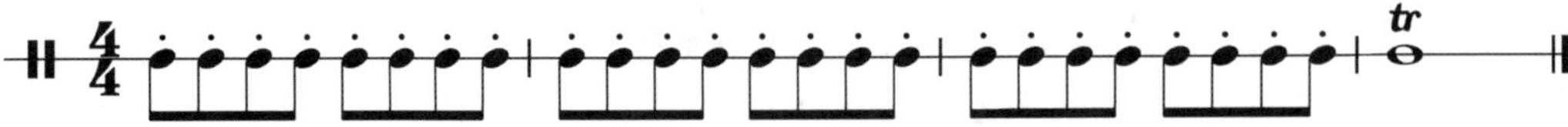

3. 卡巴萨(如图6-27)

卡巴萨是一种闪响类打击乐器,属于体鸣乐器,源自南美洲,亦有说法是源于非洲的一种原始乐器椰铃。当地人把晒干的果实,如葫芦、黄瓜等,在外围包上一层以珠织成的网,通过摇动或拍打珠网而发声。

乐器特点:

音质响亮。适合短音节奏或长音滚奏。

图6-27 卡巴萨

谱例:

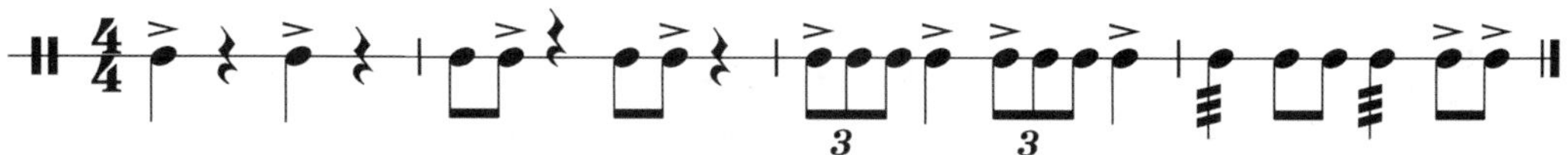

4. 沙锤(如图6-28)

沙锤是摇奏体鸣乐器,亦称沙球,起源于南美印第安人的节奏型打击乐器,多用密封的椰子壳制成,内装沙粒或碎石子,两个一组。有木制、陶制、藤编和塑料制等,内装珠子、铅丸等物。

乐器特点:

音质清脆。适用于八分音符、十六分音符的演奏,亦可做长音的演奏。

图6-28 沙锤

谱例:

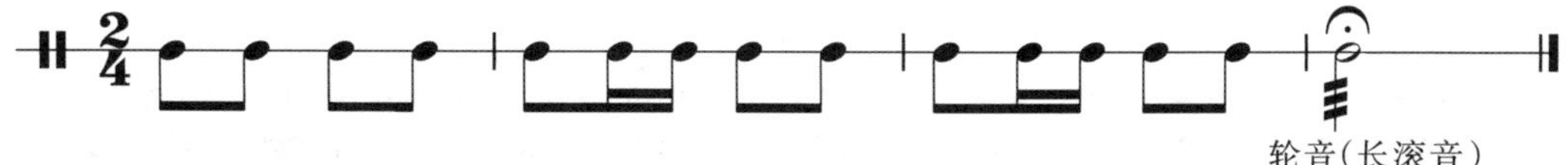

5.沙铃(如图6-29)

可设计出各式造型。由于造型特殊,受到各年龄层人的喜爱。

乐器特点:

造型特殊,音质清脆。适用于八分音符、十六分音符的演奏,亦可做长音(轮音)的演奏。

图6-29 沙铃

谱例:

6.铁沙筒(如图6-30)

铁沙筒呈圆柱状,金属外壳,是音色类似沙铃的敲击乐器。

乐器特点:

音质清脆。适用于八分音符、十六分音符的演奏。

图6-30 铁沙筒

谱例:

二、奥尔夫音条乐器

在20世纪初的德国，孩子们几乎没有什么乐器。奥尔夫偶然发现了一架非洲木琴，他将木琴改造为一种乐器，并设计演奏和编配方法以供学校里的孩子们学习。随后，他根据印尼佳美兰管弦乐队和德国钟琴的特点，发明了钢片琴和钟琴。全套音乐乐器包括高音木琴、中音木琴、低音木琴、高音钢片琴、中音钢片琴、低音钢片琴。虽然每种乐器的音域都被限制在两个八度以内，但从低音到高音，整个音条乐器合奏组覆盖了六个八度，组成了一支完整的管弦乐队。

（一）音条乐器分类

1.木琴

奥尔夫音条乐器中的木琴分高、中、低音三种。最小的是高音木琴（如图6-31），中等大小的是中音木琴（如图6-32），最大的是低音木琴（如图6-33）。木板的长短决定了音的高低，木板越长，音越低。

高音木琴：音域范围（C5-A7）

中音木琴：音域范围（C4[中央C]-A6）

低音木琴：音域范围（C3-A5）

图6-31 高音木琴

图6-32 中音木琴

图6-33 低音木琴

两架木琴对话

两架木琴对话

奥尔夫 曲

Allegro(𝅗𝅥.+𝅗𝅥)

8va

(8)

(8)

1.

2.钢片琴

奥尔夫音条乐器中的钢片琴分高、中、低音三种。和木琴一样,最小的钢片琴是高音钢片琴(如图6-34),中等大小的是中音钢片琴(如图6-35),最大的是低音钢片琴(如图6-36)。同样,钢片的长短也决定了音的高低,钢片越长音越低,钢片越短音高越高。钢片琴发出的声音有很长的泛音效果,因此不适宜演奏节奏密集的旋律,而且需要演奏者及时止音。

高音钢片琴:音域范围(C7-A9)

中音钢片琴:音域范围(C4[中央C]-A6)

低音钢片琴:音域范围(C3-A5)

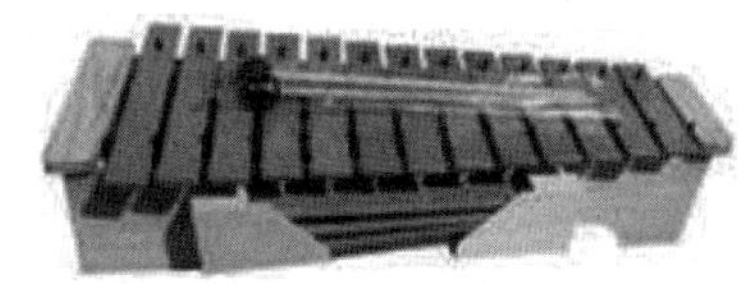

图6-34 高音钢片琴

图6-35 中音钢片琴

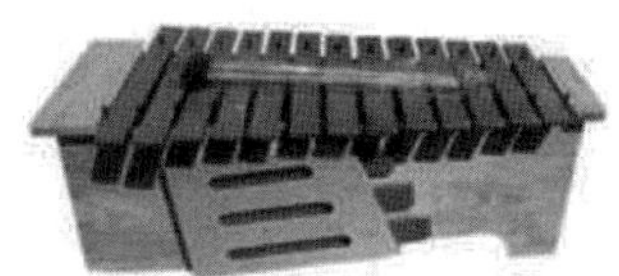
图6-36 低音钢片琴

(二)音条乐器伴奏形式——波尔动

波尔动是音条乐器伴奏的一种形式,它指一个开放的五度,包含和弦的根音和五度,不演奏三音。例如，C大调或c小调中的波尔动包括两个音高C和G；在F大/小调中，包括F和C；在G大/小调中，包括G和D；在d小调中，包括d和a；等等。波尔动有和弦波尔动、分解波尔动、平移波尔动、交叉波尔动等。

1.固定五度

低声部持续五度演奏。

（1）固定五度音程伴奏型

（2）固定五度音程伴奏型的乐曲练习

固定五度音程伴奏型的乐曲练习

2.相邻音程交替

音程交替伴奏型的乐曲练习

低声部三度、四度、五度和六度交替演奏。

(1)音程交替伴奏型

(2)音程交替伴奏型的乐曲练习

3.分解波尔动

旋律音程分解演奏。

(1)分解波尔动伴奏型

分解波尔动伴奏型

（2）分解波尔动伴奏型的乐曲练习

4.水平波尔动

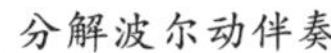

分解波尔动伴奏型的乐曲练习

波尔动在不同的八度范围内演奏，也有双手同向水平移动的形式。

（1）纯五度音程水平高八度移动和水平二度移动

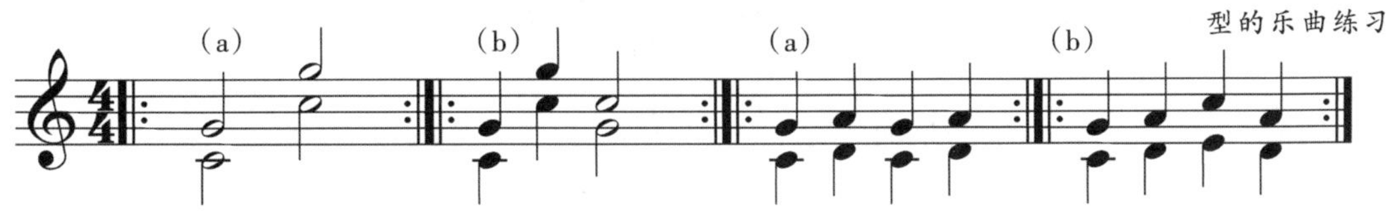

（2）中音木琴声部水平移动波尔动的乐曲练习

中音木琴声部水平移动波尔动的乐曲练习

5.交叉波尔动

在演奏中需要演奏者左右手交叉敲击。

(1)交叉波尔动伴奏型(D大调)

交叉波尔动伴奏型的乐曲练习

(2)交叉波尔动伴奏型的乐曲练习

6. 固定伴奏音型

重复的主题、节奏或者音型。

(1)固定伴奏音型(6/8 拍)

固定伴奏音型的乐曲练习

(2)固定伴奏音型的乐曲练习

（三）音条乐器基本练习

1 基本五音和音 2 3 4

5 6 7 8 一部移动五度和音

9 10 二部移动五度和音 11 12

13 14 15 16

17 18 19 20

21 22 23 24 25

3
1.基本五度和音
2.
3.
4.
5. 一个声部移动
6. 两个声部移动
7.
8.
9.
10.
11.
12.
13.
14.
15.
16.
17.
18.
19.
（轮奏）
20.（轮奏）

木琴和钟琴

鳄鱼歌

鳄鱼歌

传统民歌

all–i–ga–tor high all–i–ga–tor low all–i–ga–tor fast and then he's slow

波尔动

低音鼓

沙球

响棒

波尔动

all–i–ga–tor up all–i–ga–tor down all–i–ga–tor on the farm and al–so in the town

波尔动
波尔动

波尔动
低音鼓

波尔动
沙球

响棒
波尔动

小蟋蟀的歌

小蟋蟀的歌

德国民歌

All through the night, the moon is silver bright. Crick–et sings his
刮弧
钟琴
低音木琴

ti–ny song, sings it through the whole night long. All through the night.

Ti-de-o

传统儿歌

Ti-de-o
V
Pass one win-dow, ti-de-o. Pass two win-downs, ti-de-o.
Ax
Bx
V
Pass three win-dows, ti-de-o. Jin-gle at the win-dow, ti-de-o.
Ax
Bx
V
Jing-ling, jing-ling, jing-a-ling joe; jin-gle at the win-dow, ti-de-o.
Ax
Bx

卡 瓦 亚

卡瓦亚

西非民歌

Eh soom boo ka-wa-ya ke dou, ka dee. Eh soom boo ka-wa-ya

三角铁

梆鼓

钟琴

低音木琴

ke-dou, ka-dee, ke-dou, ka-dee, ke-dou, ka-dee.

三角铁

梆鼓

钟琴

低音木琴

Ah Soom boom ka-wa-ya ke dou, ka dee.
三角铁
槌鼓
钟琴
低音木琴
Rain Rain
Rain Rain
美国儿歌
Rain rain go a - way.
高音钟琴
中音钟琴
gliss.
gliss.
高音木琴
中音木琴
中音钢片琴
低音木琴
低音钢片琴

come a – gain a – no – ther day.
高音钟琴
中音钟琴
gliss.
gliss.
高音木琴
中音木琴
中音钢片琴
低音木琴
低音钢片琴

快跳起来

4
非常快
1.
拍掌
跺脚
2.
高音木琴
中音木琴
三角铁
小铃.
f
快跳起来
快 跳起 来， 快
p sub.
ka la la la la la la la
la la la la la la la la
la la la la la la la la
（右手敲两下）
p sub.
p
p sub.
穿上新舞 鞋，
大家都来跳 舞，快
穿上新的舞 鞋，
la la la la la la la la
la la la la la la la la
la la la la la la la la

1.
快 跳 起 来。
la la la la
拍掌
跺脚
l r.
2.
la la la la la
la la la la
la la la la la
高音木琴
中音木琴
高音木琴
中音木琴
三角铁
小铃

(四)教学素材

三只猴子

念白

有三只猴子荡呀荡秋千，它们嘲笑那鳄鱼被呀被水淹哈哈，它们

念白

嘲笑那鳄鱼吃不到它们。啊呜 啊呜。

铃鼓

双响筒

邦戈鼓

铃鼓

双响筒

邦戈鼓

Simamakaa

Simamakaa 非洲民歌

1 F 2

Si – ma–ma kaa, si – ma–ma kaa, Ru– ka, ru– ka, ru– ka, si – ma–ma kaa,

3
4
Tem - be-a kim-bi-a, tem - be-a kim-bi-a. Ru-ka, ru-ka, ru-ka, si - ma-ma kaa.
si - ma-ma kaa, si - ma-ma kaa, si - ma ma kaa. si - ma ma kaa.
Schluss
Zz 1 2 3 4 1 2 3 4
F X X X X
C X X X
音筒
沙球
邦戈鼓
骑 马
骑马
佚名 曲
骑上马赶路程，踏 踏，钉上了马踩呀，叮 当，
高音木琴
中音木琴
低音木琴
三角铁
节奏棒

为竖笛和钟琴而作

传统民歌

我喜欢
佚名 曲
Em Am D7 我喜欢 G Em
我 爱 蓝 天， 我 爱 阳 光， 我 爱 大 海，
Am D7 G Em Am
我 爱 家 乡， 我 爱 中 国， 我 爱 这 土 地。 Di

G
Em
Am
D7
dum, di da, di dum, di da, di dum, di da, di dum, di da, di

伴奏声部

歌唱声部 I
dum dum dum dum
歌唱声部 II
dum, di da, di dum, di da, di dum, di da, di dum, di da, di
中音木琴
响 棒
BEGLEITUNG
dum blick dum blick
小 鼓
bon bon bon

Siyahamba

Siyahamba
非洲民歌
A
G
Si - ya - ham ba ku - kha nye kweng khos. Si - ya
1. G
2. G
ham - ba ku - kha nye kweng khos. Si - ya - Si - ya -

B
C
拍手
G
拍手
-ham – ba, si – ya – ham – ba, si – ya –
D
1. G
2. G
-ham–ba ku–kha nye kweng khos, Si – ya
A
G
D
G
高音木琴 I
高音木琴 II
低音木琴
B
C
G
D
1. G
2. G
中音木琴 I
中音木琴 II
低音木琴
1.
低音非洲鼓 I
2.
低音非洲鼓 II
3.
高音非洲鼓
4.
牛铃

跳个圆圈舞

柏丁恩 曲

跳个圆圈舞
Na Ba-hi-a tem rem, tem, tem, Na Ba-hi-a-tem name na cp-co de vin-few, lo
太阳出来了 lu lu lu，我们一起手拉手 呀，跳个圆圈 舞，
中音木琴
la la la la……
高音木琴
中音木琴
低音木琴
高音木琴
中音木琴
低音木琴
伴奏乐器
康加鼓 Conga
刮弧
沙球
响棒
阿果果铃

叮咚歌

高音钟琴
高音钟琴
中音钟琴
中音钟琴
中音木琴
高音钟琴
高音钟琴
中音钟琴
中音钟琴
中音木琴

舞曲

拍手
跺脚
高音木琴
中音木琴
铃鼓
钹
大鼓
定音鼓
1.
2.
p

三、非洲鼓

非洲鼓是一个俗称，通常指的是来自西非的金贝鼓，是西非曼丁文化的代表性乐器。传统上金贝鼓是徒手演奏，主要有低、中、高三个音，而且需要和墩墩鼓配合，演奏与特定生活场景相关的鼓曲来给舞者和歌手伴奏。墩墩鼓是非洲鼓曲子的灵魂，它掌握着整首曲子的律动，它的浑厚低音为金贝鼓的合奏提供稳定的节奏。每一首曲子的金贝鼓基本节奏型有可能一样，但墩墩鼓的整体律动绝对是不一样的。所以只有墩墩鼓才能定义所演奏的曲子。

（一）乐器介绍

1.金贝鼓（如图6-37）

金贝鼓是以硬的木头制作，用山羊皮或羚羊皮包住较大的开口端，将鼓皮绷紧。金贝鼓有三个基本音，通常称为bass低音，tone中音，slap高音。

图6-37 金贝鼓

2.墩墩鼓（如图6-38）

墩墩鼓是一个系列低频鼓的总称，是把树干挖空成圆筒状，以牛皮覆盖于两端所制成。右手持鼓棒打击鼓皮，左手敲击附于鼓上的小铁铃。墩墩鼓依照大小和敲击出的高低音，分为Kenkeni、Sangban和Dununba，这是以模拟它们敲击出的音质所命名。Kenkeni高40厘米，直径25厘米；Sangban高50厘米，直径35厘米；Dununba高60厘米，直径45厘米。在西非曼丁音乐里，金贝鼓一般至少要由两个墩墩鼓来伴奏。

图6-38 墩墩鼓

（二）练习乐典

Baga gine Aboron me

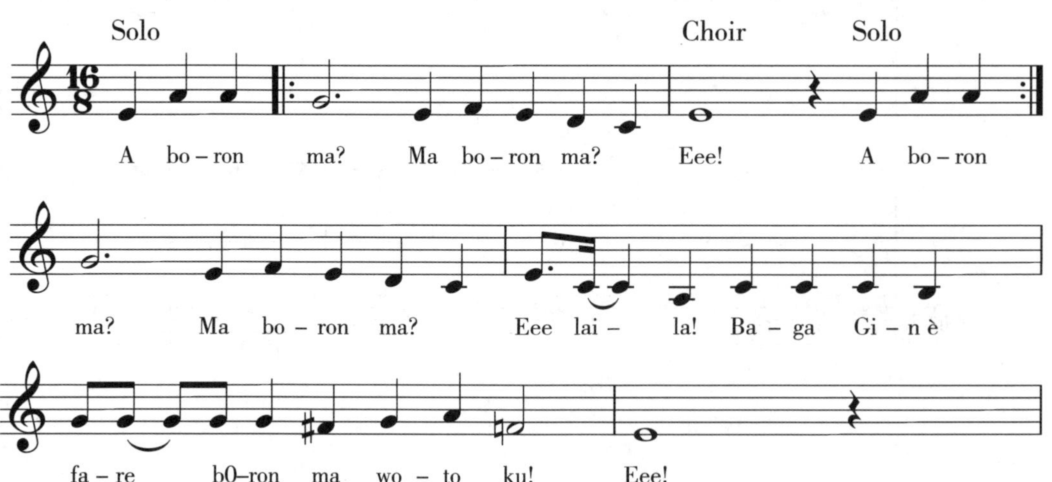

金贝鼓 1
金贝鼓 2
Fatuyo
Fatuyo
Fa tu yo si dia dia la no Fa tu yo si dia dia la no
Fa tu fa ye fa ye tu fa tou ke le men dio Fa tu yo si dia dia la no
金贝鼓
1 = C 4/4
du ni ya ma ha ta ma du ni ya ma
du ni ya mo ha ta ma du ni ya ma du ni ya ma ha ta ma
du ni ya ma I wang go wang go le di me
du mi ya ma Bei Jing fu ni ye
du ni ya ma Hang zhou fu ni ye du ni ya ma

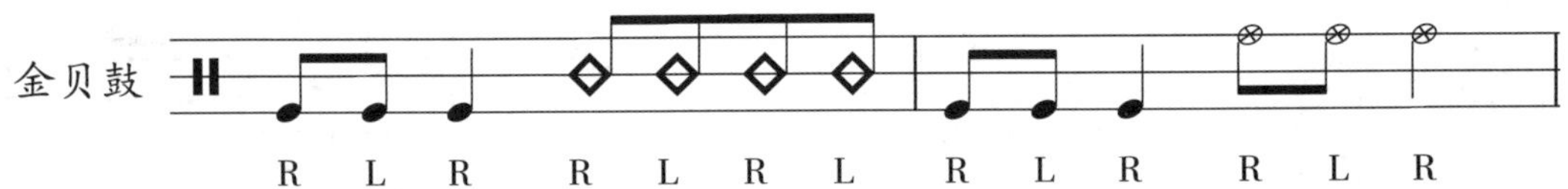

四、中国传统打击乐器

(一)乐器介绍

中国传统打击乐器大都出现在戏曲之中,比如京剧伴奏乐器主要分为打击乐器和管弦乐器。打击乐器有板、单皮鼓、大锣、铙、钹等,称为“武场”。

1.响板(如图6-39)

由三块宽约6厘米、长约20厘米的红木或黄杨木板制成,分两组,前组两块木板用弦缚紧,后组一块木板,二者以绳连接。主要用于歌唱时打节奏,也配合单皮鼓来领奏锣鼓点子和指挥其他乐器,合称鼓板。一般由打单皮鼓者兼管。

图6-39　响板

2.板鼓(如图6-40)

板鼓是中国戏曲和传统音乐中的打击乐器,也可以是指挥乐器,用两根细竹演奏(通称鼓箭子、鼓签)。指挥时用底鼓,有时配合手势,各种乐器都随着它的指挥来演奏。歌唱时辅助拍板打节奏。司板鼓、拍板者称为鼓佬(即鼓师)。

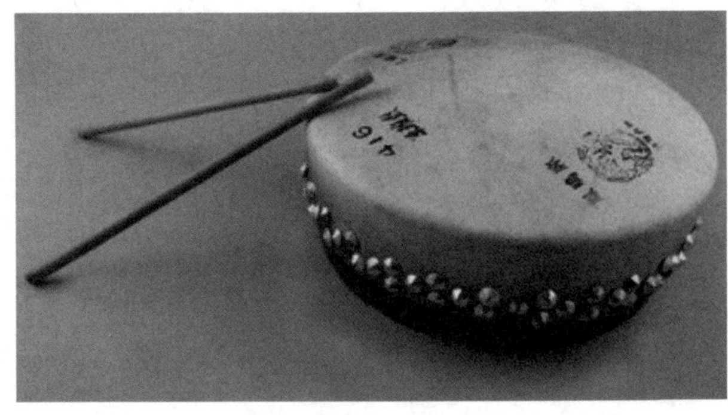

图6-40　板鼓

3. 堂鼓(如图6-41)

皮类打击乐器,以木为框,形似腰鼓,两面蒙以牛皮。奏时置于木架上,用木槌敲击。形制大小不一。京剧中用于战争、升帐、升堂、刑场、起更等场面,并伴有唢呐吹打等。除了表现战争外,其余场景都由鼓佬兼管。

图6-41　堂鼓

4. 大锣(如图6-42)

铜制,圆形扁平,直径约30厘米,有锣门(即锣心,直径约10厘米的圆平面)、锣边(与锣心相连的外围斜面)两部分。奏时左手持锣绳,使锣面垂直,右手持击槌,以槌头(用布裹成)击打锣门或锣边而发音。锣音高亢。京剧中所用形体较小,称京锣。多用于武将或袍带人物的上下场,或战争及配合突变的情感等。打法有重击、轻击、闷音、掩音、揣锣、打边等。

图6-42　大锣

5. 铙(如图6-43)

钹之大者称铙,又名大铙或大钹。形体比钹大而厚,故音量也较大。

图6-43　铙

6. 镲(如图6-44)

即小钹,或称镲子、铰子等。中国民间常用类型一般为黄铜镲和铁镲两种。镲是无固定音高乐器,总的来说小镲声音最高,其次是中镲,大镲的声音最低。

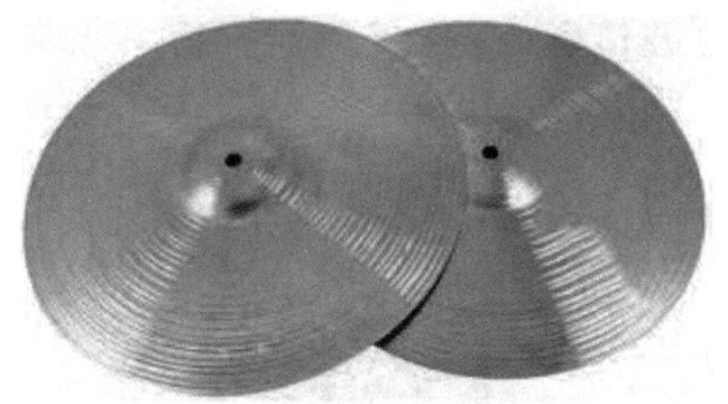

图6-44 镲

(二)传统锣鼓经练习

1.《蛇脱壳》

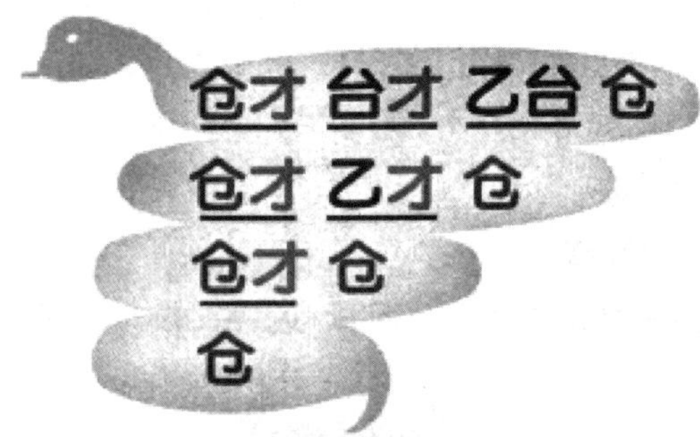

2.《金橄榄》

仓
仓才 仓
仓才 乙才 仓
仓才 台才 乙台 仓
仓才 乙才 仓
仓才 仓
仓

念谱
仓
仓才 仓
仓才 乙才 仓
仓才 台才 乙台 仓
f
mp
鼓
小锣
钹
大锣

3.《螺蛳结顶》

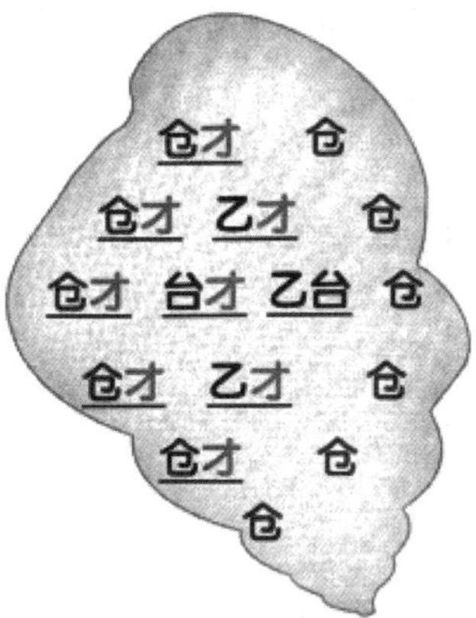
仓才 仓
仓才 乙才 仓
仓才 台才 乙台 仓
仓才 乙才 仓
仓才 仓
仓

念谱
鼓
小锣
钹
大锣
仓才 仓
仓才乙才仓
仓才台才乙台仓

第七章　奥尔夫声势活动

本章主要介绍奥尔夫声势教学活动的内涵、价值与声势活动的形式、内容。首先介绍奥尔夫古典声势的内容，有跺脚、拍腿、拍手、捻指四种基本形式及声势节奏模仿、问答、接龙和卡农等练习。再次介绍声势活动的扩展和组合，从奥尔夫的古典声势发展到3、5、7、9以及组合练习，使声势活动发展出更为丰富的表现形式，同时也有更大的教育价值。

【学习目标】

1.知识目标：了解奥尔夫古典声势的基本动作和拍击部位，领会声势教学的内涵和意义。明确奥尔夫声势活动中的节奏和音色元素的知识及声势组合知识。熟悉声势活动在教学中如何运用的知识。

2.能力目标：通过运用声势进行节奏模仿、问答、接龙和卡农的练习，提升节奏感。通过声势活动节奏和音色等音乐元素的变化，提高音乐反应能力和肢体协调性，并且做到动作、音色、空间、身体相匹配。

3.情感目标：激发参与奥尔夫声势活动的热情，乐于探索奥尔夫声势活动，从中体验声势活动的乐趣。通过声势表现及表演培养音乐性。

4.思政目标：在声势活动中有良好的合作表现，激发集体荣誉感。在声势练习中培养尊重他人、倾听他人、包容他人的合作精神。

第一节　声势教学活动概述

从20世纪起，身体被广泛视为能创造音乐的“乐器”，声势开始盛行。奥尔夫教学法正是主张以人的自然性为出发点，发掘人体的音乐性，鼓励孩子以身体奏乐。

一、声势的内涵

在音乐教学中，我们会带领孩子给歌曲打拍子，让孩子按节奏来念读歌词。在舞蹈教学中，我们会让孩子默念节拍，说得最多的一句话就是踩准拍子。这些都是在训练孩子的节奏感。但不是所有孩子都能在这种传统的教育方式下进步，为了使音乐课堂教学更生动、更多元化，我们可以加入其他的方式来训练孩子的节奏感。

声势，又称为身体打击乐，集动作、节奏、舞蹈、演奏于一体，是奥尔夫音乐教学法中的一项基础工程。所谓声势，就是可以发出声响的人体姿势。人体的许多部分，乃至整个身体的自由活动，都可以做出各种不同的姿势，发出多种不同的声音。人们在日常生活中广泛地运用着姿势，如招手、摇手、搓手、握手、拍手等各种手势，都能表现一定的意义，传达某种情感，表示某种态度。姿势，实际上是一种“无声的语言”。这里所称的“姿势”都是指一种运动状态，因此也可以理解为身体（整体或局部）运动的方式。姿势带出的声音，就是“声势”。

一般来说，人们都会在唱歌时做拍手的动作。这种拍手的方式就是人们最初的乐器伴奏，也是任何一种音乐都会使用的“乐器”。从非裔美国人演奏的充满活力的弱拍节奏，到弗拉门戈高度复杂的切分音，微妙的拍手融入爪哇的佳美兰音乐，拍手已经成为音乐合奏的一部分。同样的，从毛利人的捶胸顿足到爵士乐的手指捻指，再到苏门答腊人的拍腿，身体作为一种乐器已经被充分地探索过了。

所以，声势可说是最原始且古老的音乐表现形式，在许多民族的传统音乐中都可见其踪迹。牛津大学音乐专家的研究进一步推测，在原始乐器出现之前，人类祖先或许就学会以击掌来制造节奏声响，也就是所谓的声势。通过敲击、拍打身体各部位发出声响，声势可单独使用，也可为歌曲伴奏。

二、声势的内容与价值

我们会发现了一个显而易见的事实——人类会使用生活中任何可用的材料来创造声音和音乐，而身体是离我们最近的，也是最方便的。由此，从身体上也可以探索出声势的内容和价值。

（一）声势的内容

运用声势，无须借助抽象的概念、复杂的逻辑思维、高难的技能技巧，更无须任何教具、乐器，每个儿童都自然地会使用，因此会兴趣盎然。

1.音色探索

拍打身体不同部位会有不同的音色。

2.节奏

感知声音长短对比的组合。

3.空间

身体动作在前、后、左、右的运动方向和幅度。

4.合作

和同伴之间的相互学习、相互配合。

（二）声势的价值

声势训练着重培养儿童的节奏感、听辨能力、反应能力、记忆能力以及创造能力，是一种非常好的教学方法，也是入门基础训练最重要的训练方法之一。

1.身体的美感

声势活动能提升身体的灵活度、协调性和肌肉力量的控制能力。声势活动结合身体动作、动作方向、力量大小，通过身体运动表现出节奏，或由节奏带出身体运动。除了身体本身的控制力量外，还需要注意身体各部位之间的空间距离和动作关系。这也要求身体具有较好的协调性，这样才能做到身体动作视觉上和听觉上美感的统一。

2. 节奏感的培养

声势活动本身就是一种愉快的节奏学习经历和体验,通过身体的各个部位去感受音乐,感知节拍、速度等,在身体动作的表达中表现节奏的魅力。它同时也是内心节奏外化为动作表达的过程。

3. 创意性的探索

在声势活动中,在通过身体感受和表达节奏时,儿童会探索不同音色、不同身体动作的组合、节奏的组合、音色的变化和强弱差别等。儿童也会探索出不同的身体姿势,在合作配合的互动时带有角色扮演的表演,由此,很多新的想法和创意也会产生。

第二节 奥尔夫的古典声势

凯特曼说:"在音乐文化的早期阶段,富有节奏感的表现力的身体动作与器乐演奏、有表情的歌唱同等重要。孩子在歌唱时,绝不会使自己的身体停留在僵持呆滞的姿态。通过拍手、跺脚、捻指和舞蹈,把自己的身体作为内在的打击乐器加以演奏,这些具有音乐的根本性质的节奏活动姿态,在唱歌中必然成为伴随旋律的表现形式。"

一、奥尔夫古典声势基本形式

奥尔夫古典声势

奥尔夫的《为儿童的音乐》五卷本中采用的是被称为"古典声势"的声势,其中吸收有世界各国各民族舞蹈所共有的基本语汇,有跺脚、拍腿、拍手、捻指四种基本形式(如图7-1)。

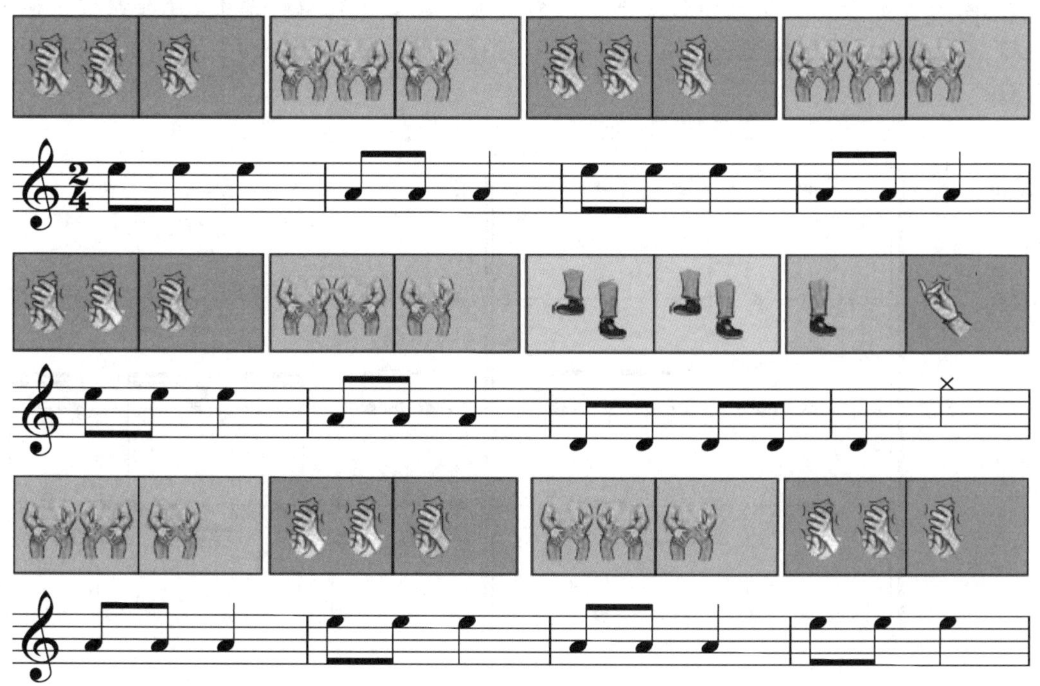

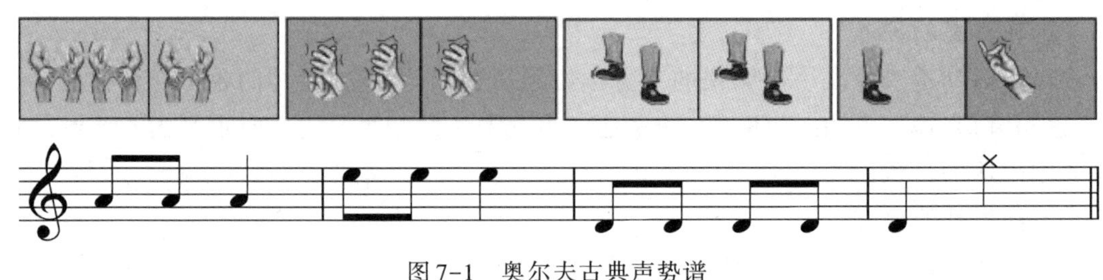

图 7-1 奥尔夫古典声势谱

谱例：

二、奥尔夫古典声势记谱原则

右手、右脚记谱时符干朝上，左手、左脚符干朝下。

拍手声部只记在一行谱上，符干都是朝上。捻指、跺脚记谱也是记在一行谱上，符干朝上、朝下分别表示右左手和右左脚。只有拍腿标记是记在双行谱上，分别表示左腿和右腿，符干朝上、朝下分别表示右手和左手。拍腿可以双手交叉，即右手拍左腿，左手拍右腿。

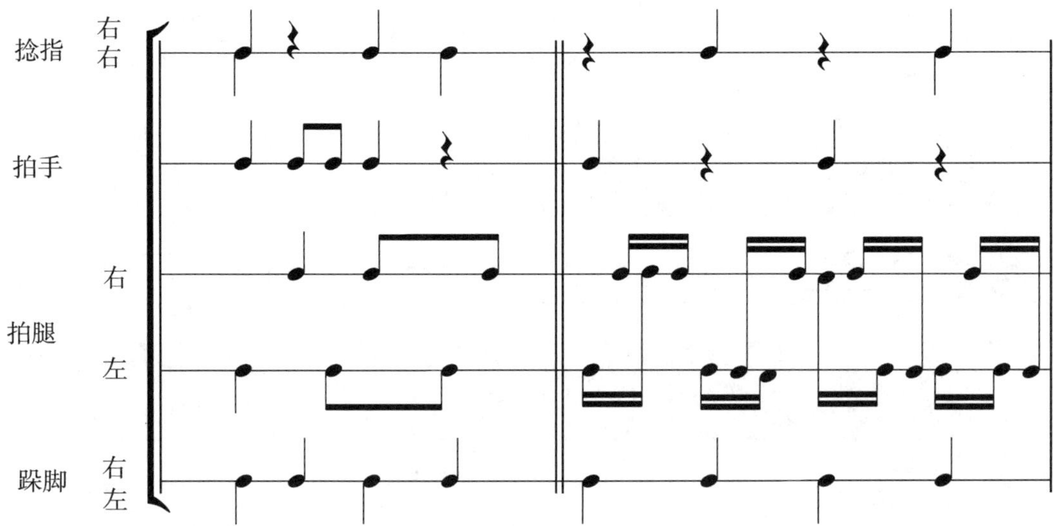

三、奥尔夫古典声势内容

(一)拍手

拍手可能是最常见、最易操作的身体打击形式。拍手还包括拍掌背、手背对手背、指尖对指尖等,手掌的形状和拍手的接触范围同样会影响拍手的音色和效果。拍手声音一般比较明亮、清脆,在声势合奏中适合拍节奏鲜明、节拍感较强、节奏较复杂的节奏声部。

拍手在非正式的民间传统音乐中比在古典音乐中更为常见,美国作曲家史蒂夫·赖克写过一首名为"拍手音乐"的歌。与其他音乐形式相比,拍手更有可能伴随着由舞者或观众表演的舞蹈作品。

拍手有多种音乐功能,如保持稳定节拍、演奏固定音型等。拍子的风格和音色在不同的文化中有很大的差异。

(二)跺脚

除了拍手,跺脚也是一种常见的声势。跺脚分为站着跺脚和坐着跺脚两种姿势,同时又有整个脚掌、脚跟或脚尖接触地面,因此产生不同音色效果。不同文化有不同的舞蹈形式,也会涉及不同节奏的步法。有用特殊的鞋子跳舞(英国和阿巴拉契亚木屐舞、美国踢踏舞、南非胶靴舞),在木板或者橡胶垫上跳舞;也有些民族舞会在脚踝上戴上串铃,如印度卡萨克舞、英国莫里斯舞。

(三)拍腿

拍腿在民族音乐和舞蹈文化中比较少见,可见于非洲的尊巴舞蹈和说唱风格音乐。在奥尔夫声势作品中,拍腿声部作品占了很大部分,因为拍腿可拍打出更为丰富的节奏花样,且本身可做二声部练习,这使它成为学习打击乐、音条乐器的最佳准备练习方法。拍腿除有利于培养节奏感外,还是有益于左右手和脑的协调、放松的预备练习。拍腿音色较为暗淡,因此不适宜在重拍中使用较强的音响,练习密集节奏较为容易。

(四)捻指

捻指一般是用中指、拇指相捻发出响声,清脆且短暂。这是在爵士音乐表演中开始演奏乐曲时首选的一种声势。儿童很难做到,也可用弹舌发声代替捻指发声。捻指可用不同的姿势、高度做,多结合其他声势练习。一般不宜用在重拍及复杂而快的节奏中。

除了以上四种基本声势形式外,现在发展出更多的声势形式,如可以从头、脸到全身各个部位的拍打中获得极丰富的节奏和音色变化。

四、奥尔夫古典声势练习

节奏是音乐教学的基础,而身体就是最佳的打击乐器,在了解不同部位产生的不同音色变化后,可进一步尝试节奏的变化,以模仿—响应—即兴—创作四个阶段来循序渐进地发展。

(一)声势节奏模仿

声势节奏模仿可以用于师生之间,也可用于学生之间。模仿的节奏可重复,标准是学生对节奏是否掌握。模仿的节奏也是由简单到复杂、由慢速到快速,要适时为止,时间不要过长,否则学生的兴趣减弱就失去了教学的意义。

身势节奏模仿

1.四拍子节奏模仿

2.三拍子节奏模仿

3.非洲民歌节奏模仿

Che Che Kule

Che Che Kule

加纳民歌

(二)声势节奏问答

声势节奏问答

声势节奏问答就像说话中的一问一答,可以在师生之间互动,也可以在学生之间合作。声势节奏问答需要稳定的节拍感,在一样的拍子中用不同的节奏组合做回答,体现学生的创造性,也体现出学以致用的原则。

(三)声势节奏接龙

指在模仿训练的基础上做进一步的节奏训练。这种训练方法最能提高学生的反应能力、记忆能力和即兴创作能力。练习时学生根据教师的速度进行节奏连接,学生可以模仿教师的节奏变换不同的动作,也可以自由创作。

235

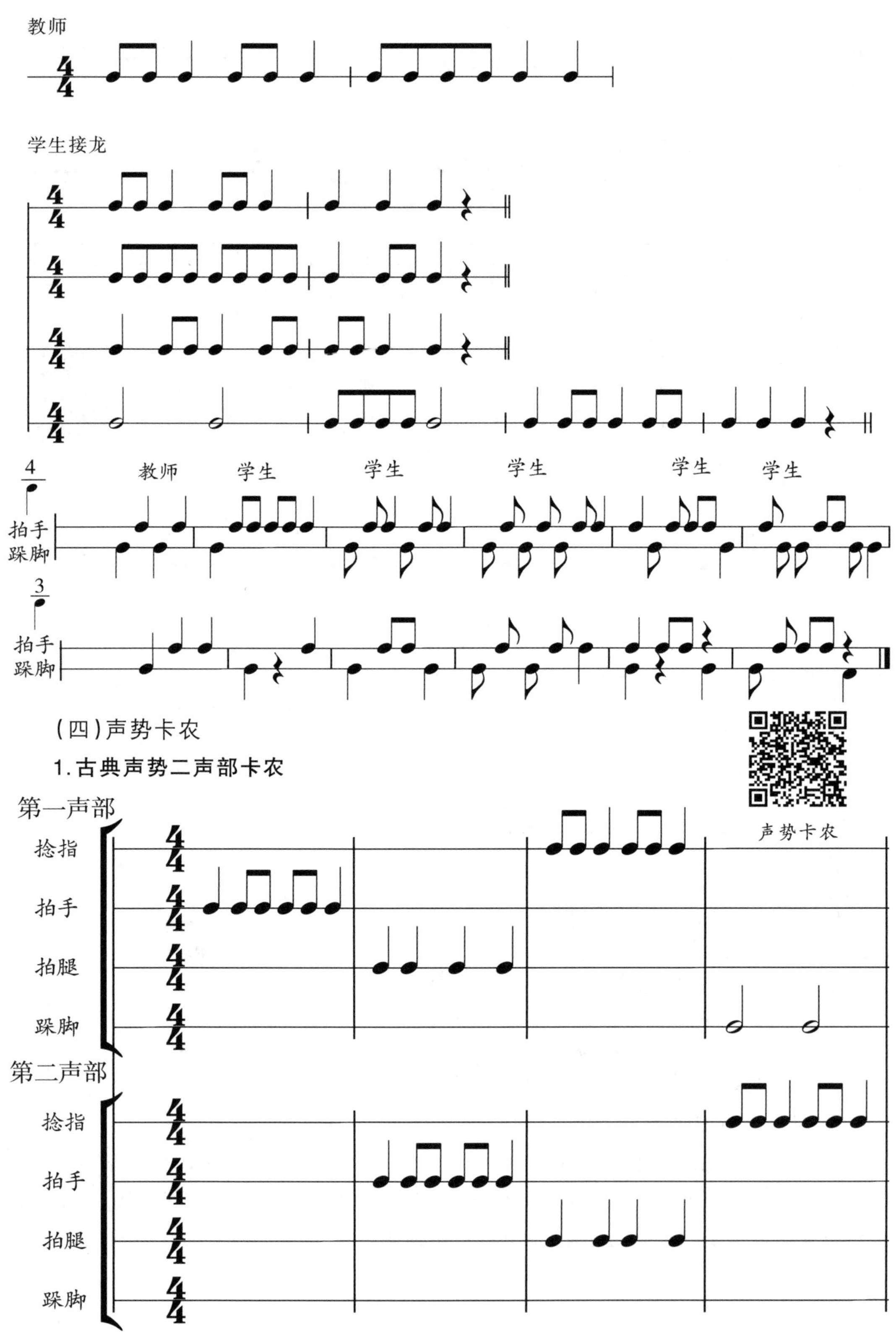
教师
学生接龙
教师
学生
学生
学生
学生
学生
拍手
跺脚
拍手
跺脚
(四)声势卡农
1.古典声势二声部卡农
声势卡农
第一声部
捻指
拍手
拍腿
跺脚
第二声部
捻指
拍手
拍腿
跺脚

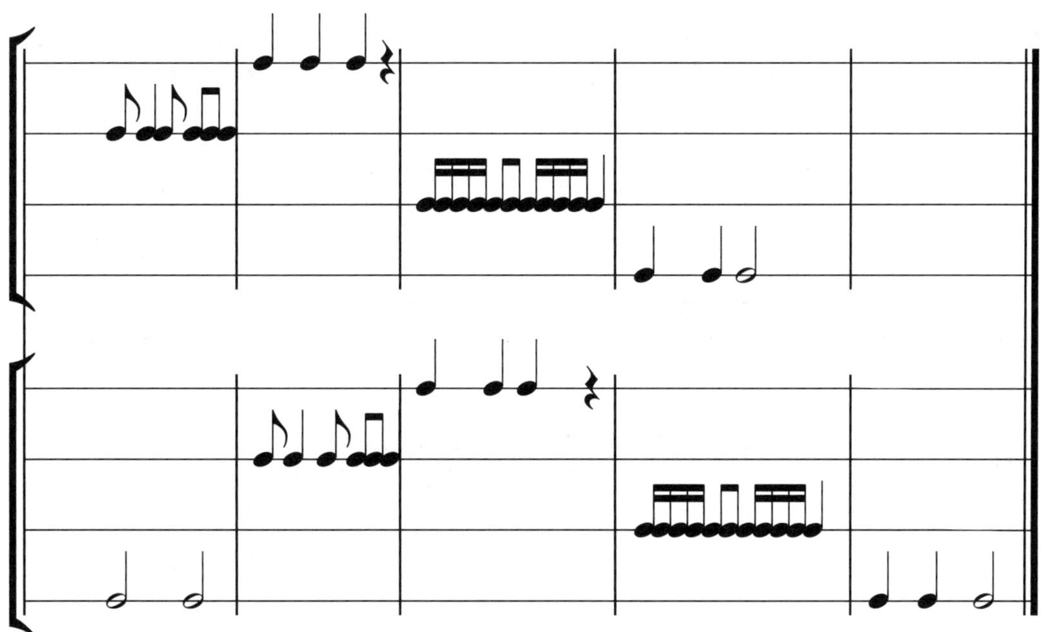

2. 古典声势四声部卡农

古典声势卡农1

古典声势卡农2

(五)固定音型

1.四拍子的固定音型

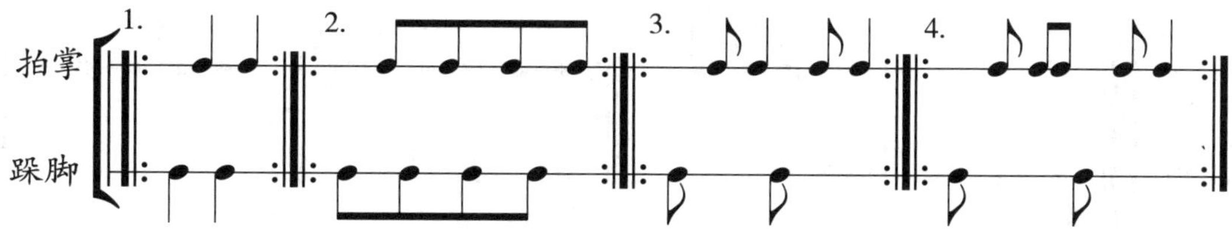

2.三拍子的固定音型

拍掌
跺脚
拍掌
拍腿
跺脚
捻指
拍腿
跺脚
捻指
拍掌
拍腿
跺脚
捻指
拍掌
拍腿
跺脚
捻指
拍掌
拍腿
跺脚

3.带固定声势节奏型的合作表演

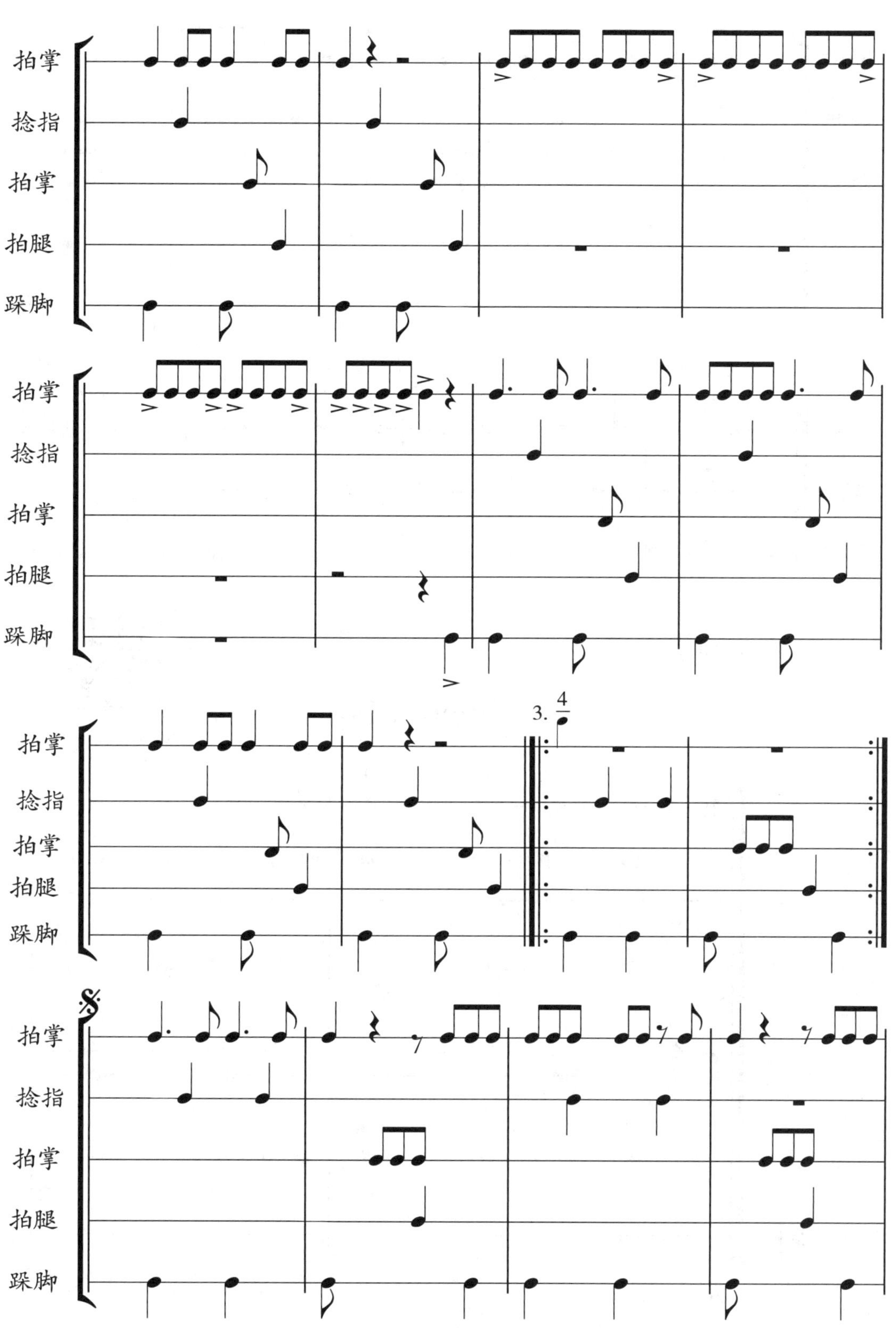
拍掌
捻指
拍掌
拍腿
跺脚
拍掌
捻指
拍掌
拍腿
跺脚
拍掌
捻指
拍掌
拍腿
跺脚
3.
4
拍掌
捻指
拍掌
拍腿
跺脚

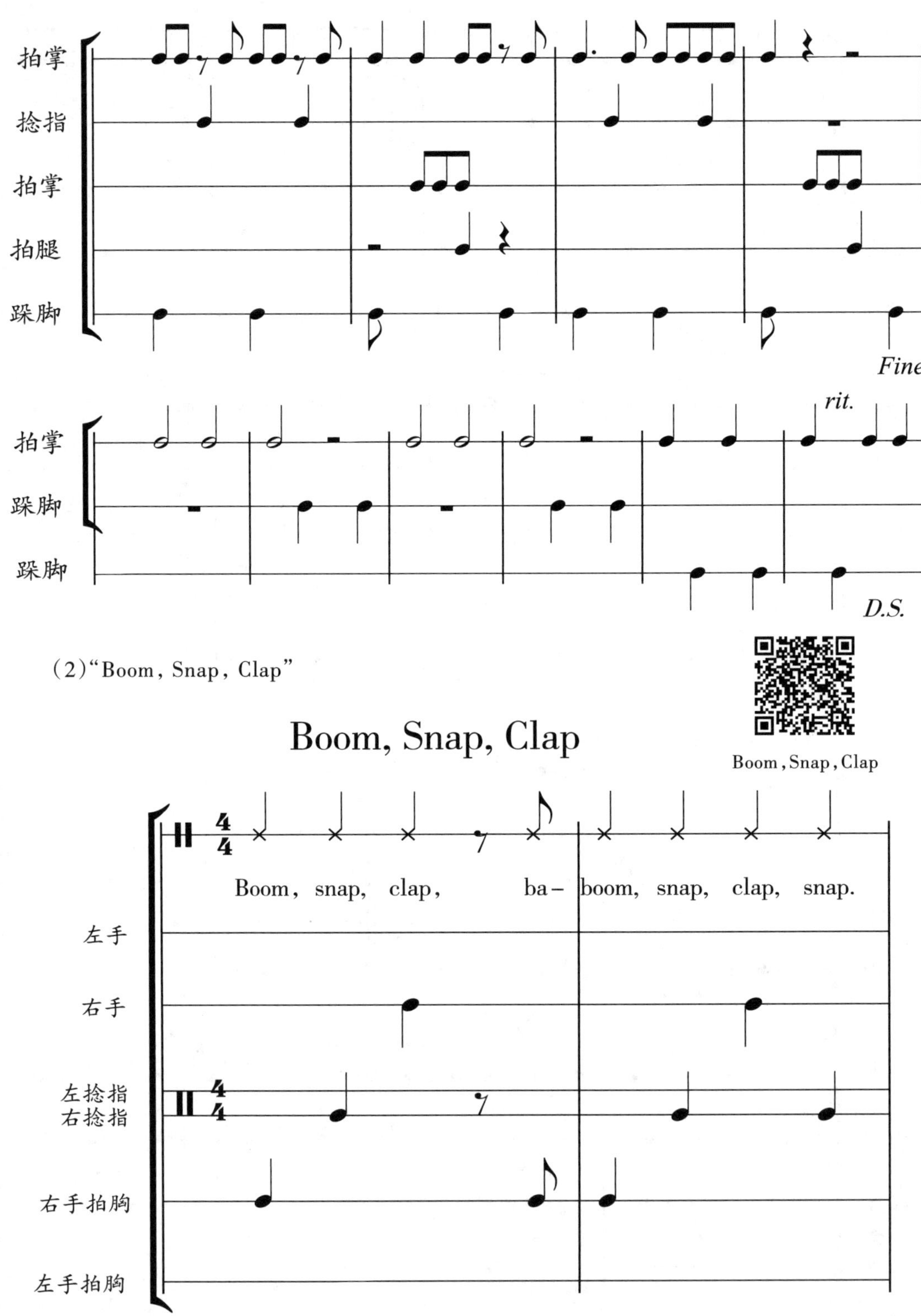
拍掌
捻指
拍掌
拍腿
跺脚
Fine
rit.
拍掌
跺脚
跺脚
D.S.
（2）“Boom, Snap, Clap”
Boom, Snap, Clap
Boom, Snap, Clap
Boom, snap, clap, ba – boom, snap, clap, snap.
左手
右手
左捻指
右捻指
右手拍胸
左手拍胸

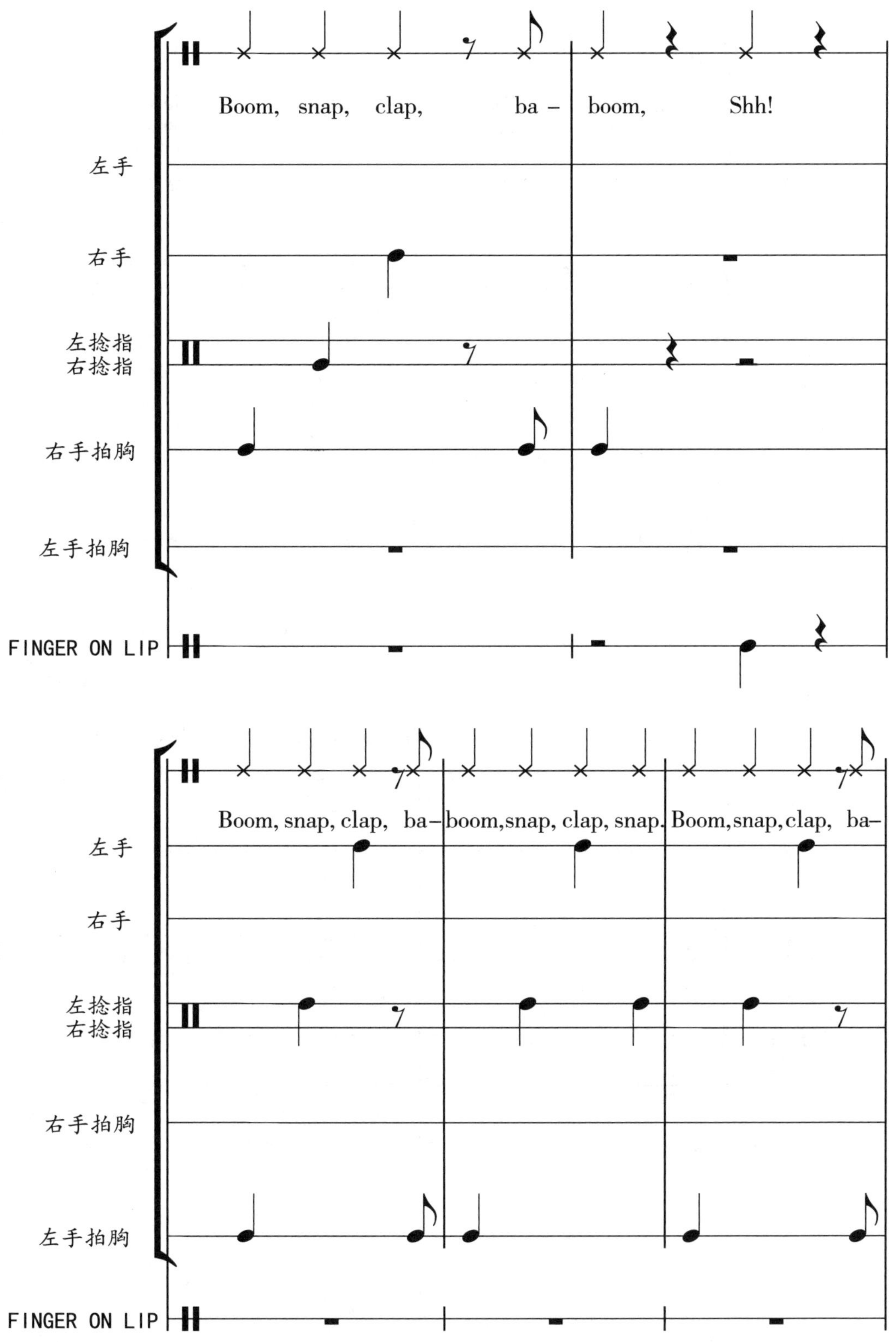
Boom, snap, clap, ba – boom, Shh!
左手
右手
左捻指
右捻指
右手拍胸
左手拍胸
FINGER ON LIP
Boom, snap, clap, ba–boom,snap, clap, snap. Boom,snap,clap, ba–
左手
右手
左捻指
右捻指
右手拍胸
左手拍胸
FINGER ON LIP

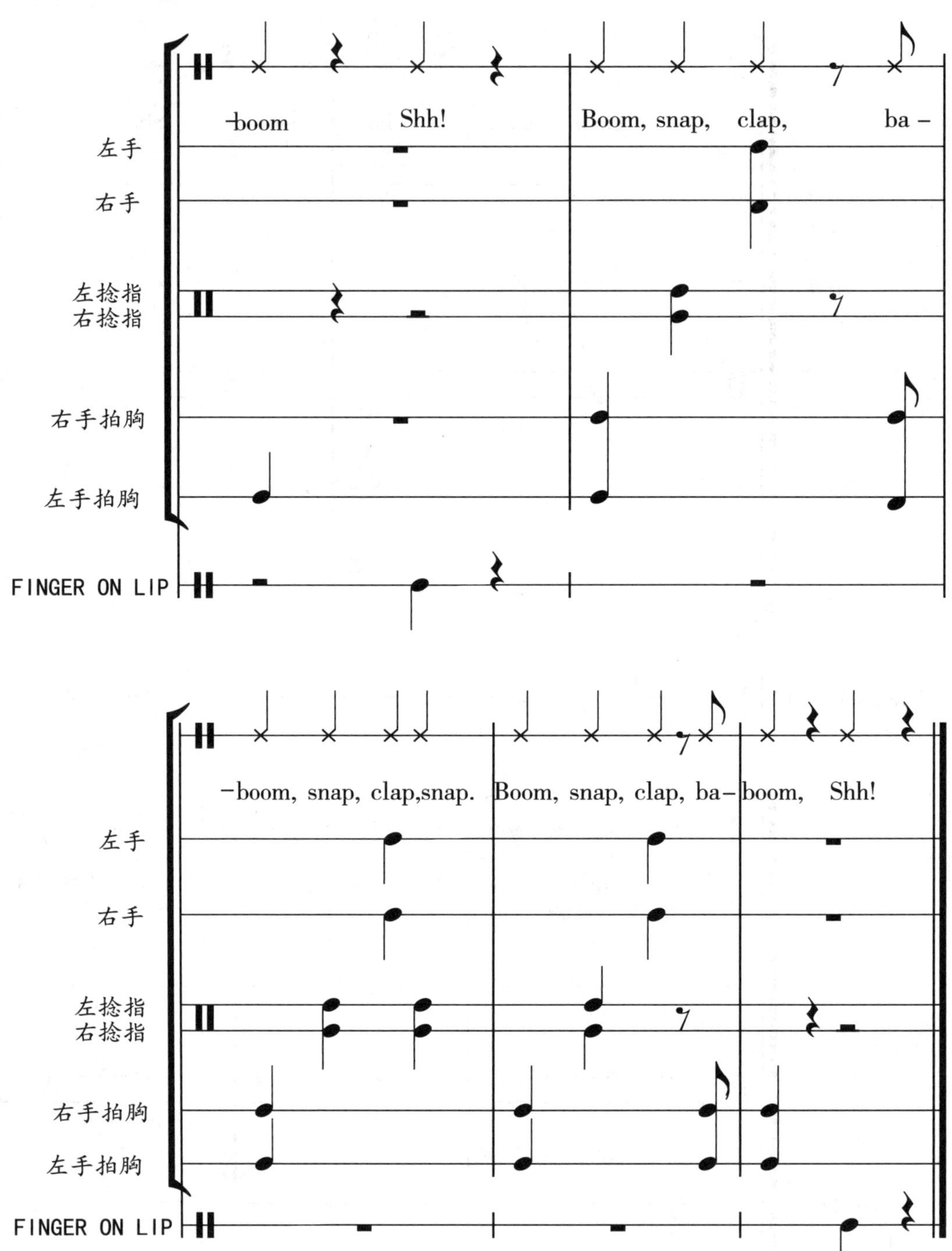
-boom
Shh!
Boom, snap, clap, ba -
左手
右手
左捻指
右捻指
右手拍胸
左手拍胸
FINGER ON LIP
-boom, snap, clap,snap. Boom, snap, clap, ba-boom, Shh!
左手
右手
左捻指
右捻指
右手拍胸
左手拍胸
FINGER ON LIP

（3）"Alpha Four"

Alpha Four

Alpha Four

Jirn Solomon

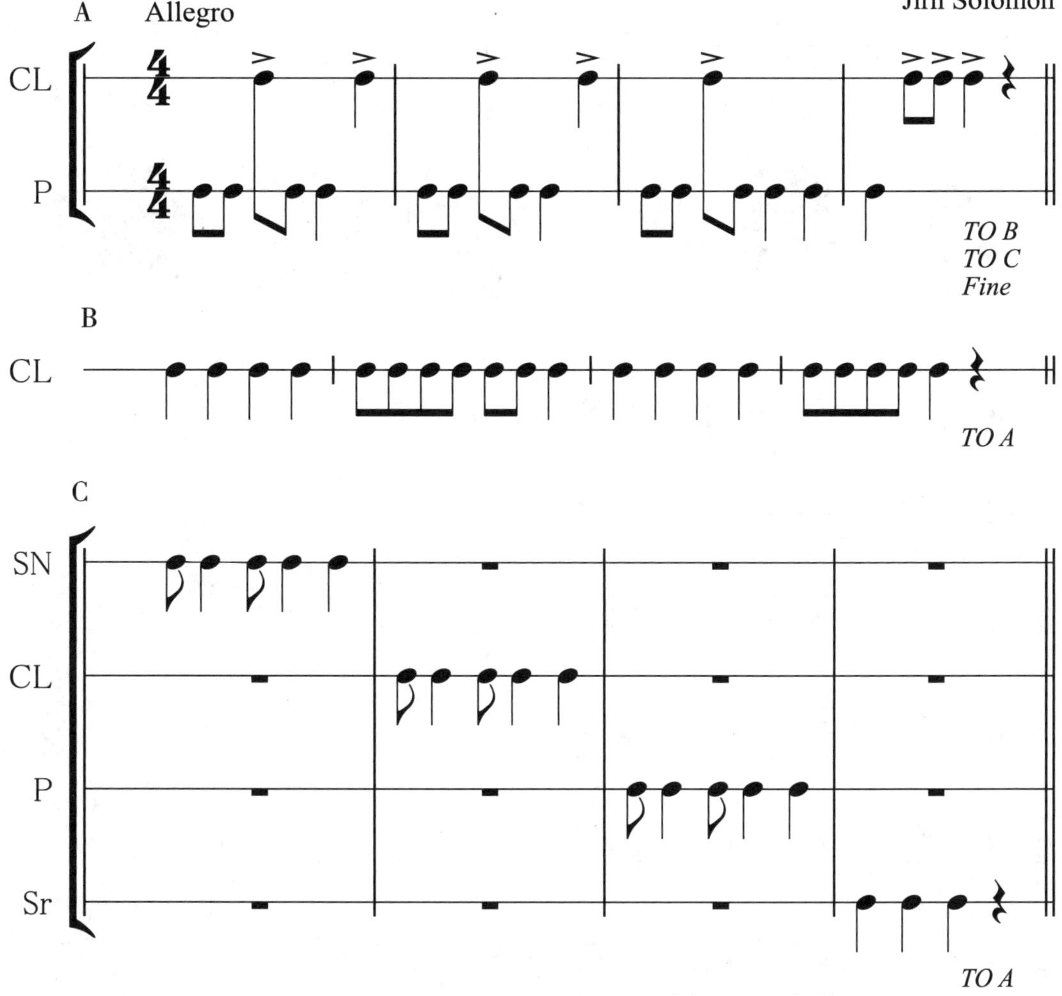

A　Allegro

CL

P

TO B
TO C
Fine

B

CL

TO A

C

SN

CL

P

Sr

TO A

第三节　声势的拓展与组合

对儿童来说，从拍打肚皮、胸脯到拍打髋部两侧所发出的不同节奏和音色会令他们乐此不疲，学习兴趣更浓，而身体的机能也得到了更大锻炼。可以从我国和世界各地民族民间歌舞中找到声势的原型，然后经选择移用到课堂上，会产生意想不到的教学效果，深受孩子们喜爱。

一、声势拓展

指在奥尔夫古典声势基础上，发展出更丰富的声势。这种组合和变化不仅在音色上更加多元和丰富，从节奏的效果和表现性上来说也可以单独成为一种表演形式。新的声势形式有捻指、拍手、拍胸、拍腿、拍臀、跺脚（如图7-2）。

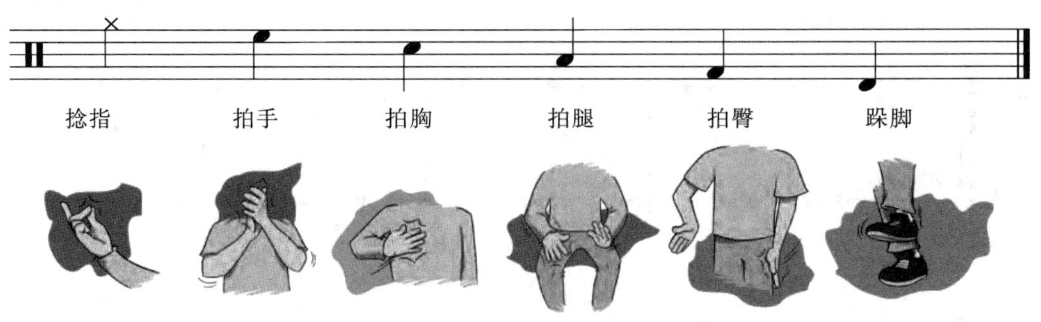

图7-2　声势形式

1

2

3

4

5

6

7

8

9

不仅局限于上述的六种声势，还有一些其他身体打击的表现和音色，包含拍肩、拍头、拍肚子等多种声势。比如双手交叉在胸前做蝴蝶飞的动作（如图7-3）。

图7-3　蝴蝶飞

声势拓展中最有代表性的，是美国声势演奏家泰瑞在多年的声势创编和教学研究中，从踢踏舞及拉美音乐舞蹈中获得灵感，总结出的既容易习得又有无限创编可能的声势形式——3、5、7、9声势，其音色和表现力更加丰富。3的声势为拍手、左手拍胸、右手拍胸；5的声势为拍手、左手拍胸、右手拍胸、右手拍右腿、左手拍左腿；7的声势为拍手、左手拍胸、右手拍胸、右手拍右腿、左手拍左腿、右手拍臀、左手拍臀；9的声势为拍手、左手拍胸、右手拍胸、右手拍右腿、左手拍左腿、右手拍臀、左手拍臀、跺右脚、跺左脚。在此基础上，可以根据音乐的节拍、乐句的长度、重音和风格特点进行3、5、7、9声势的多种组合。

3的声势

5的声势

7的声势

3的声势

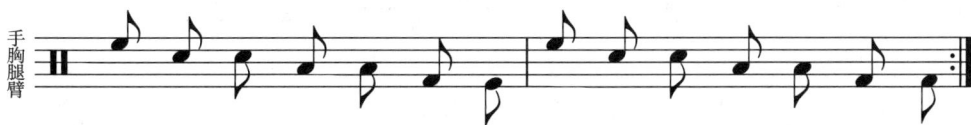

9的声势

二、声势组合

（一）七拍声势组合

（二）3、5、7、9节奏声势组合

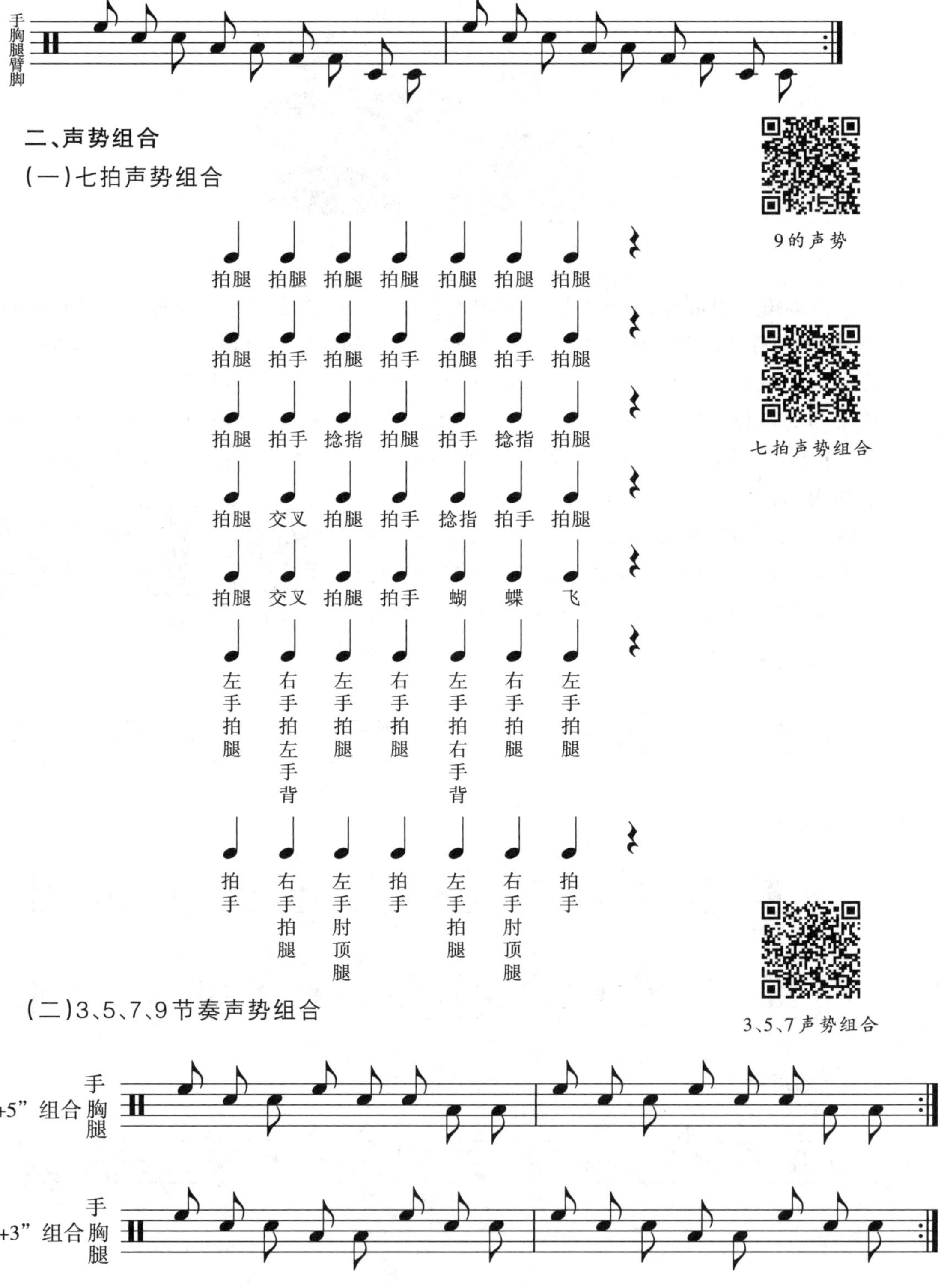

9的声势

七拍声势组合

3、5、7声势组合

3、5、7、9声势组合

节奏型组合1：3+3+7

节奏型组合2：3+3+7

节奏型组合3：5+9

节奏型组合4：3+5,3+5,3+5,7

节奏型组合5：5+3,5+3,5+3,7

（三）四声部组合变化

三、声势应用

（一）为语言材料配声势

咏柳

咏柳

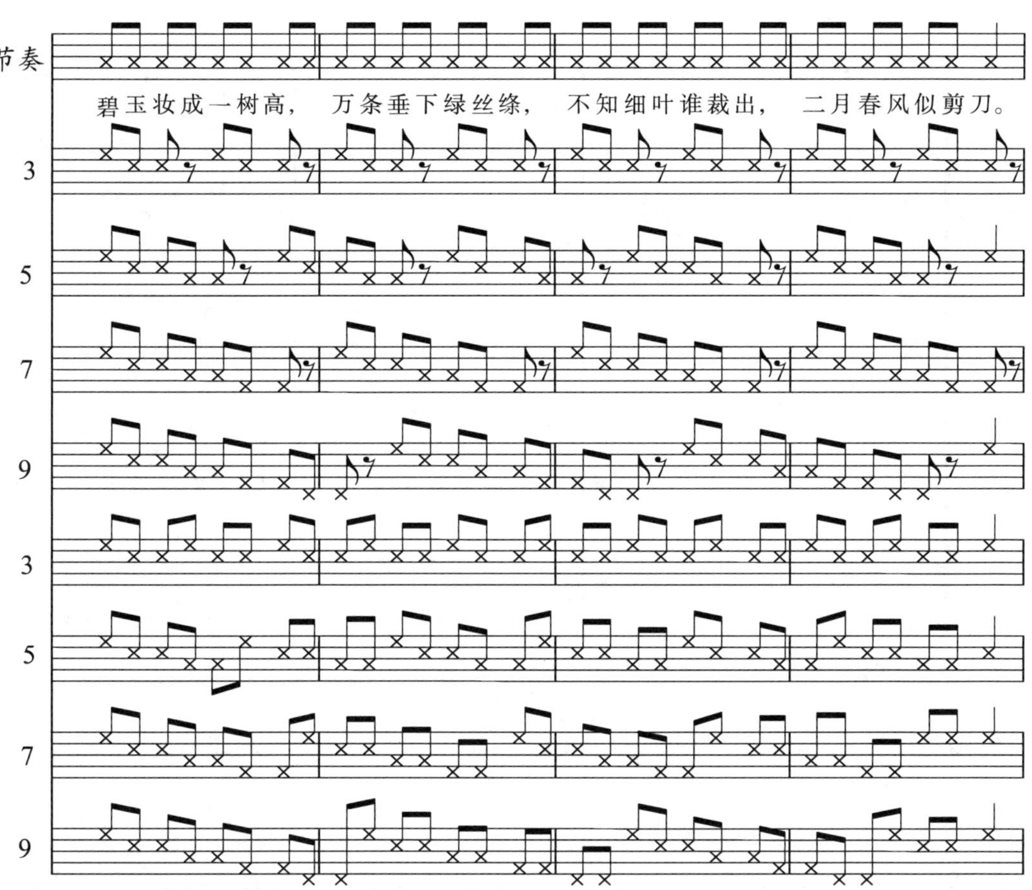

节奏
碧玉妆成一树高，万条垂下绿丝绦，不知细叶谁裁出，二月春风似剪刀。
3
5
7
9
3
5
7
9

（二）声势游戏

哇，好，牛，赞，棒！

哇，好，牛，赞，棒！

第一声部：3+9

Russo 创编

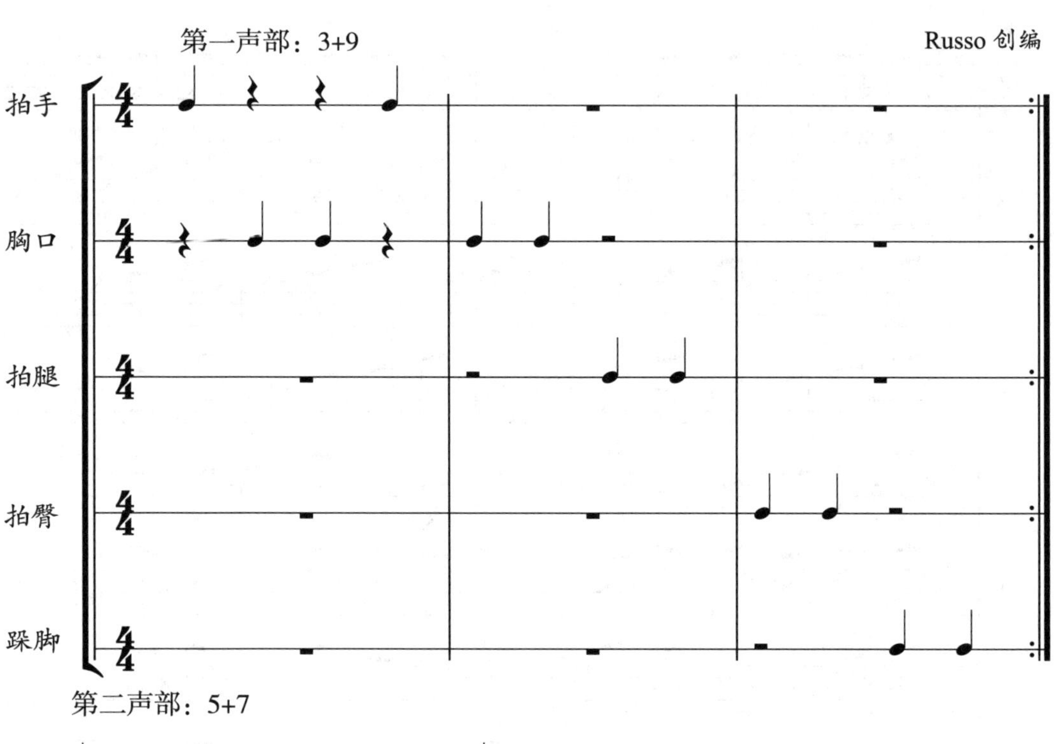

第二声部：5+7

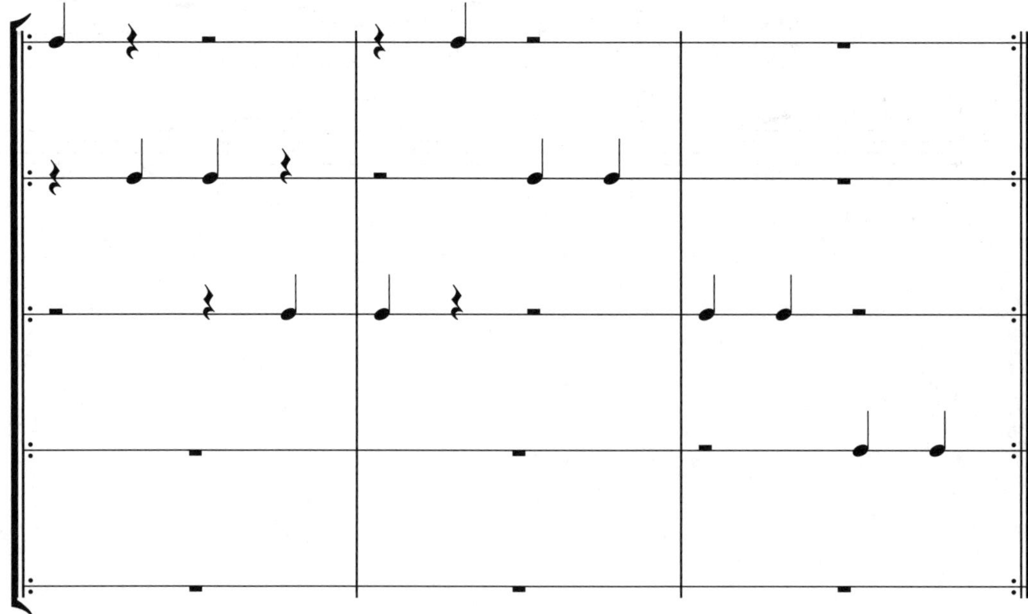

第三声部：7+5

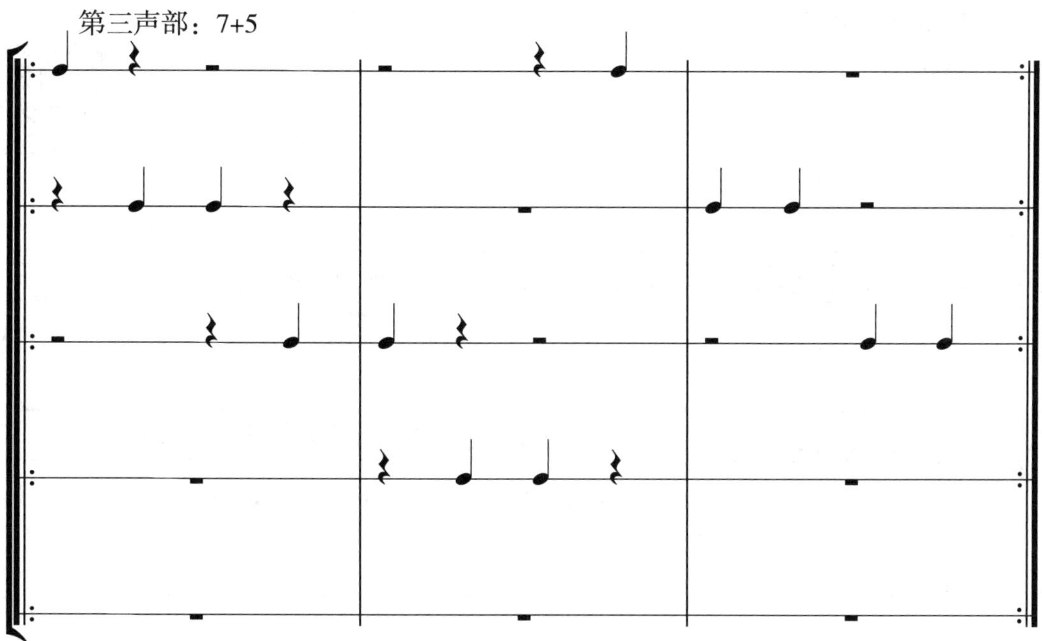

第四声部：9+3

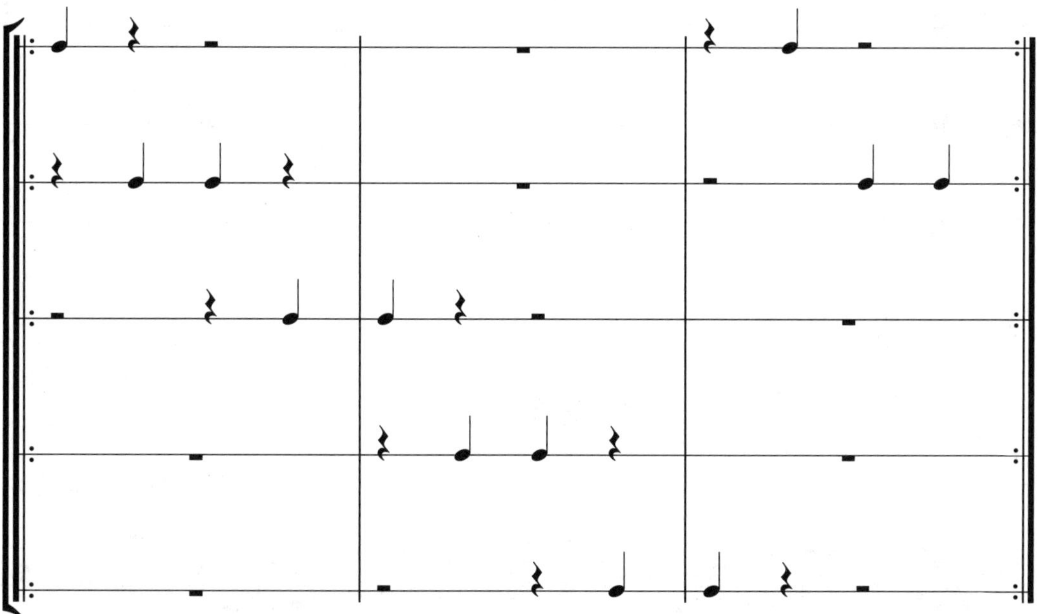

（三）为歌曲配声势

1.“Alaleh”

Alaleh

2.《老麦克唐纳》

老麦克唐纳

根据eff chao改编

叽 叽 叽 叽 叽 叽 叽 叽 叽 叽 叽 叽

教师 学生 教师 学生

教师 学生 教师 学生

嘿

3.《乱打秀》

乱打秀

传统民歌

Hamg-one, Hamb-one_ have you heard? (clap, patsch, patsch, clap, patsch, patsch, chap,
我 们 来 演个 乱 打 秀
R L R L
clap-拍手 patsch-拍右腿 patsch-拍左腿

patsch, patsch.)
L&R L&R
Pap–a's gon–na buy you a mock–ing – bird.__
拍 拍 你 的 手 还 要 摇 摆 摆。
(clap, patsch, patsch, clap, patsch, patsch, clap.
patsch, patsch.)

活动建议：

（1）第1—2小节：根据旋律的节奏进行7+1+蝴蝶飞，第四拍拍腿为两个八分音符的节奏，第5—6拍跺脚和拍手，第7—8拍做蝴蝶飞的动作。

（2）第3—4小节：在完成谱子上的动作的基础上进行创编。

（3）第5—6小节：根据旋律节奏做9+蝴蝶飞。

4.《小步舞曲》（节选）

小步舞曲（节选）

JS.Bach

活动建议：

（1）尝试用七拍组合减去最后一拍动作进行合乐表现。

（2）用声势语汇中3的声势进行合乐表现，第1、3、4—6小节的3是拍手和拍胸，第2、4、8小节的3是拍手和跺脚。

（3）用5+1组合，1为跺脚，第1—2小节最后一拍跺左脚，第3—4小节最后一拍跺右脚。

5.《给我一杯水》

给我一杯水　　Moira Smiley

Bring me lit-tle wa - ter Sil - vy Bring me lit-tle wa - ter now
Bring it in a bu - cket Sil - vy Bring it in a bu - cket now

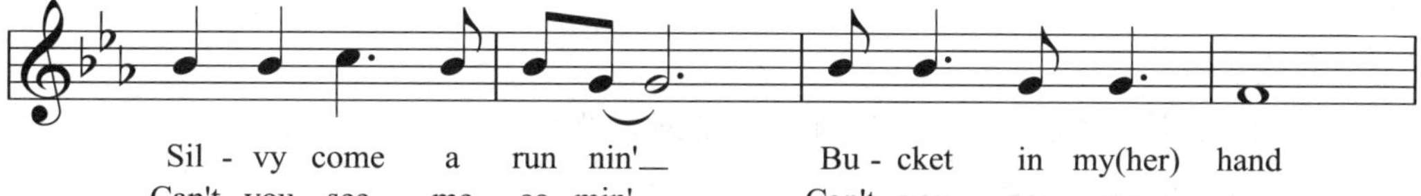

注：第四拍的拍腿动作换成手心手背摩擦裤子或衣服两侧。

6.“Sim ba la”

活动建议：

(1)第1—2小节：7的组合(后面两拍可以改为跺脚)。

(2)第3—4小节：3+3组合。

(3)第5—6小节：7+1组合(休止拍跺脚)。

(4)第7—8小节：7+1组合(休止拍跺脚)。

(5)第9—10小节：跺脚+拍手+蝴蝶飞(两次)。

(6)第11—12小节：5+3组合。

(7)第13—14小节：同第9—10小节。

(8)第15—16小节：5+3组合，3为跺脚和拍手。

7.《山魔王宫殿》

山魔王宫殿

Edward Grieg

A

B

più vivo

A

C

D

声势伴奏：

A

B

C：3+5组合

D：3+7组合

8.“Sansa Kroma”

Sansa Kroma

Sansa Kroma

非洲民歌

童声独唱

san sa kro ma nine_ wu cheche koko ma san sa kro ma ni ne wu che che ke ko ma

CL

P

ST

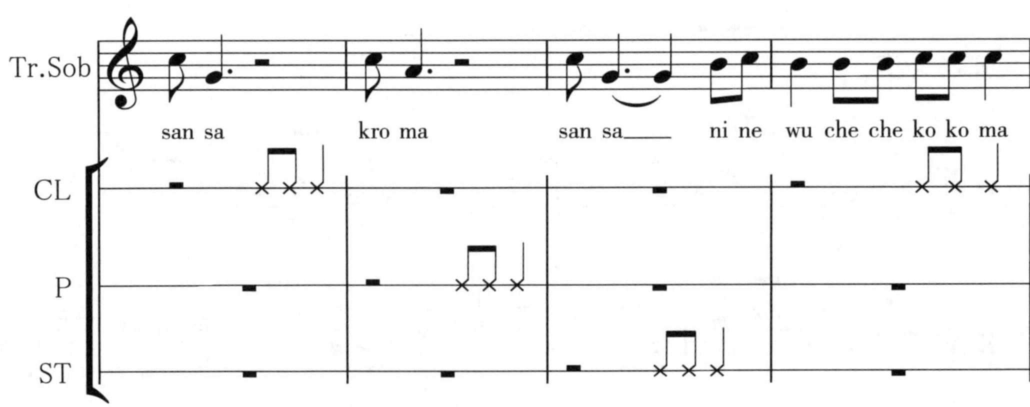

Tr.Sob
CL
P
ST
san sa kro ma san sa kro ma san sa kro ma san sa kro ma
cje cje ua wu wu che che ua kon ko ma che che ya wu wu che che ya ko ko ma
che che ya wu wu che che ya ko ko ma chi che ko ko ma
san sa kro ma ni ne wu che che ko ko ma san sa kro ma ni ne

(四)声势、语言创编活动

1."It's So Good to See You"

It's So Good to See You

It's So Good to See You

Randy Deleles

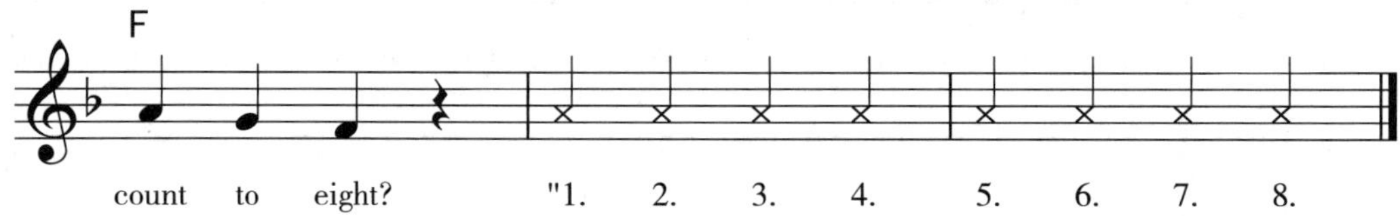

活动建议:

(1)教师完整演唱歌曲,做拍手的动作,学生模仿。

(2)教师演唱歌曲,让学生做新的动作。先想出来的学生教师和他握握手,在第5—6小节模仿学生的动作。

(3)动作可以有很多形式,比如拍手、跺脚、拍肚子、拍脑袋等。

(4)教师在第5—6小节的8拍中尝试进行动作的组合,学生模仿。

(5)学生在第5—6小节进行动作组合,完成演唱和声势创编。

2."Hey Lolly Lolly"

Hey Lolly Lolly

Hey Lolly Lolly

活动建议:

(1)第1—2小节:第一拍休止跺脚+7。

(2)第3—4小节:第一拍休止跺脚+9。

(3)第5—6小节:同第1—2小节。

(4)第7—8小节:同第3—4小节。

3.《节奏的回旋曲》

节奏的回旋曲

节奏的回旋曲

4

拍掌

拍掌

跺脚

拍掌

拍掌

跺脚

Fine

A

拍掌

拍掌

跺脚

A

拍掌

拍掌

跺脚

B

拍掌

跺脚

拍掌
跺脚
D.C.
B
拍掌
跺脚
A
拍掌
拍掌
跺脚
拍掌
A
拍掌
跺脚
B
拍掌
跺脚
拍掌
跺脚

可带入创造性语言：

(1)“快点走开，快点走开，快点！”“我不走开。”

(2)“啰里吧嗦，啰里吧嗦，啰嗦！”“没你啰嗦。”

参考文献

[1]JANE F.Orff Schulwerk Today[M].New York: Schott,2006.

[2]LEONARD D,DIANA H L.Artful-playful-mindful in action[M].New York:Schott,2015.

[3]奥尔夫,凯特曼.为儿童的音乐:奥尔夫《学校音乐教材》精选[M].廖乃雄,编译.上海:上海教育出版社,2004.

[4]蔡霞.奥尔夫音乐教育[M].上海:上海交通大学出版社,2020.

[5]陈蓉.声势:音色、节奏与身体[M].上海:上海教育出版社,2016.

[6]福克斯.德国当代音乐教学法——梅西尔德·福克斯教学实例[M].顾家慰,译.上海:上海音乐学院出版社,2019.

[7]格吕纳.奥尔夫乐器和演奏指南[M].童昕,高博,译.北京:中央音乐学院出版社,2018.

[8]哈泽尔巴赫.奥尔夫教学法的理论与实践[M].刘沛,译.北京:中央音乐学院出版社,2014.

[9]李妲娜,修海林,尹爱青.奥尔夫音乐教育思想与实践[M].上海:上海教育出版社,2011.

[10]王安国.中小学音乐教学备选素材(上册)[M].长沙:湖南文艺出版社,2015.

[11]王秀萍.学前儿童经验音乐教育[M].合肥:安徽文艺出版社,2009.

[12]韦金斯.教音乐,学音乐,懂音乐:第3版[M].韩若晨,何旸,译.北京:人民音乐出版社,2019.

[13]郑方靖.当代四大音乐教学法之比较与运用[M].高雄:复文图书出版社,2002.